JN441094

영화, 한국사에
말을 걸다

영화관에서 공부하는 우리 역사

영화, 한국사에 말을 걸다

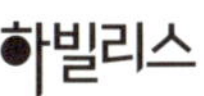

책을 내며

첫 책을 낸 지 벌써 8년이란 세월이 흘렀다니 빠른 시간의 흐름이 삶을 겸손하게 한다. 그간 많은 '역사 영화'들이 나왔다. 「서울의 봄」, 「자산어보」, 「남산의 부장들」, 「1987」, 「봉오동 전투」 등 웰메이드 영화들이 관객의 사랑을 받았다. 쏟아진 영화에 대한 역사 콘텐츠로서의 의미 평가를 한 번쯤 하고 갈 시점이다. 또한 시작점을 조선 중기 「명량」에서 삼국 시대 「황산벌」로 확장하였다.

이번 증보판을 내게 된 배경은 다음과 같다. 나는 역사와 영화의 상관관계를 남녀 연애로 비유했었다. 남녀가 연애를 시작할 때 서로 눈빛을 교환하다가 한쪽이 먼저 말을 건넨다. 결국 두 사람을 맺어주는 건 한 사람의 '말 걸기'이다. 모든 관계는 상대방에게 말을 걸어 처음 인사를 나누며 깊어진다.

영화가 역사에게 말을 붙여본 지는 오래됐다. 어쩌면 영화나 드라마 같은 영상 매체는 무궁무진한 스토리를 담고 있는 역사에게 많은 빚을 지고 있는지 모른다. 이 시간에도 역사라는 탄광에서 작가들은 금을 캐고 있다. 작가는 원석을 골라 보석처럼 빛나는 작품을 만들어낸다. 이렇듯 영화는 이후에도 끊임없이 역사에 말 걸기를 시도할 것이다. 어떤 때는 회답을 해줄 것이고 마음이 내키지 않으면 냉소를 머금을 것이다. 이 글은 영화를 통해 역사에게 말을 걸어볼 것이고, 영화 속에 담긴 역사의 진실과 의미를 찾아보는 여정이 될 것이다.

바야흐로 각 나라의 '역사 전쟁'이 시작된 지는 오래됐다. 중국은 동북 공정이라는 정밀한 전략으로 한국 고대사에 자기만의 스토리를 만들어내고 있고, 일본은 해묵은 독도 영토 문제부터 교과서 파동, 위안부에 대한 사과 논란까지 쉼 없는 문제를 일으키고 있다. 이럴 때마다 우리는 냄비처럼 끓다가도 이내 잠잠해진다.

향후 언제든 우리 이웃 국가들은 '역사 전쟁'을 시도 때도 없이 일으킬 것이고 우리는 그 전쟁에 대비해야 한다. 대입 수능 시험에 한국사 필수도 좋고, 한국사 능력 검정 시험이 기업 입사에 중요한 변수가 된다는 것도 고무적이나, 무엇보다도 중요한 건 우리 모두가 뚜렷한 역사 인식을 갖는 것이다.

조지 오웰은 '현재를 지배하는 자는 과거를 지배하고, 과거를 지배하는 자는 미래를 지배한다'고 말했다. 어떤 외부의 얼토당토않은 주장에도 '뿌리 깊은 나무'처럼 흔들리지 않는 주체적 역사의식은 그래서 중요하다. 역사의식은 먼저 우리 역사에 대한 이해부터 시작한다. 다행히도 우리는 주위의 많은 사극 영화나 드라마를 통해 우리의 역사를 알아나간다.

한국사를 소재로 하는 사극 영화의 흥행률은 매우 높다. 한국 영화의 역대 최고 흥행 기록을 수립한 영화는 이순신의 명량대첩을 소재로 한 「명량」이며, 대박이라고 할 수 있는 천만 영화 20여 편 중 우리 역사를 소재로 한 영화가 무려 10편이나 된다. 한국 영화를 소재로 한국사 강의를 많이 다니고 있지만 청중의 반응에는 공통점들이 있다. 강의를 듣고 어느 정도 영화 이면의 역사적 팩트를 이해하고 본 것과 그렇지 않은 경우와는 차이가 많이 났다. "정말 내가 이 영화를 보긴 본 걸까요? 다시 봐야겠네요."라고 말하는 사람이 많았다. 역시 아는 만큼 보이고 보인 만큼 느낀다는 말은 진리다. 그러나 또 하나 우리가 사극 영화를 텍스트 삼아 역사를 공부할 때 간과할 수 없는 게 하나 있다. 팩트(사료)와 픽션의 차이를 찾아내고 왜 다르게 표현했는지까지 알고 가야 온전한 내 지식이 된다.

예를 들면, 영화 「덕혜옹주」에서 조선 왕실의 후계자들이 망국의 순간에 보이는 모습은 실제 역사적 사실과 상당한 차이가 있다. 나라의 독립을 위해 기실 아무것도 하지 않았던 그들이 영화에서는 독립투사로 변모한다. 영화 「사도」에서 비극적인 사도세자의 죽음에 대한 이유 역시 다양한 추론 중에서 이준익 감독의 해석일 뿐이라는 게 그것이다. 그래서 사극 영화에는 가이드가 필요하고 역사의 팩트에 대한 이해가 선행되어야 제대로 사극 영화나 드라마의 참맛을 알 수 있는 것이다.

이 책은 영화라는 소재를 통해 독자들이 삼국시대부터 근현대사에 이르는 역사에 쉽게 다가갈 수 있게 하기 위해 쓰게 되었다. 이 책이 보다 깊은 역사 지식을 쌓기 위한 징검다리 역할을 한다면 더할 나위 없겠다.

끝으로 책이 나오기까지 정성을 들여준 대원씨아이 황민호 대표님과 박정훈 본부장님께 감사를 전한다.

어머님 영전에 이 책을 다시 올린다.

2025. 12. 선정릉에서

추천의 말

한국사를 다시 공부하고 싶은 당신에게 '역사가와 함께 영화관 가기'를 추천합니다

역사는 살아 있는 것이며 우리의 정체성을 만들어주는 존재다. 『영화, 한국사에 말을 걸다』는 우리에게 대한민국의 역사를 쉽게 다시 보여주는 책이며, 조선 시대부터 현대까지 흘러온 대한민국을 영화로 경험할 수 있게 해준다. 내국인이든 외국인이든 누구나 재미있게 볼 수 있다. 거기다 스무 편 가까이 되는 영화를 다시 한 번 감상하게 해주니, 역사적 견문이 훨씬 넓어지는 느낌이다.

– 다니엘 린데만(방송인)

'실화를 바탕으로 한 영화'라고 하면 우리는 흥미를 가진다. 실제로 일어났다 믿기 힘든 일들을 다루고 있기 때문이다. 영화화된 실화들은 믿고 싶지 않을 만큼 감당하기 어려운 이야기이기도 하다.

흔히 '영화 같은 이야기'라는 말을 쓴다. 한국사 속 수많은 이야기들이 영화의 소재로 쓰였다. 그만큼 우리의 역사 속에도 믿어지지 않을 만큼 극적인, 흥미로운 이야기가 많다. 역사를 흥미롭게 공부하고 싶다면 역사를 다룬 영화를 감상하는 것도 좋은 방법이다.

이 책은 그런 점에서 굉장히 흥미로운 역사서다. 이번 주말 역사가와 함께 영화관에 가는 특별한 경험을 하고 싶다면, 이 책을 펼쳐보길 바란다.

– 양경미(영화평론가, 연세대학교 교수)

영화를 통해서 역사에 다가갈 수 있습니다. 영화는 픽션이지만 역사에 관심을 갖도록 돕기 때문입니다. 잘 만들어진 영화는 힘이 있습니다. 시민의 역사의식을 맑게 닦아줍니다. 사회 구성원의 정체성을 통합하고, 공동체 규범 수준을 높여주는 역할을 합니다. 정의를 위해서 자신을 희생한 사람의 삶은 들여다볼수록 눈물겹습니다. 감사하다는 느낌이 솟아납니다. 그간 응당한 감사를 받지 못했던 고마운 분들을 다시 재조명하는 분위기가 만들어지고 있는데, 좋은 영화들의 덕이 큽니다. 제대로 알려지지 않았던 역사적 진실을 바르게 알고자 하는 분들께 이 책과 책 속의 영화를 추천합니다. 훌륭한 교재가 되리라 생각합니다.

– 임경석(전 성균관대학교 문과대학장, 사학과 교수)

차례

제1강

삼국과 고려

황산벌 / 평양성 / 쌍화점

551년	신라, 가야 멸망시키고 대가야 병합
660년	황산벌 전투, 백제 멸망
661년	신라, 고구려 공격
668년	나당 연합군, 평양 함락, 고구려 멸망, 삼국 통일
918년	왕건, 고려 건국
936년	후삼국 통일
1170년	무신정변
1231년	몽골 고려 침공
1330년	강릉대군(훗날의 공민왕) 출생
1341년	강릉대군, 노국공주와 혼인
1351년	공민왕 즉위
1374년	공민왕, 측근에 의해 시해됨

거시기 할 때까지
절대 거시기 말어…

이준익 감독의 영화 「황산벌」은 여느 사극 영화와는 다른 콘셉트를 가지고 충무로에 도전장을 냈다. 영화는 하나의 아이디어와 불현듯 떠오르는 상상력으로 출발한다. 삼국(고구려, 백제, 신라) 시대 사람들은 의사소통이 자유로웠을까? 그랬다면 지금처럼 각 지역의 사투리로 이야기를 했을까? 사투리로 회의하고 전쟁을 했다면 어떤 모습이었을까? 이런 궁금증이 결국 한 편의 영화로 만들어졌고, 2003년에 개봉해 당시에는 대박 수준인 300만 명에 육박하는 흥행을 기록했다.

결론적으로 말하면, 삼국 시대 역시 지금처럼 각 지역별로 사투리를 썼다는 내용이 옛 문헌에 남아 있다. 물론 지금 쓰고 있는 사투리와는 다소 차이가 있었을 것이다. 그러나 분명한 점은 삼국 시대 사람들끼리 대화할 때 통역을 쓰지 않았다는 사실이다. 중국의 『양서』 '신라

전'에는 법흥왕 때 신라 사신이 백제 사신을 따라 중국의 양나라를 방문한 기록이 있다. 거기에는 양나라 대신들이 신라 사신을 접견할 때 '언어는 백제인의 통역을 거친 뒤에야 통했다'고 적혀 있다. 만약 당시 신라어와 백제어가 서로 달랐다면 통역은 쉽지 않았을 것이다. 비록 중국인의 관점이긴 하나 『양서』는, 백제나 신라나 나라별 특징으로 보건대 큰 차이가 없었고 언어 또한 비슷했다는 점을 방증한다.

이런 시각에 입각해, 지금보다 사투리를 더 심하게 썼던 삼국이 치열한 경쟁과 대립 구도에 있었던 서기 7세기를 배경으로 영화를 만들어보면 재미있지 않을까, 하는 생각이 「황산벌」과 「평양성」이라는 코믹 역사 영화의 흥행 대박을 터뜨렸다. 더불어 영화는 단 하나의 콘셉트와 아이디어로 승부를 낼 수 있는 게임 중의 하나임을 입증했다. 다음은 영화의 오프닝 씬이다.

당나라 고종이 맨 먼저 입을 뗀다.

"동북아 정세는 당나라가 정한 국제 질서에 따라 움직이는 것이다. 작금의 혼란은 변방의 약소국인 고구려와 백제가 따르지 않기 때문이다."

이에 고구려 실권 패자인 연개소문이 발끈한다.

"당나라는 고작 50년밖에 안 됐지비…. 우리 고구려는 칠백 년 역사야…. 이거 왜이래!"

당 고종도 지지 않는다.

"동북아 질서를 무시하려고 하는 거냐! 질서는 하늘이 정했고 나는 곧 짐이고 하늘의 천자다."

이에 연개소문은 이렇게 받아친다.

"당 태종이 형과 아우를 죽이고 왕이 된 것도 하늘이 정한 질서네?"

당나라 권력의 역린을 일부러 건든 것이다. 당 태종은 형과 아우를 죽이고 정권을 찬탈하지 않았던가! 그러자 김춘추가 당나라의 눈치를 보고 슬쩍 끼어든다.

"정권의 정통성을 말하고 있지 않느냐?"

이 역시 연개소문에게는 뼈아픈 일격이다. 고구려 영류왕을 시해하고 그의 조카 보장왕을 왕위에 오르게 해 패권을 잡은 연개소문이기에, 정통성과 도덕성으로 따지자면 너도 마찬가지 아니냐는 김춘추의 예리한 공격이 들어온 것이다. 그러자 노발대발한 연개소문이 길길이 날뛰며 김춘추와 의자왕에게도 일갈한다.

"김춘추, 너 말이야. 쿠데타로 잡은 반쪽짜리 왕인 주제에 어딜 나서는 게야? 김유신이랑 짝짜꿍해가지고 설라무네…. 의자왕, 니 아버지도 서자지? 여기 정통성 있는 놈 나와보라 그래! 전쟁은 정통성 없는 애들이 정통성 세우려고 하는 기야."

당시 고대사에서 전쟁이 일어나는 이유가 연개소문의 촌철살인 한마디로 정리된다. 고대 전쟁 대부분은 기실 명분과 정통성을 세우기 위한 전쟁이었으니 말이다. 김춘추도 다르지 않다. 신라는 성골 출신의 왕위 세습이 선덕여왕, 진덕여왕 대에 이르러 끊어진다. 김유신과 권력적 동맹 관계를 형성한 김춘추는 결국 신라 최초의 진골 출신 왕위에 등극해 태종무열왕이 된다. 그래서 반쪽짜리 정권이라고 한 것이다.

김춘추는 대야성전투를 잊을 수 없다. 대야성에서 눈에 넣어도 아프지 않을 딸을 백제군에 잃었기 때문이다. 이때 김춘추의 사위 김품석은 투항하면 살려준다는 신라군의 말을 믿고 항복했다가 자결로 최후를 맞는다.

의자왕도 심기가 불편하기는 마찬가지다. 백제의 수도를 사비(지금의 부여)로 옮겨 다시 한 번 중흥을 꾀했던 성왕은 신라의 진흥왕과 손잡고 고구려의 남진을 막아내나 진흥왕의 배신으로 관산성전투에서 억울하게 죽고 만다. 의자왕 역시 할 말이 많은 것 같다.

이쯤에서 당시 삼국의 치열한 세력 다툼과 중국과의 전쟁을 정리해보자. 고조선이 중국의 한나라에 멸망한 후 한반도에는 부여, 고구려, 옥저, 동예, 삼한 등의 부족 국가 연맹이 들어서는데, 아직은 고대국가로 발전하기 전이다. 그러다 차츰 국가의 기틀을 완성한 각국들이 서로 병합을 통해 고구려, 백제, 신라로 정리된다. 가야는 신라 진흥왕 시기에 고령의 대가야를 마지막으로 신라에 복속되면서 고대 국가로 성장하지 못한다.

개인이나 국가나 전성기는 있다. 다만 그 전성기를 언제 맞이하느냐가 중요하다. 삼국 중에서는 백제가 가장 먼저 전성기를 누린다. 백제가 이른바 제일 잘나간 시기는 근초고왕이 집권한 4세기로, KBS 대하 드라마 「근초고왕」으로도 만들어졌다. 근초고왕은 칠지도라는 보검을 왜왕에게 하사하고, 한강은 물론이요 중국 땅 요서 지방까지 넘나들던 대백제를 건설한다. 뿐만 아니라 고구려의 평양성을 공격해 고국원왕을 죽이고 고구려를 위협하기도 한다.

이후 4세기 말이 되면서 서서히 고구려의 태동이 시작된다. 고구려의 소수림왕은 고대 국가의 기본 틀을 다지고 완성한다. 나라의 기본 법령인 율령을 반포하고, 불교를 공인하며, 태학을 설립해 유교를 교육하는 등 번듯한 고대 국가의 면모를 보여준다. 이는 광개토대왕과 장수왕이 북쪽과 남쪽으로 외치(外治)를 마음껏 펼쳐나갈 수 있게 하는 기반과 터전이 된다.

고구려는 광개토대왕과 장수왕 대에 최고의 전성기를 구가한다. 4세기 말 광개토대왕이 북으로 영토를 확장하더니, 5세기 들어서는 장수왕이 수도를 평양으로 천도해 남진 정책으로 백제와 신라를 압박한다. 장수왕은 백제를 쳐 할아버지 고국원왕의 원수를 갚고, 백제의 수도 한성을 점령하고 한강을 수복한다. 위협을 느낀 백제의 비유왕과 신라의 눌지 마립간이 나제 동맹을 맺으며 고구려의 남진에 저항하나 오히려 백제의 개로왕이 전사한다. 고구려 장수왕의 거센 남진 정책으로 말미암아 백제의 문주왕은 수도를 웅진으로 옮기게 되고, 백제의 동성왕은 신라의 소지 마립간과 또다시 결혼 동맹(2차 나제 동맹)을 맺게 된다.

백제는 웅진 시대를 맞아 무령왕릉의 민생 안정 정책과 지방 제도를 정비해 백제의 재중흥기를 준비한다. 지금의 공주인 웅진은 지정학적으로 외적의 침입을 막기에 상당히 용이한 곳에 위치하고 있다. 차령산맥으로 고구려를 막고 계룡산이 신라의 접근을 어렵게 하니 천혜의 요새다. 이곳의 송산리 고분을 보면 60여 년간 공주가 단순히 거쳐가는 수도가 아니라 한때 융성한 문화를 꽃피웠음을 짐작할 수 있다.

성왕 대에 이르러서는 사비(지금의 부여)로 천도하고 부여의 후손임을 나타내기 위해 국호를 남부여라 바꾸며 찬란한 백제로의 권토중래를 꾀한다. 550년 한강을 중심으로 고구려와 백제의 한 치의 양보도 없는 전투가 시작된다. 성왕은 신라의 진흥왕과 손잡고 고구려를 몰아내는 데 성공한다. 그렇게 백제가 잠시 한강을 수복하는 듯하나, 신라 진흥왕의 배신으로 성왕은 관산성전투에서 전사하고 만다. 관산성전투에서 성왕을 살육한 신라의 장군이 바로 김유신의 할아버지 김무력이다. 가야 출신의 장수였지만 이 전투의 대승 덕분에 김유신 가문은 신라 내의 입지를 공고히 하게 된다. 영화에서 의자왕(오지명 분)이 신라의 배신으로 성왕이 전사한 사실에 대해 분통을 터트리며 한 대사가 이 역사적 사실에서 연유한다.

신라는 최초의 진골 출신 왕인 김춘추(태종무열왕)와 가야의 왕족인 김유신이 힘을 합쳐 삼국 통일이라는 대업을 달성하기 위한 방도를 모색한다. 즉, 성골 출신 왕은 선덕여왕, 진덕여왕에 이르러 멈추고 진골 출신인 김춘추가 정권을 잡게 된 것이다. 처음에 김춘추는 고구려와 함께 백제를 제압하려다가 오히려 고구려에 연금당하는 수모를 겪는다. 우여곡절 끝에 고구려에서 도망쳐 나온 후 동맹의 방향을 당나라로 돌린다. 당나라 역시 고구려가 껄끄럽던 데에다, 잘만 하면 한반도 영토를 반 이상 차지할 수 있겠다는 전략적 판단에 신라와 힘을 합치게 된다. 신라와 당나라의 나당 연합군은 먼저 백제를 쳐 멸망시키고(660년), 이후 고구려를 공격해 평양성을 함락해 멸망시킨다(668년).

영화 「황산벌」은 이 혼란스러웠던 삼국 시대 말 신라와 당나라 간의 외교술이나 삼국이 합종연횡(合從連橫)하며 치열하게 생존법을 모색하던 모습을 '사투리'를 매개로 코믹하게 그린다.

영화에는 당나라의 정통성 문제를 연개소문이 계속 문제시하는 장면이 나온다. 당 태종은 장자가 아니라서 형을 죽이고 왕위에 오른 처지라 대외 전쟁을 통해 정통성 확보에 주력할 수밖에 없는 입장이었음을 보여주는 것이다. 그는 고구려를 침략해 왕권을 강화하고자 했으나 고구려 군사들에 의해 한쪽 눈을 잃고 패퇴하며, 죽기 전에 고구려를 침략하지 말라는 유언을 남긴다. 당나라 군사로는 고구려 군사를 상대하기 어렵다면서 말이다.

정통성 문제에 있어서만큼은 연개소문 역시 자유로울 수 없었다. 김춘추가 연개소문에게 정통성 시비를 거는 것도 그 때문이다. 연개소문 집안은 고구려의 신진 귀족 가문이다. 연개소문은 아버지 대의 직위를 계승해 외교 강경파들을 이끌며 세력을 키운다. 이를 위험하게 여긴 고구려 온건파들이 연개소문을 제거할 움직임을 보이자 그가 먼저 선수를 친다. 연개소문의 성격은 직설적이고 단선적이었는데, 이는 영화에서도 잘 표현된다. 설화에 의하면, 연개소문은 칼을 다섯 개나 차고 다녔으며 거만한 걸음걸이로 팔을 휘저으며 다녀서 주변에서 감히 우러러보지 못했다고 전해진다. 심지어 중국의 경극에서는 가장 무섭고 악독한 장군으로 등장하는데, 당시 당나라 군사가 연개소문을 얼마나 두려워했는지 알 수 있는 대목이다.

고구려의 기상과 전투력은 삼국 중에서 가장 뛰어났다. 하나 잦은 매에는 장사가 없는 법이다. 계속되는 중국의 외침에 고구려는 점차 지쳐가고, 그나마 연개소문이 가진 무소불위의 권력과 군권으로 버텨낸다. 연개소문은 영류왕을 죽이고 말 잘 듣는 보장왕을 앉혀 마음껏 정국을 주도한다. 하지만 권불십년이라 했던가. 갑작스런 연개소문의 죽음으로 그의 세 아들 남생, 남건, 남산은 자기들끼리 골육상쟁을 벌이게 된다. 후계자로 남생이 지목되자 둘째 남건과 셋째 남산이 합세해 남생을 공격하고, 남생은 당나라로 귀순해 역으로 고구려를 공격한다. 종국에는 셋째 아들만 평양성에 남아 마지막까지 항전하다가 전사한다. 이런 일련의 고구려 멸망사는 모든 문제가 내부 분열에서 비롯됨을 잘 보여준다. 나당 연합군은 난공불락 같던 고구려 평양성을 함락하고, 700년 역사의 고구려는 허무하게 운명을 다하고 망한다.

이번 한 번만
손잡자 카이~

영화 「평양성」은 백제를 멸망시킨 나당 연합군이 고구려를 치기 위해 작전 회의를 하는 곳에서 시작한다. 신라 왕(황정민 분)은 당나라 황제에게 백제 땅을 먼저 달라고 한다. 백제를 정복했으니 신라가 우선권이 있다는 것이다. 황제는 즉답을 피하다가 결국 대동강 이남을 주마고 약속한다.

「평양성」은 백제와 고구려가 힘을 합쳐 한반도 전체를 삼키려는 당나라의 야욕을 물리친다는 이야기다. 다시 말해, 나당 연합군의 공격으로 고구려를 멸망시키는 데 초점을 맞추는 대신, 백제 유이민과 신라, 그리고 고구려까지 합세해 외세를 몰아낸다는 감상적 민족주의가 저변에 깔려 있다. 「황산벌」의 '거시기'가 「평양성」에도 신라군의 일원으로 등장해 고구려와 신라의 가교 역할을 톡톡히 한다.

김유신은 진작에 당나라와의 전쟁을 예감하고 신라의 군사력을 최대한 보존해 후일 당나라와의 전투에서 승리할 수 있는 전력을 비축하는 데 온 힘을 다한다. 당나라 황제가 대동강 이남 땅을 주기로 약속했다고 하자, 김유신은 상대방을 그리 잘 믿으면 뒤통수를 맞게 될 수 있다고 경고하며 정치란 항상 상대방의 말을 뒤집어 생각해보는 것이라고 충고한다.

한편, 멸망하기 전 백제는 어떻게 흘러가고 있었을까? 앞서, 6세기에 백제의 성왕이 사비로 천도하고 국운 재기를 꿈꾸며 넘치는 의욕으로 새로운 왕조를 건설하고자 했으나 진흥왕의 배신으로 무산되었다고 언급했다. 이후 무왕 대에 잠시 국운이 반짝하나 싶다가, 백제의 마지막 왕이 된 의자왕 대에 이르러 백제의 국운은 급속도로 휘청거린다. 의자왕도 집권 초기에는 신라를 선제 공격해 많은 승전보를 올렸으나 갈수록 사치와 향락에 물들어간다. 백제의 주력 부대가 점점 밀리면서, 의자왕은 계백 장군에게 마지막 결사대 오천을 맡겨 최후의 항전을 기대한다.

계백은 마지막 전투인 황산벌에 나가기 전 온 가족을 자신의 손으로 죽여버린다. 가족들이 적에게 오욕을 당하게 내버려두지 않겠다는 뜻이다. 삼국의 장수 중 가장 멋있고 군인다운 모습으로 우리의 뇌리에 박혀 있는 계백이지만 영화 속에서는 부인의 거센 반발에 직면한다. 가히 기존 상식의 전복이 아닐 수 없다. 죽으려면 혼자 죽지 왜 가족을 죽이려 하느냐며 계백의 부인이 맞서는 장면을 보면서 그래, 그

랬을 수도 있겠구나 싶었다. 삼국 시대에는 지아비의 말이라면 무조건 순종해야 한다는 남존여비 사상이 없었으니까 말이다. 어쨌든 백제의 운명을 어깨에 짊어진 무장의 전형인 계백의 허세를 아내는 무참하게 깔아뭉갠다. 동시에 이준익 감독은 무겁기만 한 백제 패망의 역사의 무게를 이 한 장면으로 가볍게 털어낸 듯하다.

"뭐시여, 시방 안 주겠다는 거여 뭐여…."

영화 「황산벌」은 응당 당연하게 받아들여야 할 엄숙성을 인간적 솔직함으로 전복시킴으로써 관객이 '거시기 소동'에 빠져들 수 있게 만든다. 영화는 줄곧 거시기를 알아내기 위해 고심하는 신라군의 모습을 따라간다. 거시기의 사전적 의미는 '속 시원히 토로할 수 없는 절망과 울분을 드러내는 단어'다. 백제 장수들의 회의장에서 흘러나온 비밀스런 첩보의 내용은 "계백이가 절대 거시기할 때까지 거시기하지 말어."다. 거시기에 대한 해석이 분분한 가운데 김춘추와 계백은 서로를 탐색한다. 결국 거시기의 뜻을 알아챈 신라군은 백제를 멸망시킨다. '전투가 끝날 때까지 절대 갑옷을 벗지 말라'는 게 거시기의 비밀 아닌 비밀이었다.

우리가 익히 알고 있는 의자왕이 삼천 궁녀를 옆에 끼고 주색에 빠졌다고 운운하는 야사 역시 역사적 사실과 거리가 멀다. 당시 백제의 인구로 봤을 때 궁녀 삼천 명은 터무니없는 숫자이며, 이는 백제의 멸망이 역사적 필연이었음을 강조하기 위한 후세 사가들의 침소봉대였으리라. 실제로 삼천 궁녀가 몸을 던졌다는 낙화암을 방문한 많은 관광객들이 허망한 작은 절벽을 맞닥뜨리고 적잖이 실망하기도 했다.

연합군으로서 삼국을 통일한 당과 신라는 통일 직후 전쟁에 돌입한다. 당이 신라까지 먹어 삼키려는 야심을 보였기 때문이다. 당나라는 고구려 멸망 후 곧바로 통일 신라 땅에 안동 도호부, 웅진 도독부, 계림 도호부 등을 설치하고 설인귀로 하여금 군사를 두어 다스리려고 하나 신라의 거센 저항에 부딪힌다. 신라는 고구려와 백제의 유이민과 합세해 당나라 군사들을 기벌포. 매소성전투에서 대파하고 당나라를 몰아낸다. 마지막 2년 동안의 나당 전투는 백제나 고구려를 멸망시킬 때보다 훨씬 치열하고 쌍방 간의 피해도 컸다.

신라를 비롯한 백제와 고구려의 유이민들은 당을 몰아내기 위해 결사 항전의 자세로 싸운다. 이런 사실을 들어 신라의 삼국 통일이 진정한 우리 민족의 일치된 힘으로 이루어진 결과라는 나름의 명분으로 내세우기도 한다. 즉, 신라가 고구려, 백제와 힘을 합쳐 당나라, 즉 외세를 몰아냈다는 이야기다.

당시의 국제적 외교 정서로는 고구려, 백제, 신라 모두 단일 민족이라는 개념이 아직 없을 때다. 그러니 당연히 외세를 끌어들인다는 의미도 없다. 따라서 신라가 외세를 끌어들여 민족을 통일했다고 폄하할 문제만은 아니다. 단, 통일 신라의 영토는 확 줄어든다. 우리 민족의 활동 무대가 그만큼 위축된 것이다. 평양의 대동강에서 원산만으로 축소된 영토는 고려에 와서야 청천강에서 영흥만까지 확대된다.

한편으로는 중원의 대국인 당나라가 그리 쉽게 통일 신라를 포기했을까, 하는 의문도 든다. 사실 당 고종은 678년(문무왕 18년)에 다시 신라를 침공할 계획을 세운다. 그러나 그때는 당이 내분으로 정신이 없던 시기로, 당나라 서쪽 토번이 강력하게 반기를 들어 반대하는 통에 그의 계획은 무산된다.

통일 신라의 위업을 달성한 왕은 문무왕이다. 그는 죽으면서까지 나라를 걱정하며, '왜구가 늘 침범하니 내가 죽거든 왜구가 들이오는 동해 가운데 큰 바위에 장사 지내라. 나라를 지키는 큰 용이 되고 싶다'는 유언을 남긴다. 이에 동해의 감포 앞바다에 유골이 뿌려지는데 이곳이 지금의 대왕암이라 불리는 장소다. 통일 신라의 전성기를 이끌었던 문무왕의 아들 신문왕은 대왕암이 잘 보이는 곳에 감은사를 세워 호국 사찰로 자리매김하게 했다. 현재는 감은사를 볼 수 없지만, 감은사지의 석탑은 14미터의 웅장한 모습으로 찬란한 신라의 모습을 압도적으로 보여준다.

역사에서 가정을 논하는 일은 부질없는 짓이라는 건 삼척동자도 다 아는 사실이다. 하나 한반도 지도를 보고 있자면 슬그머니 안타까운 마음이 스멀거리며 올라오는 건 어쩔 수 없다. 고구려가 삼국을 통일했다면, 하는 생각은 누구나 한 번쯤은 했음직한 기분 좋은 상상일 것이다. 혹은 발해가 망하지 않고 통일 신라를 흡수했다면 그 광활하고 드넓은 만주 벌판이 죄다 우리 땅이 되지 않았을까, 하는 생각도 마찬가지다.

어쨌든 삼국을 통일하고 당이라는 외세를 몰아낸 신라는 우리 역사의 찬란한 천년 역사를 써내려간다. 문무왕 대에 이르러 통일 신라의 토대를 만들고, 신문왕 대에는 신라 천년의 빛나는 문화를 이룩한다. 이렇게 빚어진 천년의 고도 경주는 지금까지도 우리 눈앞에 남아 있다.

영화 「황산벌」과 「평양성」은 극장에서 쉽게 볼 수 없었던 삼국 시대의 이야기를 해학과 비틈으로 새롭게 해석해 보여줬기에 더욱 가치 있는 역사 스토리 콘텐츠라 할 수 있다.

'남녀상열지사'로 풀어본 고려 말의 풍경, 「쌍화점」

이제 고려 시대로 넘어가보자. 고려 시대를 배경으로 하는 몇 안 되는 영화 가운데 「쌍화점」은 독특한 소재와 호기심을 유발하는 여러 요소 때문에 아직까지도 대중들에게 회자되고 있다.

영화 「쌍화점」은 흥행 감독 유하의 작품에, 톱스타 남자 배우들(조인성, 주진모)의 파격적인 동성애 설정으로 주목을 받았다. '쌍화점'은 만두 가게라는 뜻으로, 남녀상열지사를 다룬 고려 가요의 하나다. 고려 시대는 성적인 표현이나 남녀 간의 사랑에 대해 매우 관대했다. 고려는 불교를 숭상하면서 팔관회나 연등회 등의 불교 축제를 자주 열어 민심을 다독였다. 특히 팔관회 행사의 하이라이트는 탑 주위를 빙글빙글 돌면서 복을 바라는 전통 행사인 탑돌이로, 여기서 이성 간에 눈이 맞는 일이 비일비재했단다. 아무튼 쌍화점(만두 가게)의 주인은 아랍 남자고 팔목을 붙들려 사랑을 나누는 여자는 고려 사람이며, 이 둘의 밀애를 다룬 고려 속요가 바로 '쌍화점'이다. '쌍화점' 중간 부분의 가사를 현재 우리말으로 옮겨보면 다음과 같다.

삼장사에 불을 켜러 갔더니만
그 절 지주 내 손목을 쥐었어요.
이 소문이 이 절 밖에 나며 들며 하면
다로러거디러 조그마한 새끼 상좌 네 말이라 하리라
더러둥셩 다리러디러 다리러디러 다로러거디러 다로러
그 잠자리에 나도 자러 가리라
위 위 다로러거디러 다로러
그 잔 데같이 답답한 곳 없다

두레 우물에 물을 길러 갔더니만
우물 용이 내 손목을 쥐었어요
이 소문이 우물 밖에 나며 들며 하면
다로러거디러 조그마한 두레박아 네 말이라 하리라
더러둥셩 다리러디러 다리러디러 다로러거디러 다로러
그 잠자리에 나도 자러 가리라
위 위 다로러거디러 다로러
그 잔 데같이 답답한 곳 없다

- '쌍화점' 중에서

'쌍화점'은 남녀의 적절치 못한 관계를 해학적으로 풀어냈다. 물론 이런 상열지사를 표현한 고려 속요 말고도 교과서에 실린 애절한 고려 가요인 '가시리' 역시 기억하는 이들이 많을 것이다. '가시리'는 1980년대 모 방송국 대학 가요제 수상곡의 제목이기도 한데, 고려 속요 '가시리'에 곡을 붙여 당시 젊은이들에게 신선한 대학 가요로 다가가기도 했다.

영화 「쌍화점」은 제목이 암시하는 대로 격정적이지만 부적절한 사랑 이야기를 다룬다. 고려 시대 왕과 왕비, 그리고 두 사람을 동시에 사랑한 한 남자의 애절하면서 비극적인 로맨스를 기본 축으로 하고 있다.

때는 고려 말, 몽골은 고려를 침공해 고려를 조공국으로 만들어버린다. 원나라의 다른 지배국들과 달리 고려만은 원나라가 직접 통치하지 못하고 조공국으로 두어 내정을 간섭하던 이른바 원 간섭기 시절이다. 이는 끈질긴 고려의 저항도 있었고 굳이 고려를 직접 지배할 필요를 느끼지 못한 원나라의 사정을 반영한 결과다. 원은 고려의 왕을 책봉하고 충 자 돌림의 왕들이 고려를 다스리게 한다. 그러다 충목왕 때 원나라는 무능하다는 이유로 왕을 공민왕으로 전격 교체한다. 1351년 12월 22세의 젊은 공민왕이 고려 왕으로 책봉된 것이다.

공민왕이 즉위할 무렵 원나라는 한족인 홍건족의 발호로 사회가 어수선했고, 고려 역시 정치적 불안정과 왜구의 빈번한 외침으로 민생이 극도로 불안정했다. 원은 이를 타개하고자 원나라에서 유학하던 공민왕을 눈여겨보다가 훌륭한 기질을 들어 고려의 왕위에 오르도록 한다. 그러나 이것이 원의 입장에서 자충수가 될 줄은 미처 몰랐다. 공민왕은 충혜왕을 비롯해 전대의 고려 왕들이 원나라에 끌려가 갖은 고초를 겪거나 죽임을 당하는 모습을 많이 봐왔다. 그러니 가슴속 깊은 곳에 원에 대한 적개심이 자리 잡고 있던 게 그리 놀랄 만한 일이 아니었다.

공민왕은 왕위에 오른 직후 반원 자주 개혁 정책을 편다. 그러면서 원의 세력이 쇠퇴해진 틈을 타 고려에 퍼진 오랜 원의 습속을 타파하기 시작한다. 일단 변발과 호복을 없애고 인사 정책을 통해 친원파 대신들을 물갈이한다. 원나라 황제의 부인인 기황후를 등에 업고 호가호위한 기철 일파를 잔치 자리에 불러내 철퇴로 격살하는가 하면, 원이 일본을 침략하기 위해 임시로 만든 정동행성의 사법 기관인 이문소를 없애는 등 하나씩 하나씩 원으로부터 벗어난다. 또한 원의 내정간섭 기구인 정동행성을 폐지하고 고려 땅에 마지막 남은 원나라 행정 지배 기구인 쌍성총관부마저 없앤다.

이렇게 과감한 공민왕의 개혁이 펼쳐지던 와중에 변수가 발생한다. 공민왕의 개혁 정치에 위기를 느낀 친원파의 잦은 반란과 국경 근처의 홍건적의 외침이 문신 우대 등용 정책을 펴던 공민왕 정권을 힘들게 한 것이다. 다행히 신흥 무인 세력으로 부상한 이성계와 권문세족의 지지를 받던 최영 장군의 활약으로 이들을 진압할 수 있었지만, 최영 장군은 원나라를 등에 업은 권문세족과 연루된 기득권 세력이었다. 따라서 반 권문세족 정책을 일관되게 추진하기에 한계가 있었다. 게다가 원나라 입장에서는 반원 자주 정책을 펴는 공민왕이 곱게 보일 리 없었다. 원은 충선군의 서자인 덕흥군을 왕위에 올려 공민왕을 폐위하는 무리수를 두기도 했다. 물론 다시 복위하긴 했지만 왕권은 여전히 불안하기만 했다. 또한 왕을 시해하려는 음모나 획책이 여러 번 있어 개혁 정책이 중단되었다.

설상가상으로 원나라에서 보낸 자객을 온몸으로 막아준 정치적 동반자 노국공주마저 아이를 낳다가 죽고 만다. 노국공주에 대한 공민왕의 사랑은 절대적이었다. 어찌 보면 노국공주를 잃고 나서 공민왕의 마지막 삶의 동력도 꺼져갔는지 모른다. 아내의 시신을 묻으며 공민왕은 바로 옆자리에 자신의 무덤도 만든다. 그런데 공민왕릉에서는 쌍릉이라는 사실 이외에도 특이한 점을 발견할 수 있다. 공민왕릉의 내부를 들어가보면 한쪽에 40센티가량의 구멍이 있다고 한다. 그 구멍은 노국공주의 묘를 향해 있는데 이것이 바로 두 사람의 영혼이 만나는 길의 역할을 했다는 것이다. 다른 능에서는 찾아볼 수 없는 구조다. 사실 여부를 떠나 공민왕의 노국공주에 대한 사랑만큼은 의심할 여지가 없는 듯하다.

공민왕은 다시금 힘을 내어 개혁의 칼을 빼들었다. 이를 위해서는 기득권 세력과 단절하고 새롭게 판을 짤 수 있는 사람이 절실히 필요했다. 이때 모든 이들의 예상을 벗어나 과감하게 등용한 인사가 있었으니 그가 바로 '신돈'이다. 공민왕은 당시 무명의 신돈을 파격적으로 등용해 '전민변정도감'이란 기구를 만들어 구습을 타파하고 백성을 위한 정책을 펴나가도록 한다. 전민변정은 토지의 소유를 정확히 밝혀 신분을 바로잡는다는 의미다. 당시 고려 사회는 아직 친원파인 권문세족이 득세하던 시기였기에, 개혁을 추진하기 위해 어떤 이해 세력과도 결탁하지 않는 자유로운 인물이 필요했다. 공민왕은 고려 사회의 기득권과 거리가 있으면서 오직 개혁만을 힘 있게 추진해줄 수 있는 사람으로 신돈을 중용한다. 신돈은 공민왕에게 각서를 하나 요구한다. 자신을 향한 어떤 모함이나 무고에도 자신을 믿어달라는 내용이었다. 신돈은 기득권 세력인 권문세족이 거세게 반발하고 자신을 거세하려 들 것이라는 사실을 예견한 것이다. 그는 권문세족을 견제하기 위해 대토지 겸병 금지, 인사 개혁과 함께 무신 정권에 설치된 인사 기구인 정방을 폐지하고 왕권 강화에 힘쓴다.

당시 고려에서 가장 문제가 되었던 건 권문세족들의 대토지 겸병으로 고려의 초기 토지 제도인 전시과 체제는 무너진 지 오래였다. 권문 세도가들은 토지를 조금이라도 더 확보하는 데 혈안이 되어 있었다. 그들은 양민의 토지를 불법적으로 빼앗거나 국가의 토지를 몰래 빼돌려 대토지를 형성했다. 토지를 잃은 농민은 유랑민이 되거나 산적 등이 되어 국가의 기강을 문란하게 했다.

신돈은 '빼앗은 토지와 노비를 수도는 15일, 지방은 40일 이내에 돌려주도록' 명령해 백성들로부터 지지를 받는다. 그는 승려 출신임에도 불구하고 권문세족을 견제하기 위해 새로운 신진 관료들을 배출하기 위해 성균관을 정비한다. 그러나 기득권 세력이 신돈을 가만둘 리가 없었다. 이들은 신돈을 불륜을 저지른 요승으로 만들어버린다. 신돈 역시 초심을 잃은 것인지 자기 관리에 실패하고 재산 축재 같은 불미스러운 일들이 터지기 시작한다.

공민왕도 판단력이 흐려졌고 자신의 왕권을 위협할 정도로 세력이 커진 신돈이 부담스러웠던 차에, 신돈이 역모를 꾸민다는 밀고를 빌고 신돈을 비롯한 개혁파들을 처형한다. 그렇게 고려는 다시금 권문세족의 세상이 된다. 고려 500년 왕조의 석양이 뉘엿뉘엿 개성의 송악산 너머로 지기 시작한 때다.

고려 마지막 왕실의 치명적 스캔들을 다룬 영화 「쌍화점」은 이런 시대적 배경에서 출발한다. 「쌍화점」은 왕을 사랑하고, 왕이 소개해준 왕비도 사랑하며 삼각관계에 놓인 기구한 운명의 남자 '홍림'에 관한 이야기다. 영화는 도입부터 공민왕(이라 추측되나 영화 속에서 공민왕이라 불리는 부분은 나오지 않는다)의 무분별한 애정 행각과 성적 도착증에 가감 없이 카메라를 들이댄다. 영화의 첫 장면은 그래서 의미심장하다. 공민왕의 미소년 호위 부대였던 자제위의 모임에서 왕이 묻는다.

"충이 무엇이냐?"

미소년 하나가 부끄러운 눈빛으로 대답한다.

"왕을 위해 목숨을 바치는 것입니다."

공민왕은 답변을 듣고 흐뭇한 미소를 짓는다. 회합이 끝난 후 왕은 자제위의 처소에 가서 그 소년의 발목을 이불로 덮어준다. 이후에 둘

사이에 전개될 이야기를 암시해주는 감독의 연출이다. 그 미소년의 이름이 바로 홍림이다. 왕의 호위무사로 나오는 홍림은 실존 인물인 홍륜을 본뜬 것으로 보인다. 실제로 홍륜은 고려 시대 귀족의 자제였다.

공민왕은 자신을 경호할 자제위를 만들었다. 자제위는 고관대작들의 자제로 구성되었는데, 이들은 요즘 말로 꽃미남이었다. 이 자제위 내에서 동성애가 벌어진다거나, 공민왕이 남색을 밝힌다는 소문이 심심치 않게 흘러나왔다. 『고려사』에는 자제위 청년들이 여자 옷을 즐겨 입었고 공민왕이 다른 사람들의 성관계를 숨어서 보는 일을 즐겨했으며, 그러다가 기분이 내키면 공민왕이 직접 여장을 하고 남자와 성관계를 했다고 나와 있다.

이런 내밀한 고려 궁실 안에서 벌어지는 남녀 간의 질투와 애증이 「쌍화점」의 주요 소재로 차용된다. 극중 왕은 성관계를 가질 수 없는 인물로 그려진다. 그 이유를 정확히 밝히진 않는다. 역사적 맥락에서 짐작해보자면, 아마도 노국공주를 잃고 나서부터 정상적인 성행위 자체에 흥미를 잃어버린 공민왕쯤으로 설정한 것 같다. 실제 공민왕도 색을 그다지 밝히지 않았다고 하며, 성적인 문제가 있어 노국공주와 동침하는 일이 드물었다고 전해진다. 극중 홍림(조인성 분)은 공민왕과 동성애를 벌이는 호위 무사다. 실제 홍륜이라는 인물이 공민왕을 측근에서 보좌한 자제위의 간부 중 한 사람이었으니 억측만은 아닐 터다. 여기에 원나라에서 고려로 온 왕비(송지효 분)가 홍림과 기구한 로맨스 라인을 그려내면서 갈등한다.

『고려사절요』를 보면, 왕명에 의해 강제로 홍륜과 동침한 왕비 익비는 원나라 출신의 공주라기보다는 고려 귀족의 딸로 노국공주 사후에 후궁으로 들어온 인물이다. 홍림은 왕명을 핑계 삼아 여러 번 익비의 방을 들락거렸고 공민왕은 이를 모르는 척 내버려두었다고도 적혀 있다. 이런 사료적 근거로 보아 「쌍화점」은 어느 정도의 역사적 사실을 기반으로 하고 여기에 영화적 상상력을 보탠 작품이라고 봐야겠다.

친원파 대신들은 왕이 후궁을 들여도 후사가 없자 반원 정책을 펴는 공민왕을 제거할 기회만을 엿보고 있었다. 공민왕(주진모 분)은 홍림과 왕후가 은밀하게 관계를 맺어 후사를 이어주길 바랐고 이로써 정치적 위기를 넘기고자 했다. 이 과정에서 홍림과 공민왕, 그리고 왕비의 치정극이 빚어진다. 양성애자인 홍림을 사이에 두고, 왕과 왕후의 애증이 시작되며 왕은 홍림과 왕후 사이를 질투한다. 물론 이런 막장 스토리의 대부분이 비극적 결말을 맞듯이 「쌍화점」은 파국으로 끝난다.

역사는 영화와 다소 다르게 전개된다. 공민왕은 홍륜과 익비 사이에서 태어난 아이를 후사로 삼으려고 한다. 익비가 임신을 하자 공민왕은 술자리에 함께 있던 내시 최민생에게 실언을 하고 만다.

"나는 내 자식이 아닌 것을 왕위에 오르게 할 것이다. 너도 이 사실을 알고 있으니 나중에 너부터 죽일 것이다."

공민왕이 술김에 농담 반 진담 반으로 던진 말이었지만 최민생은 모골이 송연해진다. 최민생은 이 사실을 홍륜과 자제위에게 알리고 모반을 부채질한다. 홍륜을 중심으로 한 자제위는 이 이야기를 듣자마자 왕을 칼로 시해한다. 공민왕을 처참하게 살육한 자제위는 수습할 방도를 모른다. 겨우 정신을 차린 그들은 당시 권문세족의 실세인 이인임에게 달려가 사실을 고하고 무마를 시도한다. 정치 술수의 대가인 이인임은 벌어진 사태를 두고 재빠르게 머리를 굴린다. 그는 자제위를 모두 체포해 죽이고 공민왕의 아들 모니노를 우왕으로 삼는다. 그러고는 공백 상태의 권력 속으로 치고 들어간다. 이인임은 우왕에서 창왕에 이를 때까지 권세를 누리다가 신진 사대부 정도전과 신흥 무인 세력 이성계의 거센 도전을 받고 정치 투쟁에서 패배한다. 이처럼 마지막 낡은 고려 왕조의 방어막이었던 이인임이 무너지고, 권문세족들의 권력 역시 조선의 새로운 역사적 기운에 무너진다. 이성계와 정도전의 조선이 서서히 역사 전면에 나서기 시작한 것이다.

공민왕의 개혁은 실패로 돌아갔다. 그러나 역설적이게도 공민왕의 개혁은 조선 개창의 터전을 만들었다. 공민왕은 신돈으로 하여금 성균관을 정비해 성리학자를 대거 등용했다. 이는 권문세족을 견제하기 위해 그리한 것으로 보이나, 결과적으로 이색, 정몽주, 정도전 등 기라성 같은 신진 사대부를 배출하는 통로 역할을 해주었다. 또한 신돈의 전민변정도감 같은 정책이 향후 신진 사대부의 경제적 토대인 과전법을 시행하는 계기가 되는 것도 부인하기 어렵다. 실질적인 고려의 마지막 왕, 공민왕은 비록 말년이 변태적 사건으로 얼룩져 있지만 의미 있는 군왕으로 자리 매김했다 할 만하다.

영화 「쌍화점」은 한국 영화에서는 좀처럼 다루지 않는 고려 시대를 중심으로 펼쳐진다. 한국 영화사에서 고려 시대를 배경으로 하는 영화는 손에 꼽을 정도로 적다. 김성수 감독, 정우성 주연의 「무사」가 있으며, 이후 고려의 무인 시대를 배경으로 한 이병헌, 전도연 주연의 「협녀」 정도가 있다. 조선 시대에 비해 문화 유적이 부족한 고려 시대를 재현하기 위해 무려 5만 킬로미터를 이동하며 「쌍화점」을 촬영했다고 한다. 우리나라의 모든 세트장은 물론 테마파크, 지리산 자락의 화엄사, 단양의 활 공장, 영주 소수 서원, 축령산 등이 촬영지였다. 또한 고려 시대의 복식을 재현하기 위해 의상만 무려 2,500여 벌이 소요되었고, 왕과 왕후의 연등회 행사 제복이 한 벌당 2,000만 원을 호가했다고 알려진다.

이제는 조선 시대 중심으로 밀집해 있는 드라마와 영화의 외연을 확장해 무궁무진한 스토리텔링을 지닌 고려 시대로 한 번쯤 눈을 돌려볼 시기다.

▲ 영화 「평양성」 제작발표회에 나선 이준익 감독과 배우들. 영화 속 복색을 하고 있는 점이 이채롭다.

제2강

조선 전기

순수의 시대 / 관상 / 간신

1392년 위화도 회군, 공양왕 폐위, 조선 건국

1394년 한양 천도

1398년 제1차 왕자의 난, 정종 즉위

1400년 제2차 왕자의 난, 태종 즉위

1452년 단종 즉위

1455년 세조 즉위

1498년 연산군, 무오사화를 일으킴

1504년 연산군, 갑자사화를 일으킴

1506년 중종반정

조선 개국 과정의 권력 투쟁 속에서 빛나는 사나이 순정

순수의 시대, 영화 제목부터 심상치 않다. 오래전에 개봉한 할리우드 영화 「순수의 시대(The Age of Innocence)」가 생각났다. 마틴 스코세이지 감독에 다니엘 데이 루이스가 주연한 영화다. 이 영화 역시 시대극이다. 뉴욕 이민자들의 삶 속에 드러난 그들의 애정과 사랑을 깔끔하게 담아낸 수작이다. 조선 개국 시기를 담은, 사극답지 않은 제목으로 관객들의 눈길을 끈 「순수의 시대」는 장혁, 신하균이 각각 태종 이방원, 정도전의 데릴사위이자 태조의 사위를 아들로 둔 삼군부의 장군 김민재로 등장한다. 과연 어느 세력에게 진정한 '순수의 시대'였는지, 아니면 누가 고려 말 조선 초 격량의 시기에 순수의 시간을 보냈는지 자못 궁금해하며 영화를 들여다봤다.

조선 초를 배경으로 하는 「순수의 시대」는 이성계가 조선을 개국하고 새 나라 건설에 매진하던 무렵으로 거슬러 올라간다. 태조 이성계는 첫째 부인을 여의고 둘째 부인 신덕왕후를 맞아 아들을 얻는다. 전처소생인 아들만 무려 여섯이고, 둘째 부인과는 아들 둘을 더 낳는다. 전처의 아들 중 권력의 화신이자 개국 공신이었던 이방원(장혁 분)이 있었다. 영화의 이야기는 여기서부터 시작한다.

이방원은 당시 정도전과 태조를 도와 개국에 동참한 충신 세력에게 알게 모르게 견제와 감시를 받는 상황에 놓여 있었고, 그는 몸을 사리면서 때를 기다렸다. 이런 차에 당시 이성계의 심복인 삼군부 대장 김민재(신하균 분)가 등장한다. 김민재는 가공인물이다. 이방원과 김민재의 대결이 이 영화의 기본적인 대립 구도이긴 하지만, 여기에 어머니의 원수를 갚고자 두 남자의 권력 쟁투에 뛰어든 사람이 있었으니 바로 가희(장한나 분)라는 여인이다.

사극 영화를 제작할 때 주의해야 할 점은 자칫 역사적 사실을 시간대별로 나열하거나, 우리가 익히 알고 있거나 단지 재미있겠다고 생각하는 이야기만을 영화 속에서 그대로 재생하는 것이다. 이러면 필히 흥행에 참패한다. 역사적 사실에 아이디어와 새로운 콘셉트 하나를 던지는 것이 바로 사극 영화 성공의 핵심이다.

영화 「순수의 시대」도 잘 알려진 태종 이방원의 정치 권력 투쟁 이야기에 김민재라는 가공의 남자를 등장시켜 역사적 사실과 픽션을 혼합했다. 이 영화는 단순히 왕권을 지키고 차지하는 것만 보여주지 않는다. 김민재라는 한 조선의 무장의 지고지순한 순정과 격정을 동시에 담아낸다. 순애보적이면서도 어찌 보면 무식할 정도의 외골수적인 사랑으로 남녀 모두 비극적인 생을 마친다는 스토리 라인을 가지고 있다. 한마디로 남녀의 사랑 이야기를 조선 초기 격량의 시대에 투척해본 것이다.

이방원은 태조의 가신이자 심복인 김민재를 파멸로 이끌기 위한 계략으로 한 여인을 김민재의 품에 들게 하고 그가 그녀를 사랑하도록 만든다. 동시에 이 여인이 김민재의 의붓아들을 유혹해 관계를 맺게 함으로써, 김민재 가문을 파멸시켜 정도전 일파를 제거하기 위한 계획을 세운다. 즉, 이 영화는 정안군 이방원이 잘 짜놓은 기획에 조선시대 팜므파탈 가희를 등장시켜, 정적을 파멸시키고 가희는 부친의 원수를 갚는다는 기본 얼개를 가지고 있다.

태조 7년 아직은 태조 이후 권력의 재편이 안개 속에 있다. 한 나라의 정체성과 절대적 왕권을 수립하기에는 시간이 더 필요한 시기였다. 태조는 주위의 예상과 달리 둘째 부인 신덕왕후의 아들 방석을 세자에 책봉한다. 개국 공신의 일부와 태조의 전처소생 아들 다섯(한 명은 어릴 때 죽는다)은 겉으로 표현은 못 하지만 속으로 부글부글 끓는다. 장성한 아들 다섯을 두고 둘째 부인의 막내 아들을 세자로 책봉했으니 그럴 만도 하다. 이방원은 피가 거꾸로 솟는 분노가 일었지만 내심 표정 관리를 하며 사병을 몰래 키운다. 결정적인 때를 기다리는 것이다. 개국의 일등 공신 정도전은 혹시 모를 군사 쿠데타를 미연에 방지하는 동시에 향후의 요동 정벌을 위해, 군제 개편을 서둘러 모든 사병을 혁파하고 조선의 정식 군제에 사병을 편입할 것을 명한다. 이에 명을 받은 김민재가 이방원을 찾아가 사병을 모두 5군위로 합쳐줄 것을 청한다. 이방원은 김민재의 눈앞에서 무력시위를 벌이며 불편한 속내를 드러낸다.

사실 이방원은 형들이 세자 책봉이 되지 않은 게 오히려 잘된 일인지도 모른다고 판단했다. 여기에는 자신에게도 언젠가 기회가 올 것이라는 계산이 들어 있었다. 당시 최고의 실권자인 정도전 역시 방석을 왕세자로 책봉한 데 굳이 반대하지 않았다. 정도전은 재상 정치를 줄기차게 주장한 인물이 아닌가. 중국 한나라의 장자방을 자처하며 조선을 마치 자신의 나라인 양 생각하는 정도전에게는 어린 방석이 다루기 편한 인물이었을 터다. 임금은 아둔한 사람이 될지언정 재상은 나라에서 가장 똑똑한 사람이 되어야 한다는 게 정도전의 기본 생각이었고, 지금 이 나라에서 가장 똑똑한 사람은 정도전 본인이라는 자신감이 충만했다. 정도전은 이후 왕명을 받들어 『고려사』를 편찬하고, 훗날 『경국대전』의 원본이라 할 수 있는 『조선경국전』을 포함해 병서와 악기를 다루는 책까지 편찬했다. 가히 조선의 천재 정치인이라 불러도 손색이 없다.

복잡한 개국 초기의 정국에서 이방원은 어떤 움직임을 보였을까? 이성계에게 중국 한나라를 창업한 장량의 역할을 한 인물로 정도전이 있었다면, 이방원에게는 하륜이 나타났다. 하륜 역시 야망에 가득 찬 인물이었다. 두 사람의 결합은 또 다른 모습의 조선을 만들고자 하는 신호탄이나 다름없었다.

이런 이방원에게 어느 날 기회가 찾아왔다. 조선의 사신 자격으로 명나라 주원장 홍무제에게 알현을 가게 된 것이다. 사실 홍무제는 조선 개국을 그리 달가워하지 않았다. 하나 그런 홍무제가 이방원만큼은 살갑게 대했다고 한다. 이방원으로서는 사대의 예를 바친 대국인 중국의 긍정적인 시그널로 받아들였음 직하다. 명나라는 홍무제 사후에도 이방원에 관해서는 트집을 잡지 않았고, 나중에 이방원이 왕위에 오를 때에서야 태조에게 주지 않고 미루어둔 옥새를 비로소 전달했을 정도다.

그러던 중 왕세자 방석의 친모인 신덕왕후가 갑자기 세상을 떴다. 그동안 세자의 버팀목이 되어주었던 어머니가 돌아가신 것이다. 뭔가 정국이 이방원 쪽으로 요동치는 듯했다. 이때 정도전은 사병 혁파를 강하게 제안해 사족 일파와 권신들이 딴마음을 먹지 못하게 했다. 사병 혁파의 전면 실시는 이방원의 팔다리를 자르는 것과 같은 정책이었고, 이방원은 권력 찬탈을 위해 좀 더 급하게 뭔가를 해야 할 시점이었다.

영화 「순수의 시대」는 이런 격동의 시간을 무대로, 이방원과 정도전과 김민재 간의 치열한 권력 쟁투를 보여준다. 김민재의 정인으로 등장하는 가희는 기구한 스토리를 지닌 처자다. 어머님이 강제로 능욕당하고 자진하는 모습을 본 가희는 복수를 결심하고 기회를 엿보던 중, 이방원의 권력 찬탈 계획에 주역으로 등장해 정도전과 김민재를 동시에 파멸시킨다. 여기까지가 대강의 영화 줄거리다.

사료를 살펴보면, 이방원이 기회를 엿보다 마침내 1차 왕자의 난을 일으킨다. 『조선왕조실록』에는 정도전이 임금의 병을 핑계 삼아 왕자들을 궁궐로 끌어들여 공격하려고 하자, 이 계획을 사전에 알게 된 이방원이 어쩔 수 없이 궁궐 밖에서 선제 공격을 했다고 쓰여 있다. 하지만 여러 가지 정황으로 보아 터무니없는 주장이다. 정도전에게는 무리하게 왕자들을 해할 의지도, 뜻도, 이유도 없다. 실록에 따르면, 방원과 형제들이 임금이 거처하는 궁문 앞에 다다랐을 때 불이 전부 꺼져 있었다고 한다. 그리고 입궐 시 왕자의 수행원들을 죄다 궁 앞에 남겨두고 들어오라는 궁궐 수비대의 지침을 들은 방원은 정도전 패들의 자신들을 해하려는 의도를 분명히 읽고 거사 결심을 했다고 적혀 있다. 즉, 자신들을 없애기 위한 공작을 알고 나서 이대로 죽을 수 없다는 명분하에 세자 방석과 정도전 등을 하는 수 없이 선수 쳐서 죽였다는 것이다.

실록에는 정도전이 비굴하게 최후를 맞이했다고 기록되어 있다. 물론 후대에 하륜이 중심이 되어 『태조실록』을 편찬한 연유로 정도전을 깎아내릴 수밖에 없었을 터다. 정도전의 네 아들 중 둘은 아버지를 구하러 가다가 죽고 한 아들은 집에서 자결한다. 한 시대를 풍미했고, 조선의 실제적인 설계자였으며, 법전과 병법 등에 사통팔달했던 정도전의 죽음치곤 너무나 허무한 마지막이 아닐 수 없다. 정도전은 참수되기 전에 다음과 같은 글을 남긴다. 글의 내용으로 보아 이방원에게 목숨을 구걸하진 않았을 듯싶다.

자조(自嘲)

조심하고 조심하여
공력을 다하며 살면서
책 속에 담긴 성현의 말씀
거스르지 않았다네.
삼십 년 긴 세월
고난 속에 쌓아온 일
송현방 정자 한잔 술에
그만 헛일이 되었구나.

정도전의 억울한 신원은 대원군에 이르러서야 비로소 제대로 인정되었고, KBS 대하 사극 「정도전」의 시청률이 고공 행진을 하는 등 오늘날 그에 대한 평가는 상당히 달라지게 된다. 당대 최고의 사상가이자 혁명가이자 천재 재상이었다는 평가가 그것이다.

태조는 '개국 공신 정도전과 남은 등이 몰래 반역을 꾀해 왕자와 종친 등을 해하려다가 발각되어 공이 크다 하나 어쩔 수 없이 주륙되었다'는 문서에 결재한다. 당시 이성계의 심정은 어떠했을까? 이성계와 정도전의 관계는 단순한 군신 간의 그것과는 조금 다르다. 둘의 관계는 조선이라는 주식회사를 세운 일종의 공동 창업자이자 파트너로 볼 수 있다. 태조의 정도전에 대한 무한 신뢰와 애정은 그만큼 극진했다. 그런 정도전을 방원이 살육했으니 태조의 마음이 어떠했을지 짐작할 수 있을 것이다. 정몽주의 시해부터 시작해 1차 왕자의 난까지, 태조는 방원의 모든 행동거지가 마음에 들지 않았다. 자식만 아니었다면 죽이고 싶을 만큼 말이다. 이방원이 세력을 키우도록 방치한 건 아닌지, 개국에 대한 자신감이 지나쳐 크나큰 실수를 범한 건 아닌지 뒤늦게 후회했으리라.

두 이복동생 방번과 방석(왕세자)도 1차 왕자의 난 때 방원의 패거리에 죽음을 당한다. 방원은 거사를 치르고 나서 왕 즉위를 잠시 미룬다. 방원의 친형 영안군 방과, 즉 정종이 먼저 즉위하게 둔 것이다. 이는 방원의 치밀한 노림수였다. 어차피 방과(정종)는 왕위에 대한 야심이 없으며 소박한 무인의 기질을 가지고 있다는 사실을 방원은 잘 알고 있었다. 1차 왕자의 난이 벌어졌을 때도 방과는 성 밖에 있는 신하의 집에 숨어 지냈다. 그는 이방원이 왜 자신에게 왕위를 넘겼는지, 그리고 언제쯤 이 왕관을 방원에게 넘겨야 할지를 잘 아는 인물이었다.

방원은 왜 곧바로 왕이 되지 않았을까? 그 이유는 위로 셋이나 형이 있는 상황에서는 명분이 약하고, 아버지의 분노를 혼자서 막아낼 때가 아니라 판단했기 때문이다. 한 번 더 기회를 보던 방원에게 드디어 올 것이 왔다. 1차 왕자의 난 때 공을 세운 박포라는 자가 있었는데 방원의 노여움을 사 귀양을 갔다. 귀양에서 돌아온 박포는 방간 쪽에

줄을 대고, 방간을 꼬드겨 방원을 제거할 계획을 세웠다. 그러나 이미 정보를 입수한 방원은 역습을 준비하다가 상대가 공격해오자 거침없이 궤멸시켰다. 그러면서 짐짓 내키지 않은 척하며 동복 형인 방간을 붙잡아 귀양을 보내고 박포를 희생양으로 삼아 처형했다.

사태가 일단락될 기미를 보이자 이방원 세력은 정종에게 몰려가서 정안군, 즉 이방원을 세자로 삼을 것을 청했다. 정종은 드디이 때가 되었다는 심정으로 순순히 정안군을 세자로 책봉했다. 그러니까 동생을 세자로 책봉한 것이다. 정확히는 세제가 맞으나 정종이 정안군 이방원을 아들로 삼겠다고 하며 이 문제를 정리했다. 다행인지 불행인지 당시 정종과 정실부인 사이에 아들이 없었다. 이후 정종은 왕위에서 물러나 20여 년을 더 살았다. 어찌 보면 조선에서 가장 행복하게 노후를 보낸 왕일 수도 있겠다. 그는 태종에게 정권에 대한 욕심이 전혀 없음을 상시적으로 보여주었고, 격구나 사냥, 유람 등으로 남은 세월을 보냈다. 존호, 묘호, 시호도 없었던 정종은 숙종 때 가서야 정종이란 묘호를 받았다.

이방원의 권력에 대한 야심과 집착, 그리고 기회를 기다리는 끝없는 인내심으로 태종은 당당히 태조에 이어 조선 왕조의 기틀을 마련한 왕으로 자리매김했다.

영화 「순수의 시대」는 1차 왕자의 난이 일어나기 직전의 상황을 보여준다. 이방원은 태조 이성계와 정도전의 방패막이 역할을 하던 삼군부 수장 김민재를 쓰러뜨려야 했다. 김민재는 그런 이방원의 트로 이 목마인 가희와 사랑에 빠져 눈이 멀고 만다. 태조는 김민재를 따로 불러 세자를 부탁한다. 그러나 때는 이미 김민재가 가희에게 목숨을 바쳐 지켜주겠노라 약속한 이후다.

한편, 가희의 어머니를 범하고 가희까지 강간하려고 하는 진(강하늘 분)은 김민재의 친아들이 아니다. 진은 정도전의 딸이 김민재를 만나기 전에 낳은 자식이다. 한마디로 사고뭉치인 그는 친구들과 몰려다니며 온갖 악행을 저지르고 다닌다. "우리 아비들이 피땀 흘려 세운 나라, 자식들이 덕 좀 보려는 건데 왜 이리 일이 꼬이느냐." 하며 투덜댄다. 그러다 진은 결국 대형 사고를 친다. 아버지 김민재의 애첩 가희에게 강상죄(부모를 욕되게 하는 죄)를 지어 이방원으로 하여금 정도전과 김민재를 처단할 명분을 만들어준 것이다. 이방원이 계획한 그물에 걸린 것이긴 하지만 말이다. 이방원은 태조를 향해 수시로 불만을 표출한다. "필요할 때는 손에 피를 묻히게 하시고, 이제 지나고 나면 피 묻은 놈은 필요가 없어지신 게지요." 하며 태조와 세자를 압박한다.

영화 「순수의 시대」는 김민재라는 가공의 인물을 통해 피비린내 나는 권력 투쟁보다 인간이 가지는 순수함의 결정체인 사랑이 우선임을 이야기하고 싶었던 것 같다. 여진족 출신으로서 데릴사위로 들어온 김민재는 사랑 없는 정략결혼의 답답함, 의붓아들의 비행에 역정 한번 제대로 못 내는 무력감에 갇혀 있다가 가희를 만나 마음의 문을 연다. 그에게는 조선 왕조의 가장 높은 벼슬도, 권력자의 사위 역할도, 이방원과의 권력 싸움도 한낱 의미 없고 부질없는 것처럼 보인다. 그는 이성계의 마지막 명령인 '그 계집(가희)을 당장 죽이라'는 명령도 거부한 채 둘만의 탈출을 꾀한다. 그러나 두 사람은 이방원의 화살에 맞아 수장되고 만다.

1400년 이방원은 태종에 즉위하고 김민재에 대한 모든 기록을 지우라고 명한다. 그리하여 가장 순수하게 살고 싶었던 김민재는 조선의 역사에서 깡그리 없어졌다고 영화는 밀한다. 결국 '순수의 시대'라는 특이한 영화 제목은 조선 초 가상 인물 김민재의 순정을 드러내려는 의도에서 비롯된 게 아닐까 짐작해본다. 순수의 시대라…. 지금은 박물관에서나 찾아야 하는 건 아닌가 모르겠다.

세조의 관상은 역모의 상인가

당신은 운명을 믿는가? 사주팔자대로 이루어진다고 생각하는가? 인간이 태어날 때부터 생로병사가 이미 정해져 있다면 과연 자신의 노력을 통해 얻는 건 무엇인가? 흔히 운칠기삼이라 한다. 세상만사가 운에 좌우되는 게 7이라면 기능을 연마하고 노력해 풀리는 건 3에 불과 하다는 것이다. 그럼 관상은 어떠한가? 인간의 길흉화복이 얼굴에 이미 나타나 있다면 우린 그것을 어떻게 받아들여야 할까?

허영만 화백이 관상을 소재로 「꼴」이란 만화를 연재해 재미있게 본 기억이 있다. 이번엔 그 '관상'을 소재로 한 영화가 만들어졌다. 영화 「관상」은 조선 시대 세조의 집권기를 배경으로 조선 최고의 관상쟁이 내경(송강호 분)과 거대 권력을 거머쥔 수양대군(이정재 분) 사이의 운명을 드라마틱하게 직조해나간다.

세종의 장남인 문종이 왕위에 오른다. 문종에게는 둘도 없는 동생 수양이 있다. 그 둘의 우애는 너무나 각별했다. 서로가 서로를 위해주며 아껴주는 모양새는 세종을 흡족하게 했다. 문종은 우리가 아는 것과 달리 병약하지 않았다. 몸도 크고 얼굴도 잘생겨 진정 준비된 군주의 모습이었다. 아버지 세종과 함께 과학 기술 진흥을 위해 직접 연구진으로서 참여하기도 했고 측우기도 만들었다. 그러다 안타깝게도 병으로 덜컥 세상을 떠난 것이다.

문종은 집권 시 역모에 상당히 주의를 기울였다. 영화 「관상」에서 문종은 직접 내경을 찾아가 역모를 꾸밀 사람을 골라보라고 지시한다. 내경은 수양의 얼굴을 몰래 엿보고는 문종에게 전혀 역모를 꾸밀 상이 아니라고 아뢴다. 그제서야 문종도 편안하게 눈을 감을 수 있었다. 그러나 당시 내경이 본 남자는 수양이 아니었다. 관상을 보러 올 줄 미리 알고는 다른 사람을 대신 보낸 것이다. 수양의 얼굴을 다시 본 내경은 "남의 약점인 목을 잡아뜯고 절대로 놔주지 않는 잔인무도한 이리. 이자가 진정 역적의 상이다."라고 말한다.

어린 단종이 보위에 오른 지 몇 년 되지 않은 시기, 단종을 보필하기 위해 문종의 유언에 따라 황보인, 김종서 등의 대신들이 정사를 대신한다. 대신들은 '황표정사'라는 제도를 도입해 국왕 대신 국사를 처리한다. 황표정사란 인사 지명권을 위임받은 신하들이 대상자에게 미리 황색점을 찍어놓으면 왕이 이를 보고 낙점하는 방식으로, 이는 단종의 왕권이 아직은 미약함을 의미한다. 조정의 대신들은 세종의 삼남인 안평대군과 연립 권력과 같은 모양새를 만든다. 시와 그림에 능해 예술가적 기질이 있던 안평대군은 고명대신(왕의 유언에 따라 국정을 관리하는 신하)들과 정국을 주도해나간다. 조정의 대신 입장에서는 야심만만한 수양보다는 기질적으로 안평대군이 다루기 편한 사람이었기 때문이다. 그사이 수양은 권력을 찬탈하기 위해 호시탐탐 기회를 엿본다.

내경은 얼굴을 보면 그 사람의 모든 것을 꿰뚫어 보는 천재 관상가다. 그는 처남, 그리고 하나밖에 없는 아들 진형과 산속 깊이 칩거해 살아간다. 필시 과거 집안에 어떤 내력이라도 있는 게 분명하다. 하루는 한양에서 기생 연홍(김혜수 분)이 찾아온다. 연홍은 내경에게 한양으로 올라와 본격적으로 관상을 봐달라고 요청한다. 물론 많은 돈을 제시하며 말이다. 내경은 자신을 찾아온 두 사람의 얼굴을 보고 단박에 이렇게 말한다.

"갓 쓴 양반은 전택궁(두 눈과 눈덩이)의 눈빛이 재복이 없고, 눈썹이 까맣고 눈이 작고 동그란 것이 장사엔 관심이 없구먼. 그리고 우리 마나님은 장사에 관심도 있고 수완도 있소만 비단이나 팔 상이 아닌데. 거짓말만 할 거면 가시오."

연홍과 사내는 내경의 관상 보는 솜씨에 홀딱 반한다. 내경과 처남은 진형이 출세를 하겠다며 산골을 떠난 마당에 더 이상 그곳에 머물 이유가 없어서 한양으로 옮겨간다. 둘은 연홍의 기방에서 사람들의 관상을 보아주며 호의호식한다. 내경의 실력은 삽시간에 장안의 화제로 떠오르고, 기방은 그에게 관상을 보려는 사람들로 인산인해를 이룬다. 한번은 관아의 의뢰를 받고 부녀자를 살해한 진범을 잡아냈다. 용하다는 소문이 돌자 당시 최고의 실세이며 호랑이로 불리는 좌의정 김종서의 명이 떨어지고, 내경은 사헌부에 들어가 인재 면접 시 관상을 보고 평가하는 일까지 하게 된다.

그러던 차에 내경은 우연히 수양대군의 관상을 보고 역모의 상임을 직감적으로 알게 된다. 관상쟁이 내경은 조선의 위기를 자신의 힘으로 바꾸어볼 생각으로 김종서와 함께 단종에게 수양을 조심하라고 아뢴다. 하나 단종은 반신반의하고, 결국 수양을 사전에 제거하는 데 실패한다.

천하의 관상쟁이라 하더라도 운명이 사람의 관상대로 가는 건 막을 수 없었던 모양이다. 목숨을 잃을 처지에 놓인 아들을 살리기 위해 내경은 수양에게 살려달라고 애원한다. 수양은 살려줄 테니 자신의 관상을 보아달라고 한다. 내경은 살기 위해 수양의 관상을 두고 "성군이 되시어 이 나라를 부강하게 만들 상이옵니다." 하고 말한다. 그럼에도 수양은 잔인하게 진형을 활로 쏘아 죽여버린다. 종국에 내경은 모든 것을 잃고 그 자신도 겨우 목숨만을 부지하게 되는 비참한 운명을 맞이한다. 그는 비참하게 죽어갈 아들의 운명이나, 자신의 운명까지는 알지 못했던 걸까?

영화의 첫 장면은 세조 때 최고의 공신이었던 한명회가 임종을 앞두고 유언을 하는 모습에서 시작된다. 한명회는 이렇게 말한다.

"결국 그 관상쟁인가 하는 놈이 틀렸어. 예전에 내 얼굴을 보더니 부관참시 상이라고 했단 말이지. 헌데 난 이렇게 안방에서 편안하게 눈을 감고 있지 않나."

그러나 결국 내경의 예언이 맞음을 역사가 증명한다. 한명회는 연산군 때 갑자사화로 관이 다시 뽀개어지고 사지가 능지되는 오욕을 겪게 되니 말이다.

내경이 아들을 잃고 겨우 목숨을 건져 어느 바닷가 마을에 은거하고 있을 때 한창 주가를 날리던 한명회가 찾아온다. 내경은 이렇게 말한다.

"당신들 얼굴은 별난 거라도 있는 줄 아시오? 수양은 그냥 왕이 될 사람이었을 뿐이오. 난 사람의 얼굴을 봤을 뿐 시대의 모습을 보진 못했소. 바다의 파도만 본격이지요. 바람을 봐야 하는데. 파도를 만드는 건 바람인데 말이오."

내경은 이 말을 통해 인간의 운명은 관상으로만 결정되지 않음을 스스로 고백한 것이나 다름없다. 이는 영화 「관상」의 연출자인 한재림 감독의 운명관하고도 일치한다. 카메라는 등장인물의 뒷모습이나 신체의 다른 곳부터 잡는다. 이 역시 얼굴만이 인간의 운명을 결정하는 절대적 요소가 아니라는 생각을 표출한 게 아닌가 한다. 뿐만 아니라 역광으로 인물을 촬영함으로써 운명을 거슬러 극복하는 모습을 표현하기도 했다.

한참 있다가 내경은 한명회의 몰골을 가만히 보더니 "끝이 좋지 않구려. 목이 잘릴 팔자요."라며 한마디 툭 던진다. 내경은 한명회의 운명을 이미 알고 있었던 것이다.

지금부터는 조선 역사에서 불행했던 인물 중 하나인 단종의 이야기를 해보려고 한다. 조선이 개창되고 세종이 즉위해 나라의 국운이 열리고 부국강병의 토대가 마련되어가는 시기에, 세종이 죽고 장자 문종이 즉위한 지 겨우 2년 만에 종기가 악화되어 죽고 만다. 그러고 나서 13세의 어린 단종이 보위에 오른다. 문종은 죽기 전에 왕실 인사 가운데 섭정을 맡을 사람이 없는 것을 염려해 황보인, 김종서에게 어린 단종을 잘 보위해달라고 신신당부한다.

수양은 세종의 둘째 아들이다. 야심가이며 무예에 능하고 리더십도 있다. 그는 책략가 한명회를 영입하고 정권을 찬탈할 계획을 꾸린다. 먼저 김종서를 철퇴로 격살하고 궁궐에 난입해 입궐하는 신하들을 차례로 제거해나간다. 한명회는 궁궐 입구에 서 있다가 죽여야 할 사람은 신호를 보내 철퇴로 내려찍어 죽이도록 했다. 그야말로 한명회의 손가락 하나가 살생부의 역할을 한 것이다. 이 사건이 바로 '계유정난'이다. 영화에서는 이 장면이 단종의 눈앞에서 벌어지는 것으로 연출된다.

실권을 잡은 수양은 요직을 겸하며 왕 노릇을 한다. 수양의 겁박에 겁에 질린 단종은 결국 삼촌 수양대군에게 스스로 왕위를 양위한다. 수양은 동생인 안평대군을 제거하고, 금성대군까지 역모를 꾸민다며 유배를 보낸다.

세조가 계유정난을 일으킨 명분은 단종이 어리다는 이유로 김종서, 황보인 등이 국정을 농단하고 역모를 꾸미고 있다는 것이었다. 하지만 당시의 정황으로 따져봤을 때 전혀 설득력이 없는 주장이다. 『단종실록』은 어차피 승자의 기록이라 세조의 명분을 뒷받침하나 실체적인 정황 증거는 제시하지 못했다.

계유정난 때만 해도 일부 대신들은 김종서 등의 제거를 어쩔 수 없었다는 쪽으로 정리했다. 단종의 왕권 강화 측면에서 불가피한 선택이었다면서 말이다. 그러다 단종을 강제로 퇴위시키고 세조가 스스로 왕위에 오른 뒤에서야 왕위 찬탈을 위한 계획된 거사였음을 뒤늦게 알아차린다. 세조가 왕이 되고 이듬해에 역사에서 사육신과 생육신으로 일컬어지는 신하들에 의해 단종 복위 운동이 꾀해지지만 이 중의 한 사람이 거사 계획을 사전에 누설함으로써 체포되고 만다.

세조는 이들을 친히 국문했다. 그 과정에서 박팽년에게 "너희는 나를 임금이라 모시지 않으면서 그간의 녹봉을 그리 잘 챙겼더란 말이냐?" 하자, 박팽년은 수양대군을 끝까지 왕이라 부르지 않고 "나으리, 제 집의 광에 나으리께서 주신 하사품을 그대로 잘 놔두었습니다."라고 답했다. 사람을 시켜 확인해본 결과, 박팽년의 말대로 광에는 손 하나 안 댄 녹봉이 그대로 있었다고 한다.

사육신은 성삼문, 박팽년, 하위지, 이개, 유응부, 유성원을 이르며, 생육신은 김시습, 원호, 이맹전, 조려, 성담수, 남효온을 이른다. 생육신은 목숨을 잃지는 않았지만 평생을 관직에 나서지 않고, 은둔하며 단종을 추모했다. 사육신과 생육신은 지금도 많은 이들에게 지조 있는 신하로 추앙된다. 그들의 당시 심경을 담은 시조 두 편을 소개해 본다.

이 몸이 죽어가서 무엇이 될꼬 하니
봉래산 제일봉에 낙락장송 되었다가
백설이 만건곤 할 제 독야청청하리라

- 성삼문

간밤에 불던 바람 눈서리 쳤단 말가
낙락장송이 다 기울어진단 말가
하물며 못 다 핀 꽃이야 일러 무삼하리오

- 유응부

사육신의 단종 복위 운동을 진압한 후, 상왕이 된 단종을 바라보는 세조의 마음 한구석은 항상 께름칙했다. 누가, 언제 단종 복위의 역모를 꾸밀지 모르는 것 아닌가. 이에 세조는 단종을 노산군으로 강봉하고 영월로 유배를 보낸다. 그곳에서 단종은 스스로 목을 매어 죽는다. 단종의 나이 열일곱이었다.

원통한 새 한 마리 궁에서 쫓겨나와

외로운 몸 그림자 푸른 산 헤매네
밤마다 자려 해도 잠은 오지 않고
해마다 한을 없애려 해도 없어지지 않는구나
울음소리 끊어진 새벽 산엔 으스름달 비추고
봄 골짜기엔 피 토한 듯 떨어진 꽃이 붉어라
하늘은 귀 먹어서 이 하소연 못 듣는데
어찌하여 서러운 이내 몸 귀만 홀로 밝았는가

세조는 왕위에 오르자 왕권 강화 정책을 펴나간다. 태종 때의 6조 직계제를 부활시키고 반역의 온상지였던 집현전을 폐지한다. 한명회, 정인지, 신숙주 등의 공신 세력을 지나치게 중용해 국정 전반 운영에 무리수를 두게 되고, 조선 전기의 정치적, 경제적 특권층인 훈구파를 만들어낸다. 이후 훈구파는 사림파를 견제 및 제거하기 위해 4대 사화를 일으킨다.

세조 왕조의 두 축은 신숙주와 한명회다. 둘은 같으면서도 상당히 다른 캐릭터를 가지고 있다. 신숙주가 정통 관료의 길을 걸은 엘리트였다면, 한명회는 그야말로 잡초처럼 커온 책략가였다. 한 예화를 들어보면, 신숙주보다는 한명회가 한 수 위였음을 알 수 있다.

하루는 세조와 한명회, 신숙주가 다 같이 술을 마셨다. 신숙주가 술에 취해 세조에게 다소 무례한 언행을 보였다. 자리가 파한 후 세조가 곰곰이 생각해보니 화가 치밀었다. 아무리 취했다지만 왕인 자신에게 그리 행동했다는 게 괘씸했다. 그래서 내시더러 신숙주가 지금 뭘 하는지 살펴보라고 시켰다. 한명회는 신숙주에게 오늘 밤만은 잠에서 깨도 책을 읽지 말고 그냥 잠자리에 들라 귀띔해주었다. 신숙주가 아무리 취해도 잠깐 깨면 책을 읽는 습관이 있다는 사실을 잘 알고 있었기 때문이다. 푹 자고 있다는 보고를 들은 세조는 신숙주가 정말 많이 취해서 그런 행동을 한 거라 이해하고 넘어갔단다.

세조의 말년은 그리 평안하지 않았다. 세조가 꿈을 꾸었는데 단종의 어미인 현덕왕후가 나타나 세조의 얼굴에 침을 뱉었다고 한다. 꿈에서 깨어보니 침을 뱉은 자리에 종기가 나기 시작해 결국 이 종기가 온몸에 퍼져 죽었다는 이야기를 비롯해, 단종의 부인인 정순왕후가 단종이 유배된 영월 쪽을 보려 날마다 올라 돌처럼 굳었다는 동망봉 전설, 영월에 새로운 사또가 부임하면 죽어나가곤 했다는 이야기 등 단종과 얽힌 슬픈 서사는 우리들의 마음속에 오랫동안 남아 있다.

세조는 유교 국가의 임금이었지만 불교를 숭상했다. 자신이 과거에 저지른 일들을 후회하면서 원각사를 짓고 그곳에 십층 석탑을 지었다.

세조의 집권 과정을 보면 한국 현대사의 5·17 군사 정변과 상당히 흡사한 점을 발견할 수 있다. 박정희 대통령이 시해되고 권력의 공백기에 새롭게 등장한 신군부는 권력 찬탈의 장애물이었던 육군 참모총장 정승화를 쿠데타 혐의로 불법 체포하고 연행한다. 이는 문종이 죽고 권력 찬탈을 꾀했던 세조가 왕권 찬탈의 1차 방해물이었던 김종서, 황보인 등을 격살한 것과 비견된다. 이후 신군부는 당시 권력을 승계한 최규하 대통령을 총으로 협박해 반강제적으로 하야시키고 선거인단을 졸속으로 만들어 제5공화국을 탄생시킨다. 이 또한 단종을 보위했던 대신들을 없애고 단종을 겁박해 스스로 왕위를 양이하고 세조로 등극했다는 점 등과 상당히 유사하다고 볼 수 있다. 마치 역사의 평행 이론 같은 느낌이 든다. 누군가의 말마따나 역사는 결국 반복되는 것인가.

세조는 자신의 운명을 감지한 것인지 세자에게 보위를 넘겨줄 채비를 지시한다. 이에 세자가 즉위하니 조선 제8대 임금 예종이다. 세조는 예종의 즉위식 다음 날 세상을 떠난다.

연산, 여인들,
그리고 간신

강의에 나가면 반드시 세기별로 조선 왕조를 기억해달라고 부탁한다. 학창 시절에 달달 외웠던 조선 왕조 순서 말이다. 이를 각 세기로 나누어 암기해놓으면 조선의 역사를 한눈에 꿸 수 있다.

15세기 태정태세문단세예성

16세기 연중인명선

17세기 광인효현숙

18세기 경영정

19세기 순헌철고순

조선 역사상 희대의 폭군으로 알려진 연산 시대로 넘어가보자. 그의 생애가 워낙 역동적이고 엽기적이라 한국 영화의 소재로 여러 차례 차용된 건 어찌 보면 당연한 일일 것이다. 신영균이 연산군으로 나온 영화 「연산군」을 시작으로, '공길'이라는 광대와 연산군 간의 미묘한 동성애 코드로 스토리를 풀어 2005년도에 천만 흥행을 기록한 「왕의 남자」가 연산을 소재로 한 대표적 작품이라 할 수 있겠다.

2015년에 개봉한 영화 「간신」은 연산의 패악과 문란했던 행적을 본격적으로, 그리고 리얼하게 보여준다. 물론 팩션(faction, 픽션과 논픽션을 합쳐 가공한 스토리)이긴 하지만 연산의 광기 어린 집권 세월을 비교적 여과 없이 정면으로 응시하면서 조선조 폭군의 전설인 연산을 표현해냈다. 단, 연산군을 다룬 이전의 영화와는 다르게 시점을 조금 바꾸었다. 연산을 희대의 연산답게 만들었던 간신들의 이야기를 중심으로 영화가 펼쳐지기 때문이다. 당대의 간신배이자 소인배의 대명사였던 임사홍, 임숭재 부자가 극을 끌고 간다. 영화는 그들이 보는 연산과 주변의 이야기들, 권력에 기생해 목숨을 부지하고자 했던 사람들과 폭군에 의해 억울하게 죽어간 많은 사람들의 핏빛 향연을 적나라한 화면으로 담아낸다. 그래서인지 오히려 더 비현실적으로 보이는 것 같기도 하다.

영화 「간신」의 충격적이고 엽기적인 색깔은 영화의 마지막 씬에서 극에 달한다. 감독은 이탈리아 영화감독 파졸리니의 영화를 오마주(존경에 대한 표시)하겠다고 작정이라도 한 듯 카메라를 거침없이 들이민다. 파졸리니는 괴이하고 변태적이며 가학적인 영상 연출로 유명하다. 연산이 반정의 무리들을 피해 골방에 갇히는데 여기서 돼지 떼들과 성적인 교합을 연상시키는 짓을 벌이는 장면이 그것이다. 한국 영화에서는 보기 드문 파격적 장면이다. 연산이 자신의 운명이 막장까지 왔다고 생각하고 환청과 환각에 빠져 벌어지는 참사다. 이 장면에서 일부 여성 관객은 극장 문을 박차고 나갔다는 비화도 있다. 과연 영화에서 보여진 연산군의 이야기는 어디까지가 사실이고 어디까지가 스토리로 가공되었을까?

조선 역사에서 '군'으로 불리는 왕은 딱 둘이다. 조선의 왕들은 죽은 후 묘호, 시효를 받아 종묘에 안치된다. 하나 연산군과 광해군만 '군'이란 타이틀로 역사에 기록되었다. 둘 다 반정, 즉 쿠데타로 물러난 왕이라는 공통점이 있다. 반정을 통해 집권한 세력은 당연히 선대 왕에게 후한 점수를 줄 수 없는 법이다. 반정의 명분을 세워야 했기에 선대 왕의 악행과 허물을 과장하고 부풀려 기록할 수밖에 없었으리라.

이런 점에서 손해를 많이 본 건 사실 광해군이다. 폐모살제(어미를 폐하고 동생을 죽임)라는 패륜적 대죄를 저질렀다는 대내적 명분과, 은인이자 사대로 모셔야 할 중국 명나라에 대한 배신이라는 유교적 입장을 앞세워 인조가 반정의 기치를 내걸고 광해군을 몰아내고 집권한다. 그러나 사실은 서인 세력의 붕당적 이해를 기반으로 한 쿠데타적인 성격이 짙다.

드라마로 방송된 「화정」이나 이병헌이 광해군으로 등장한 「광해,

왕이 된 남자」를 보면, 최근 들어 광해에 대한 평가가 사뭇 달라지고 있음을 알 수 있다. 당시 조선은 꺼져가는 명나라와 부흥하는 금나라 사이에서 국익 우선의 정책을 폈다. 광해는 중립 외교를 통해 민생을 안정시키고 국가를 보위하는 대외교 전략의 모범을 보여준다. 임란을 겪으며 전쟁의 폐해에 대해 잘 알았던 광해군은 이 땅에서 전쟁만은 막아야 했기에 무슨 수를 써서라도 불행한 일이 또다시 반복되길 바라지 않았을 것이다. 그렇기에 광해군과 연산군에 대해 다른 역사적 평가가 내려져야 한다.

연산의 어린 시절은 평범했다. 그의 이름은 '이융'이었고 성종의 각별한 애정을 받고 자랐다. 연산은 아버지 성종이 대신과 대간들에게 시달리는 모습을 자주 목격했다. 어쩌면 이런 모습을 보며 성장한 연산이 후일 왕위에 올라 더 이상 그들에게 휘둘리지 않고 자신의 생각대로 정사를 펴게 된 심리적 동기가 되었는지도 모른다.

연산의 괴팍했던 성정을 잘 드러내는 일화 하나를 소개한다. 연산이 어린 시절에 성종이 키우던 사슴을 못살게 굴었다. 이를 본 성종이 왜 말 못 하는 짐승을 괴롭히냐고 꾸짖자 그 자리에서는 대꾸하지 않다가 왕좌에 오르자 제일 먼저 그 사슴을 죽여 없앴다고 한다. 왕위에 오른 연산은 맨 먼저 '대신들 길들이기'에 나선다. 자신의 의견을 끝까지 관철시켰으며, 성종의 시호를 내리는 데 반대한 유생들을 엄하게 처벌했다.

영화 「간신」에서 젊은 대신들이 용서를 청했을 때 연산은 이렇게 말했다.

"나도 역사에 아름답게 기록되지 않으리라는 걸 잘 아오. 허나 위를 능멸하는 풍습은 고치지 않을 수 없소."

이 말은 흡사 후일 벌어질 핏빛 잔혹사의 예고 같다.

조선의 역사를 살펴볼 때 4대 사화라는 사림들이 큰 화를 입는 사건이 있다. 사림을 언관직으로 적극 등용한 성종은 이들로 하여금 훈구파를 견제하게끔 했다. 훈구파란 세조 집권 시 계유정난에서 공을 세운 신하와 세조가 왕위에 옹립되도록 결정적인 역할을 한 사람들을 일컫는다. 이후 훈구파는 공신이라는 배경으로 정국를 주도했으며 왕권까지 위협할 정도의 힘을 가지게 된다. 이에 성종은 고려 말 낙향해 향촌 자치와 왕도 정치를 주장하며 성장한 사림을 대거 등용함으로써 정치 권력의 균형을 꾀한다. 정권이 훈구파와 사림파로 양분되자 훈구파의 사림파에 대한 견제는 더욱 심해진다. 이러한 훈구파의 사림파에 대한 정치적 테러는 네 차례의 사화로 이어진다.

첫 번째는 연산군 때의 무오사화다. 무오사화의 발단은 이러하다. 실록청 당상관이었던 이극돈이 우연히 사초를 살피다가 자신의 비행이 담긴 글을 발견한다. 이극돈은 훈구파였다. 이극돈은 김일손에게 수정을 요구하나 거절당한다. 김일손은 사림파의 대부인 김종직의 제자다. 이에 앙심을 품은 이극돈은 유자광에게 그 사실을 알린다. 유자광은 사초를 다시 살펴보다가 더욱 놀라운 내용을 발견하고 이것이 정국에 어마어마한 후폭풍을 일으킬 호재임을 간파한다. 그것은 바로

'조의제문'이다. 이는 중국의 초나라 의제를 조문하는 글인데 사림의 거두인 김종직이 쓴 글이다. 표면적으로는 중국의 의제를 추모하는 내용을 담고 있으나 내용을 꼼꼼히 살펴보면 세조가 단종을 죽인 것을 빗댄 글이었으니 연산의 분노는 극에 달한다. 이미 죽은 김종직은 부관참시되고 이와 관련된 사림파들은 효수, 참수된다. 이것이 4대 사화의 첫 번째 무오사화의 전말이다. 얼핏 보면 단순히 권력으로부터 소외된 유자광이 고자질로써 사림들에게 멋지게 복수한 것으로 보이나 내막을 들여다보면 연산군의 고도의 통치술이었음을 알 수 있다. 집권 4년 동안 연산에게 사사건건 간언한 귀찮은 존재였던 대간 세력, 즉 사림파들을 일거에 제압할 수 있었기 때문이다.

이후 5년간의 안정기가 지나간다. 연산은 성종과 성정이 매우 달랐다. 연산의 아버지 성종은 매를 좋아했으나 대간의 눈치를 보아야 했다. 일국의 왕이 그런 잡스러운 취미를 가지면 안 된다는 이유에서였다. 그러나 연산은 사생활에 관한 어떠한 간섭도 받길 원하지 않았다. 나아가 연산은 사치와 향락에 빠지기 시작했다. 『조선왕조실록』에 보면, 흰 고래 수염 20개를 구해오라고 하는가 하면, 어린아이 몇몇이 궁을 엿보았다는 이유로 그 부모와 이웃 등 수십 명의 백성들이 끌려가 매질을 당하기도 했다.

하지만 이 정도는 빙산의 일각이자 폭풍 전야였다. 연산은 신하들과 자주 연회를 열었다. 이 자리에서 예조 판서 이세좌가 연산이 따라 준 술을 흘려 임금의 곤룡포를 적셨다. 사소한 실수 하나를 가지고 연산은 이세좌를 유배시켜버렸다. 연산의 돌발적인 행동에 대신들은 긴장했다. 이세좌는 바로 폐비 윤씨를 사사시킬 때 사약을 들고 간 장본인이었기 때문이다. 드디어 연산의 친모였던 '폐비 윤씨 사사'라는 뇌관이 타오르고 있었다. 이후 피비린내 나는 연산의 복수극이 잔혹하게 자행되었다.

피의 갑자년, 연산은 궁궐 마당에 두 여사를 끌고 와 직접 몽둥이로 패기 시작했다. 성종의 후궁인 엄숙의와 정소영이었다. 이어 후궁의 아들을 불러 매질을 당한 두 여인이 죄를 지었다고 속이고 아들에게 직접 매질을 시켰다. 결국 두 후궁은 몽둥이질을 감당하지 못하고 죽었다. 연산은 계모인 정현왕후(자순대비)를 윽박지르기도 했으며, 연산의 할머니요, 성종의 어머니인 인수대비에게 "왜 제 어머니를 죽이셨습니까!" 하며 울부짖었다. 이에 충격을 받은 인수대비는 한 달 뒤 숨을 거두었다.

한데 연산은 폐비 윤씨 사건을 어떻게 알게 된 것일까? 이쯤에서 영화 「간신」의 타이틀 롤인 임사홍이 전면에 등장한다. 그리고 임사홍과 함께 연산의 오른팔이며 궁궐에서 펼쳐진 주지육림의 잔치를 총괄 기획한 임사홍의 넷째 아들 임숭재의 정치력과 간계가 빛을 발한다. 임사홍은 사림의 견제를 받아 벼슬길에 오르지 못하고 무료한 세월을 보내고 있었다. 그러다 아들 임숭재의 상소와 로비로 다시 관직으로 나아갈 수 있게 되었고, 연산의 눈에 들기 위한 과도한 충성심의 발로로 폐비 윤씨의 일을 귀띔한 것으로 추측된다.

영화의 첫 장면은 여기서부터 시작한다. 폐비 윤씨의 생모가 폐비 윤씨가 흘린 피가 묻은 적삼을 임씨 부자에게 건네주는 장면이다. 임사홍은 이것을 다시 연산에게 건넨다. 무릇 간신은 왕에게 최고의 정보를 제공해주면서 자신의 지위를 유지시키고자 하는 속성이 있다.

「간신」은 연산군을 다룬 영화이나 연산의 시점이 아닌 조선 시대 희대의 간신이었던 임숭재, 임사홍 부자의 시점으로 영화를 끌고 간다. 특히 임사홍의 아들 임숭재는 연산을 길들여 '왕위의 왕'이고자 했던 인물로 그려진다. 여기에 '단아'라는 가상의 여성을 등장시켜 연산을 파멸로 이끈다. 임숭재는 연산에게 쾌락의 극치를 맛보게 해 이성적인 통치를 할 수 없도록 해야 자신의 뜻대로 조정할 수 있으며, 연산이 더욱더 광기의 폭군이 되어야 소기의 목표를 달성할 수 있다고 믿었던 말 그대로 간신이었기 때문이다.

임숭재는 연산에게 '단 하루에 천년의 쾌락'을 약속한다. 임씨 부자의 정적은 장녹수다. 그들 사이에 이른바 충성 경쟁이 벌어지는데 누가 더 연산의 마음에 드는 여자를 바치느냐가 그 척도가 된다. 여기에 임사홍의 단아와 장녹수의 설중매 간에 궁중 암투가 벌어진다. 임사홍과 한편이 된 듯해 보이는 단아는 사실 연산이 죽인 사림 김일손의 여식이다. 단아는 목숨을 걸고 연산에게 접근한다. 그녀는 육체적 매력으로 육탄 공격을 퍼붓는 설중매와 다른 방식으로 연산의 마음을 훔친다. 단아는 연회장에서 연산이 품고 있는 치명적 아픔을 건드린다. 기생 단아가 읊조리는 사모의 정에 대한 시 한 구절이 연산의 눈에서 눈물을 촉발시킨 것이다.

영화 「간신」에 나온 단아의 시를 옮겨본다.

베갯머리 위에 눈물
디딤돌 위의 빗물
창문 히니 걸어두고
밤새도록 밤을 지니
기어코 하얀 적삼이
붉게 붉게 물들었네

연산은 하얀 적삼이 붉게 물들었다는 대목에서 눈물을 뚝뚝 흘린다. 피 묻은 적삼은 바로 연산의 어머니 폐비 윤씨에 대한 억울한 죽음의 상징적 증거이자, 한 서린 사모의 표현이자, 연산의 복수심을 일깨우는 일종의 오브제다.

실제로 연산은 임사홍이 알려줄 때까지 폐비 윤씨 사건을 몰랐을까? 아니면 때를 보아 일거에 복수할 심산이었을까? 연산군은 지극히 감정적이고 즉흥적인 왕으로 알려져 있지만, 실은 정치적 술수에 능통했던 왕이었다.

연산은 천년의 쾌락을 위해 임사홍과 임숭재를 시켜 전국의 미녀를 모집한다. 영화의 첫머리에 흘러나오는 자막은 『중종실록』을 인용해 당시 조선 전국의 미녀 수집에 대해 다음과 같이 적고 있다.

> 연산군은 채홍사를 파견해 팔도의 미녀를 강제로 징발하고 그 수가 일만이 넘었다 하니 그로 인한 원성이 하늘을 찔렀다.
>
> -『중종실록』

연산은 본격적으로 '적삼의 피'의 복수를 시작했다. 당시 사건의 연루자로서 정창손, 심회, 한명회, 정인지 등 영의정까지 지냈던 사람들을 부관참시했고, 폐비 윤씨 사건에 관여하지 않았다고 하더라도 평소 자신의 의견에 반대를 일삼던 훈구파 대신이나 사림의 대간들도 무참히 죽였다. 갑자사화의 광풍이 어느 정도 잦아진 이후에는 그 어떤 대신이나 대간도 연산의 초법적 정치 행위에 토를 달 수 없었다. 자기 목숨부터 지키고 볼 일이었다.

어찌 보면 절대적 전제 왕권의 폭압 장치로 폐비 윤씨의 복수가 활용된 것이기도 했다. 연산이 즉위하고 나서 상소를 올린 신하 중에서 괘씸죄에 걸려 효수된 사람이 부지기수였다. 심지어 한 신하는 연산이 신하들에게 시를 바치도록 명했을 때 혼자만 두 편의 시를 올린 것이 빌미가 되어 처형되었을 정도였다. 이는 연산의 폭압을 어머니 윤씨에 대한 복수의 결과로 보기보다는, 그의 통치술에 폐비 윤씨가 이용되었다는 게 더 맞는 말일 수도 있음을 보여준다.

신하 길들이기를 통해 전제적 왕권을 다진 연산은 쾌락의 정점을 향해 달려간다. 영화에서는 주로 '흥청망청의 이야기'를 다룬다. 연산은 본래 시를 좋아하고 가무에 능했다고 전해지며, 잔치를 베풀고

풍악을 성대하게 울려 한바탕 노는 것을 즐겨 했다고 한다. 기생의 수를 천 명으로 늘려 흥청과 운평이라 명하고, 악사도 천 명으로 늘리도록 지시했다. 운평에는 미모의 여인들만 들어갈 수 있었고, 운평 중에서 특히 용모가 뛰어난 여인들을 흥청으로 선발했다. 하나 그 인원을 채우기가 쉽지 않아 전국에 채홍사를 두어 조선 팔도의 미인을 채집했다.

한편, 연산의 미색에 대한 끝없는 탐욕을 달리 보는 시각도 있다. 『연산을 위한 변명』이라는 책에 따르면, 연산이 여색을 탐한 게 아니라 허무주의에 입각한 여성관을 가지고 있었다고 한다. 연산 자신의 권력관이 허무주의에 입각한 것과 무관하지 않다는 입장이다. 이에 대한 증빙으로 연산의 시 한 구절을 소개한다.

비단 소매엔 향기가 없고 거울엔 먼지 끼니
한 가지의 꽃이 여위어 봄 모양이 아니네
십년 동안 군왕의 얼굴조차 보지 못하니
비로소 아름다움으로 잘못 살았음을 알겠노라

-『연산군 일기』

이 시는 연산이 승지들에게 화답을 요구하며 쓴 것이라고 한다. 왕의 총애를 받던 여인이 늙어감을 한탄하는 내용이다. 연산에 대해 변명하고자 하는 사람들은 연산의 삶과 권력의 허무가 맞닿아 있다고 주장한다. 영화에서도 이런 연산의 심중을 표현하는 대사가 나온다. 연산은 임사홍과의 술자리에서 술에 취해 임사홍에게 눈물을 흘리며 말한다.

"어차피 인생은 풀잎의 이슬 같은 것을…."

흥청은 의전 기구의 하나였을 뿐 그 이상도 이하도 아니며, 여인들과 정신적인 교류를 하고 싶었던 연산은 그저 예술과 음악과 시를 좋아한 왕이었다는 이야기다. 바꾸어 말해, 연산을 무너뜨린 반정 세력, 즉 중종의 집권 세력들이 연산을 호색한에 빠진 광폭한 왕으로 만들었다는 주장이다. 역사는 반드시 두 가지 면을 바라보아야 한다는 측면에서 귓등으로만 들을 소리는 아닌 것 같다.

영화에서는 임사홍의 아들 임숭재가 왕이 누릴 수 있는 모든 것을 자신도 누려보고자 하는 장면이 나온다. 임숭재는 "나는 왕 위의 왕이다!"라고 큰소리를 친다. 임사홍은 큰 소인, 아들 임숭재는 작은 소인이라 대신들의 지탄을 받았으나 연산의 신임은 두터웠다. 임숭재는 영화의 스토리와는 다르게 연산 11년에 연산보다 먼저 죽는다. 그는 참으로 가당치 않게 '죽어도 여한이 없사오나 다만 미인을 바치지 못한 것이 한이옵니다'는 유언을 남겼단다. 연산에 대한 충성심 하나는 알아줄 만하다.

영화 속 임숭재는 나름 로맨티스트로 변모한다. 그는 아비의 복수를 위해 위장 잠입한 단아(정화 분)를 사랑하게 된다. 신하가 왕의 것을 탐하면 답은 불문가지이거늘 간신도 사랑 앞에서는 눈이 멀어버리는 걸까? 모든 것을 다 가진 듯한 임사홍 역시 한 여자로 인해 삶이 180도 바뀐다. 연산은 고급 관료를 양성하던 교육 기관인 성균관과 홍문관을 운평들의 훈육 장소로 바꾸고 이곳에서 오직 연산을 위한 방중술 교육이 시행된다.

연산군과 관련해 빼놓을 수 없는 인물이 하나 있다. 영화에서 임씨 부자, 단아와 함께 연산을 놓고 라이벌 구도를 그린 장녹수다. 장녹수는 집안이 가난해서 권세가의 가노로 들어갔다. 연산과 로맨스를 나누던 시절에는 당시로는 상당히 많다고 볼 수 있는 서른(아마도 지금의 마흔 정도가 아닐까)의 나이에, 미모도 그다지 뛰어나지 않았다고 기록되어 있다. 장녹수는 육친 어미의 정을 느끼지 못한 연산군의 마음을 파고들었다. 애교와 교태가 흘러넘치면서도 어떤 때는 연산에게 반말을 하거나 아랫사람 대하듯 했다고도 한다. 변태적 습성의 연산의 취향 측면에서 어쩌면 합이 잘 맞았는지도 모르겠다.

영화에서 연산이 재상의 부인을 탐하다가 여의치 않자 남편이 보는 앞에서 죽이는 장면이 나온다. 실제로 벌어졌던 일이다. 이때 매파 역할을 한 사람이 바로 장녹수다. 연산이 바람을 피우는 것 정도는 충분히 눈감아줬던 통 큰 여자였다. 그로 인해 훨씬 더 많은 것을 얻을 수 있었으니 말이다.

하루는 연산이 연회를 개최하는데 어느 여염집 부인이 눈에 들어왔던 모양이다. 녹수를 시켜 잔치가 끝난 후 그 부인더러 좀 남아 있으라 이른다. 그 여염집 부인은 다름 아닌 이조 판서의 부인이었다. 비슷한 이유로 잔치에 참여했다가 귀가하지 못한 정승 부인들이 많았다고 하니 가히 조정의 예와 체면이 땅에 떨어졌다고 할 것이다.

연산, 하면 또 한 명의 인물을 빠뜨릴 수 없다. 영화에서는 부각되지 않았지만 내시 중 충신이었던 김처선이다. 김처선은 연산이 화가 나 자신의 손발을 잘라버리는 상황에서도 간언을 멈추지 않았다 한다. 피를 뚝뚝 흘리면서도 그러면 안 된다고 간언했다 하니 김처선의 충성심도 알아주어야 할 것이다.

이제 연산의 시대도 점점 종말이 다가오고 있음을 짐작하게 하는 대목이다. 결국 올 것이 왔다. 월산대군 부인 박씨의 동생 박원종과 그 무리들이 반정을 일으킨다. 중종반정이다. 반정은 바람처럼 순식간에 이루어진다. 연산은 폐위되어 강화도로 유배되었다가 두 달 만에 병사한다. 그가 남긴 마지막 말은 '아내가 보고 싶다'였다.

조선 오백 년 역사에서 큰 전쟁도 없었고 상대적 안정기를 누렸던 시기에 연산군은 로마의 네로 황제 같은 악행을 저지르고 사라진다. 연산은 이후에 조선의 사림파에게 새로운 역사적 명분을 제공한다. 즉, 온전한 왕이 아닐 시 강제로 물러나게 할 수 있다는 도덕적 명분과 선례를 남긴 것이다.

제3강

전란과 이순신

한산/명량/노량

1592년	임진왜란 발발
	광해군, 세자 책봉되다
	이순신, 옥포해전·합포해전·사천해전·당포해전·한산대첩에서 승리하다
1597년	명량대첩에서 승리하다
1598년	이순신, 노량해전에서 죽음을 맞다

그때 조선은 망했어야 했다

이 장에서는 영화 제작순으로 이야기를 풀어보고자 한다. 알다시피 맨 처음 나온 영화는 「명량」이다.

울둘목의 초저녁 바람이 거세다. 사위가 어두워져 사물의 식별이 불가능해 보인다. 이순신의 사저에서 이순신과 아들 이회가 소반 겸상을 하고 앉아 있다. 보이는 찬이라고는 간장 종지와 백김치뿐이다. 이순신은 옥중 고문으로 음식물을 씹어 삼킬 수가 없다. 그래서 멀건 죽 한 그릇에 간장 한 숟가락을 넣고 저어 입에 넣는다. 이 모습을 물끄러미 보던 이회가 조심스럽게 입을 연다.

"이참에 모든 걸 놓아버리시고 고향으로 돌아가시지요."

아버지의 성품을 잘 아는 아들은 더 이상 참기 어려운지 작심한 듯 묻는다. 그의 눈썹이 가늘게 떨린다.

"이제 다 죽고 열두 척만이 남았습니다. 설령 전장에서 승리한다 한들 임금은 반드시 아버님을 버릴 것입니다."

냉정한 정세 분석이다. 선조가 이순신에 대해 가지고 있는 감정은 단순한 군신 관계의 그것이 아님을 회는 잘 알고 있다.

"장수된 자의 의리는 충을 좇아야 하고 충은 백성을 향해야 한다."

"임금이 아니고 말입니까?"

회를 보는 장군의 눈빛이 이제 자애로운 아비의 눈빛으로 바뀐다. 마치 받아 적으라는 듯 온 힘을 다해 또박또박 답을 한다.

"백성이 있어야 나라가 있고 나라가 있어야 임금이 있는 법이다."

「명량」은 1,700만 명이라는, 역대 개봉 영화 중 최고의 흥행 기록을 경신했다. 백억 원이 넘는 제작비를 들여 만들었기에 실감 나는 대규모 전투 씬과 볼거리가 넘치는 영화지만, 그중에서도 이순신과 아들이 대화하는 이 대목을 가장 빛나는 명장면으로 꼽고 싶다.

맹자가 설파한 왕도 정치의 사상은 모든 근본을 백성에 두고 있다. 이순신의 '충'에 대한 언명은 어찌 보면 당연한 말인지도 모른다. 하지만 이미 낡아 오래된 조선은 이 평범한 유교의 가르침마저도 오직 군신에 대한 충성심으로 환치시켜버렸다. 설사 전장에서 대승을 거둘지라도 선조는 버림받은 장수 이순신에게 공훈을 내리지 않으리라는 것을 아들 역시 잘 알고 있었다. 이순신 장군의 마지막 전투였던 노량해전에서 이순신의 자살설이 끊임없이 회자되는 이유도, 전쟁 후 구차하게 살아 임금에게 죽임을 당하느니 차라리 이곳에서 목숨을 스스로 내려놓는 게 낫겠다고 생각한 그의 결심이 은연중에 흘러나와서일 것이다.

이순신은 백성을 버팀목 삼아 의지하기로 한다. 자신의 신념을 내면화하는 동력은 민초, 바로 백성이다. 그래서 충은 임금이 아니라 백성을 향해야 한다고 말한다.

「명량」이 좋은 영화이긴 하나 한국 영화의 흥행 기록을 새롭게 쓸 정도는 아니라는 게 영화계의 중평이다. 대한민국의 인구를 감안할 때 1,700만 명은 비정상적인 숫자일 수밖에 없다(연소자 관람가의 영향도 있었지만). 그렇다면 다른 이유가 있었던 걸까?

「명량」의 이른바 대박 난 흥행 성적은 당시의 사회적 현상으로밖에는 설명되지 않는다. 영화의 개봉 시기는 세월호 충격의 여진이 아직도 우리들의 가슴속에 남아 있고, 살신성인의 리더십이란 무엇인지 연일 언론의 화두에 떠오를 때와 맞닿아 있었다. 온 국민의 마음속 상처가 아물기 전에 이순신은 무릇 진정한 충은 무엇이며 나라는 무엇을 향해야 하는지 우리들에게 준엄하게 되묻고 있었다.

1592년 임진년에 임진왜란이 터진다. 조선이 건국된 해가 1392년이니 딱 200년 만의 국난이다. 왜구는 조선 초부터 조선의 해안가에 출몰해 노략질을 일삼았다. 세종대왕은 모든 해안에 경비를 세울 수 없음을 잘 알고 사대교린 정책이라는 틀 안에 왜구를 회유하는 몇 가지 방안을 내놓았다. 그중에 하나가 바로 삼포 개항이다. 부산포, 제포, 염포를 개방해 이곳에서 왜구들과의 무역을 증진시키고 교역하게 해서 그들을 달랬다. 그럼에도 왜구는 중종 때 삼포왜란, 명종 때 을묘왜변 등 심심찮게 국지전을 도발했다.

임진란 직전 일본은 내부 분열을 끝내고 통일 시대로 막 접어들고 있었다. 도요토미 히데요시는 100년 동안의 혼란을 접고 일본을 통일한다. 그 여세를 몰아 조선 침략, 나아가 명나라를 넘어 베트남까지 정벌하고자 하는 야심을 드러낸다. 이른바 '정명가도(일본의 도요토미 히데요시가 명나라를 정벌하기 위해 조선에게 길을 빌려달라며 내세웠던 말)'를 조선이 받아들이지 않자, 일본은 조선의 부산포를 시발로 전면적인 조선 침략을 자행한다. 거칠 것 없는 왜구는 조총과 신 무기로 무장한 화력을 앞세워 조선의 관군을 제압해나갔다.

전쟁 발발 전 도발의 여러 징후를 포착한 조선 조정은 내부 논란 끝에 일본에 사찰단을 보내 정탐하기로 결정한다. 하지만 당쟁의 영향으로 동인, 서인 각각의 의견이 엇갈린다. 선조는 결국 괜한 전쟁설로 민심을 혼란스럽게 하지 말라는 교시를 내린다.

왜구가 부산진을 점령하고 빠른 속도로 북상하자 선조는 한양 도성을 버리고 의주로 떠난다. 파천하는 당일에도 백성들에게는 절대로 이곳 한양을 버리지 않겠다는 거짓말을 한다. 이후 선조에 대한 민심은 급격히 식어버리고 분조(조정을 둘로 쪼개 종묘사직을 보존하는 일)를 맡게 된 광해에게 둘 곳 없는 마음을 의탁한다. 광해는 분조를 맡아 갖은 고초와 위기를 겪는다. 이때의 일을 소재로 해서 만든 영화가 「대립군」이다.

대립군이란 남을 대신해 군역의 의무를 지는 사람으로 구성된 군대 조직이다. 조선은 양인개병 시대다. 16세부터 60세의 평민이면 누구나 군역의 의무를 져야 했다(물론 양반은 군역에서 면제되었다). 그러나 조선 건국 이후 큰 전쟁을 치르지 않았던 200여 년 동안 조선의 군정이 문란해진다. 농사일에 바쁜 농민들은 시도 때도 없이 호출하는 군역질에 이골이 났다. 그래서 자신보다 더 어려운 농민들을 사서 대신 군역을 지게 했다.

분조를 맡은 광해(여진구 분)와 남을 대신해 전쟁에 나선 대립군은 둘 다 누군가를 대신해야 했던 운명인 셈이다. 자객을 보내 자신을 살해하려 드는 무정한 아버지 선조를 보며 낙담한 나머지 광해는 스스로 목숨을 거두고자 한다. 「대립군」은 이런 광해가 대립군의 수장 토우(이정재 분)의 도움으로 다시 힘을 얻고 조선의 왕으로 우뚝 서는 스토리를 담고 있다. 정윤철 감독은 남을 위해서 사는 인생이 진실된 삶으로 바뀌는 이야기를 하고 싶었다고 한다.

애초부터 조선은 일본과의 전쟁을 승리로 이끌 전략이 부재했다. 그나마 군사 작전이라고 내세운 게 일본은 수군이 강하니 육지로 유인해서 전투하면 승산이 있다는 정도였다. 그러나 이마저도 정세를 제대로 읽지 못한 패착이었다. 일본의 선박은 주로 보급선이었고 조선의 판옥선처럼 단단하지도, 전투용으로 적합하지도 않았다. 오히려 육상에서 조총이라는 무기를 앞세운 왜병에게 관군은 속수무책으로 당할 수밖에 없었다.

선조는 당대 최고의 장군인 신립을 믿었지만, 결국 신립마저 대패하고 만다. 이에 선조는 목숨만이라도 보전해야겠다는 결론을 내린 것 같다. 의주까지 피난을 떠났고 여차하면 압록강을 건너 명나라의 요동에 망명할 생각이었다. 왕이 도성을 버리고 도망간 사실을 안 백성은 경복궁을 불태워버린다. 왜군의 손이 아닌 조선의 백성이 직접 불을 지른 것이다. 한양에 도달한 왜군은 오히려 당황한다. 왕이 도망간다는 건 왜군들의 전쟁 상식으로 도저히 이해할 수 없는 일이었다. 당시 일본의 전술은 성을 함락시켜 점령하는 방식이었다. 점령당한 주군의 선택지에는 끝까지 싸우다 죽거나 할복하는 것만 있었지 도망은 상상조차 할 수 없었기 때문이다.

백척간두의 위기에 등장한 인물이 바로 이순신이다. 서애 유성룡이 이름도 없고 직급도 낮은 이순신을 선조에게 적극 천거한다. 대신들의 반대를 무릅쓰고 전라 좌수영이 된 이순신은 옥포를 시작으로 연전연승의 쾌거를 이루어낸다. 뜻하지 않은 복병을 맞은 일본은 당황하기 시작했고, 전선 계획에 차질이 빚어지며 연전연패의 수렁에 빠진다.

이순신은 서울 건천동에서 태어났다. 명보 극장 근처에 이순신 생가의 지표석이 있다. 이순신은 무과에서 낙마하고 재도전해 32살에 뒤늦게 급제한다. 그는 북방의 장수로 발령받고 여진족을 진압하는 등 크고 작은 공훈을 세운다. 하지만 원칙과 소신을 절대 굽히지 않아서인지 윗사람에게 인정받지 못하고 한직과 변방을 전전한다. 그러다 건천동 동네 형님인 류성룡의 천거로 임진란이 일어나기 1년 2개월 전에 전라 좌수사로 임명되었고, 임란 초기 왜군의 수군을 격파하는 등 눈부신 전과를 올린다.

전세가 기울자 조선은 명에 급히 원군을 요청한다. 당시 명나라의 상황은 어땠을까? 명나라 신종은 주지육림에 빠져 정사를 소홀히 했고, 중국 내에서는 반란이 끊임없이 일어났다. 이런 분위기에 조선에 파견된 명나라 군인들은 사실상 싸울 의지나 명분이 거의 없었다고 해도 무방했다. 이때 명의 사신 심유경과 왜장 고니시 사이에 밀약이 이루어진다. 상호 간에 적당히 조선을 찢어 먹고 전쟁을 마무리하자는 협잡이었다. 그러나 이 사기극으로 조선은 물론 명나라와 일본이 발칵 뒤집어진다. 결국 일본과 명나라의 휴전 협정이 결렬되고 정유년에 왜란이 다시 발발하니 이것이 정유재란이다.

정유재란 초기에 이순신은 조정의 출전 명령을 거부했다는 모함을 받아 삭탈관직된다. 선조의 원균에 대한 지나친 총애와 이순신에 대한 질투가 뒤섞여 벌어진 사건이었다. 선조는 처음에는 이순신을 사사하라 명한다. 류성룡도 감히 이를 어쩌지 못하고 있던 차에 정탁이라는 신하가 나서서 전시에는 장수 하나도 귀중하다며 간절히 진언해 겨우 목숨을 건진다. 한편, 왜 역시 이순신을 제거하기 위해 정치적 모함을 불사한다. 왜는 이순신의 사기를 꺾기 위해 이순신의 가족이 있는 아산에 군사를 파견해 이순신의 셋째 아들 이면을 무참히 살해한다. 이순신은 가슴에 아들을 묻은 채 고향의 노모에게 절 한번 드리지 못하고 백의종군한다. 바로 여기까지가 명량대첩 직전의 상황이었다.

다시 삼도 수군통제사로 돌아온 이순신에게 주어진 판옥선은 달랑 12척이었다. 이순신은 왕에게 장계를 올렸다.

"신이 있는 한 적들도 저희를 업신여기지 못할 것입니다."

"아직 12척의 배가 남아 있습니다."

또한 육지로 퇴각해서 싸우라는 권율의 명령에 항명했다. 수군이 전술적으로 왜를 상대하기에 더 수월하다는 판단에서였다. 이순신은 울돌목의 물살을 오랫동안 지켜보며 전투 준비를 했다.

고향에 홀로 남겨진 노모, 왜군들의 손에 죽어간 셋째 아들 이면, 왕에게조차 버림받고 겨우 목숨만 건져 백의종군한 전장터. 이뿐만이 아니었다. 그의 수중에 남아 있는 거라곤 고작 12척의 배와 사기가 꺾인 수군이었다. 앞바다에는 왜선 300척이 포진하고 있는데 말이다.

우리는 왜 이순신을 위대한 성웅이라 부를까? 절대적 외로움과 최악의 상황에도 불구하고 이순신의 초인적인 인내는 어떻게 발현된 걸까? 절박한 국면을 뚫고 세계 해전사에 빛나는 무훈을 세운 이순신의 힘은 과연 어디서 비롯되었을까? 답은 명량해전을 앞두고 이순신이 쓴 휘호에 있다.

'반드시 죽으려는 자는 살고 반드시 살려는 자는 죽는다.'

영화 「명량」에서 눈여겨볼 점이 하나 있다. 항왜(항복한 왜군)가 상당수 등장한다는 것이다. 이들은 전쟁 동안 왜군을 막는 데 혁혁한 공을 세운다. 준사라는 항왜는 실제 일본 배우 오타니 료헤이가 연기했다. 여담으로, 오타니 료헤이가 우리나라 배우 박정철과 상당히 닮아서 한국인으로 오해를 받기도 했단다. 실제 임란 기간 동안에 항왜는 자그마치 만 명 가까이 되었다고 한다. 역으로, 조선인 중에서 왜군의 편에 선 사람들도 상당수 있었는데, 이들을 순왜라 부른다. 오랫동안 굶주림에 시달리고 조선 왕조에 실망한 조선인들이 자발적으로 왜군에 가담하거나, 혹은 왜군의 협박을 이기지 못하고 부역하는 경우도 있었다. 순왜는 왜군의 길라잡이가 되고 왜군에게 정보를 제공했다.

한편, 도요토미 히데요시가 '몸이여, 이슬로 와서 이슬로 가나니, 오사카의 영화여, 꿈속의 꿈이로다'라는 절명시를 남기고 병사했다. 전쟁을 끌고 갈 동력을 잃은 일본은 전쟁을 끝내려 했다. 하지만 이순신은 '전쟁은 내가 끝내야 끝나는 것'이라는 말로 응수했다. 전쟁을 일으킨 쪽은 일본이나 그들이 전쟁을 순순히 끝내도록 내버려두지 않겠다는 의미였다. 이순신은 노량에서 끝까지 왜선을 쫓아가 수장시켰다.

영화에서 명량대첩을 마무리한 후 이순신은 아들에게 이렇게 말한다.

"천행이었다. 백성들이 구해주지 않았다면…. 무엇이 더 천행이겠느냐?"

대승을 거둔 이순신은 혁혁한 전과 역시 백성들에게 공을 돌린다. 이후 그는 노량대전에서 전사한다. 다음은 김훈의 『칼의 노래』에 실린 그의 마지막 장면이다.

> 내 시체를 이 바다에 던지라고 말하고 싶었다. 졸음이 입을 막아 입은 열리지 않았다. 바람결에 화약 연기 냄새가 끼쳐왔다. (중략) 이길 수 없는 졸음 속에서, 어린 면의 젖 냄새와 내 젊은 날 함경도 백두산 밑의 새벽안개 냄새와 죽은 여진의 몸 냄새가 떠올랐다. 멀리서 임금의 해소 기침 소리가 들리는 듯하다…. 칼로 베어지지 않는 적들을 이 세상에 남겨놓고… 내가 먼저… 관음포의 노을이 적들 쪽으로….

이순신 역을 맡은 배우 최민식은 언론 인터뷰에서 이렇게 이야기했다.

"왜 그런 고생을 사서 하셨습니까?"

그는 평범한 사람의 입장에서 이순신의 초인적 인내와 행동들이 도저히 납득이 가지 않았다고 한다. 그래서 이순신 장군을 만나면 맨 먼저 이렇게 물어보려고 했단다.

"대부분의 캐릭터는 감독이나 배우들과 이야기를 나누다 보면 뭔가 잡히는 게 있어요. 그들과 마시는 술의 양만큼 그 캐릭터를 내 것으로 만들어왔지요. 헌데 명량은 지금까지 했던 방식이 도통 들어맞질 않네요."

이순신의 방문을 수차례 두드려보았지만 문을 열어줄 듯하다가 끝까지 그대로였다는 것이다. 참 야속했다고 한다. 「명량」의 후속작에 대한 이야기가 돌던 당시 최민식은 다시는 이순신 역을 맡지 않겠다며 일찌감치 선을 그었다. 묘하게도 이순신의 당시 나이와 최민식의 나이가 53세로 동갑이다. 뭔가 운명적인 만남이라고 불러도 쑥스럽진 않겠다.

「명량」의 감독은 김한민이다. 그의 전작이자 사극인 「최종병기 활」은 대중성과 작품성 모두를 인정받았다. 김한민 감독은 『난중일기』를 바탕으로 시나리오를 완성했다고 한다.

한국 영화 사상 최고의 스펙터클한 해상 전투극 장면 또한 극의 몰입도를 높이는 데 기여했다. 전라도 광양에 실제 세트를 만든 덕분에 장면마다 리얼한 영상을 만들어낼 수 있었다. 실제로 제작한 배는 8척인데, 이 실물 배를 바탕으로 정교한 CG의 기술력을 마음껏 뽐냈다. 그리하여 조선의 판옥선에서 뿜어져 나오는 화포와 왜군의 조총 간의 격돌을 실감 있게 보여주며 시각적 완성도 면에서 나무랄 데 없는 전쟁 씬을 만들어냈다.

다만, 이순신의 인간적인 면을 보여주겠다는 애초의 기획 의도가 충족되었는지에 대해서는 짚고 넘어가야 할 것 같다. 이순신은 일벌백계의 영으로 부하들을 다스리면서도, 부하들과 술 한잔을 기울이거나 바둑을 두며 토론의 장을 벌였고, 지역 백성들과 끊임없이 소통하며 자애로운 면모를 보여주었다. 그런데 그의 이런 모습이 상당 부분 생략된 점이 아쉽다.

영화적 완성도와는 별개로 실제 역사적 팩트와 다소 차이가 나는 점도 발견할 수 있다. 실제로는 영화처럼 선상에서 백병전이 치열하게 벌어지지 않았다. 기본적으로 조선의 판옥선은 일본 수군의 배(세키부네라 부른다)보다 훨씬 단단하게 만들어졌다. 조선 수군의 기본 전술은 일단 화포를 쏘아 적을 제압하고 왜군의 배에 다가가 부딪쳐 배를 부순 뒤 활로써 적을 제압하는 방식이다. 그러니 왜군의 전통적인 전투 방식인 사다리를 걸고 성안으로 들어가 적과 백병전을 벌이는 전술을 조선군이 쓸 가능성은 희박하다. 아마도 극의 재미를 위해 차용한 게 아닐까.

조선이 명량에서 세계 해전사에서 유례를 찾아볼 수 없는 대 승리를 거둔 이후, 일본의 전투력은 눈에 띄게 쇠한다. 당시 조선 수군의 배가 12척이냐, 13척이냐는 중요하지 않다. 상대 왜선 수가 100여 척이냐, 300척이냐 역시 정색하며 따져볼 문제는 아니다. 자칫 왜군의 페이스에 밀려 나라를 잃을 뻔했던 시기에 명량대첩이 있었다는 게 핵심이다.

사실 조선으로서는 임진왜란보다 정유재란으로 인한 피해가 훨씬 컸다. 임란 때는 한양 도성까지 논스톱으로 달렸다면 정유재란 때는 온 국토가 왜구에 의해 초토화되었고, 한강 이남까지 치고 올라온 왜군이 장기전에 대비하기 위해 왜성까지 쌓았다(지금도 전라도에는 왜성이 상당수 남아 있다).

노량에서의 전투는 이순신에게 마지막 전투가 된다. 이순신은 명나라 장수 진린을 구하는 와중에 적의 유탄을 맞고 숨진다. 그는 '나의 죽음을 알리지 말라'는 마지막 유언을 남긴다.

전쟁이 끝나고 선조의 논공행상이 펼쳐진다. 의주까지 함께 피난 간 86명에 대해서는 내시까지 포함해 공신으로 추대된다. 그러나 의병장이나 의병은 그 공로를 제대로 인정받지 못한다. 의병장 곽재우는 3등 공신 대우조차 받지 못한 반면, 칠천량전투에서 조선 수군의 판옥선 대부분을 잃은 원균은 1등 공신으로 책봉된다. 이순신도 마지못해 원균과 동급으로서 1등 공신으로 올려진다. 선조는 전쟁이 끝난 후 '상하언재(무슨 할 말이 있으랴)'라고 하면서도 왜란 평정은 명나라 군대의 힘이었다고 이야기한다.

일본은 임란 후 도요토미 히데요시 시대가 가고 도쿠가와 이에야스 막부가 새롭게 들어섰다. 또한 명나라는 급격히 세력이 약화되어 망국의 길로 접어들었다. 유일하게 조선만이 백성들의 통곡 소리로 들끓었음에도 여전히 허장성세의 사대부가 근근이 명맥을 유지했다. 일부 역사학자들은 이때 조선이 망하고 새로운 국가가 건설되었으면 상황은 달라졌을 거라고 애석해한다.

「한산」과 「노량」

김한민 감독은 처음부터 '이순신 3부작'을 계획했다. 그는 2014년 「명량」 개봉 당시 인터뷰에서 이순신의 3대 해전을 다룬 시리즈를 구상하고 있다고 밝혔다. 그가 말한 3부작은 한산도대첩을 다룬 「한산: 용의 출현」(2022), 그리고 명량해전을 다룬 「명량」(2014), 마지막으로 노량해전을 다룬 「노량: 죽음의 바다」(2023)이다. 특이한 점은 시간 순서대로 제작하지 않고 「명량」(중간 이야기)을 먼저 만들고, 이후 「한산」(프리퀄), 「노량」(시퀄) 순으로 완성하는 방식을 택했다는 것이다. 김한민 감독은 '이순신의 시간 3부작'을 통해 영웅의 내면의 변화를 따라가면서 시대 정신과 인간 이순신의 서사를 담고자 노력했다고 말한다.

이순신은 전라 좌수사로 임명된 직후부터 철저한 훈련과 해전 준비에 나섰고, 거북선 개발과 지역 기반의 정보망, 수군 재편을 통해 조선 수군의 전투력을 단기간에 회복시켰다. 임란이 터지자 옥포해전, 사천해전, 당포해전 등을 통해 해상 장악권을 쥐었으며, 가장 중요한 일본의 병참선을 차단해 전쟁 전체의 양상을 뒤바꾸어놓았다. 「한산」과 「노량」의 전투는 각각 임진왜란 전기와 후기의 중대 전환점으로, 지역 전투를 넘어선 국가의 운명이 걸린 대회전이었다.

「한산」은 1592년 음력 7월, 경상도 남해안 한산도 앞바다에서 벌어진 한산도대첩을 중심으로 전개된다. 이 큰 승리는 이순신 장군이 '학익진'이라는 전술을 이용해 일본 수군의 정예 부대를 궤멸시킨 전투로, 임진왜란 초기에 조선 수군이 완벽하게 주도권을 잡는 계기가 되었다. 영화는 이 해전을 정점으로 준비 과정과 각 인물 간의 심리전을 긴장감 있게 배치했다.

이순신(박해일 분)은 냉철하고 묵직한 리더로 그려지며, 그에 맞서는 와키자카 야스하루(변요한 분)는 큰 공을 세워 조선을 정복하려는 야심가로 등장한다. 영화는 와키자카가 고니시 유키나가와 경쟁하며 조선 침략의 공을 다투는 모습을 통해 일본 측의 정치적 갈등도 보여준다. 와키자카는 한산도대첩에서 결정적인 패배를 당하고 조선 수군과의 전투 중심에서 밀려났으며, 이로 인해 일본군 전체 전략도 큰 타격을 입었다. 이는 역사적 사실과도 부합한다.

「한산」은 거북선의 등장을 극적으로 연출하는데, 이는 한산도 앞바다에서 거북선이 처음 투입되어 일본군의 전열을 무너뜨린 중요한 역할을 한 사실을 재현한 것이다. 영화는 전투 장면을 드론, CG, 실사 효과를 결합해 시각적으로 화려하고 설득력 있게 구현했고, 학익진 전술의 아름다움과 과학성을 인상적으로 묘사했다.

「노량」은 임진왜란 마지막 해인 1598년 11월에 벌어진 노량해전을 중심에 놓고 펼쳐진다. 이 전투는 명나라와 조선 연합군이 퇴각하는 일본군을 끝까지 추격하며 벌어진 해전으로, 이순신 장군이 전사한 전투로도 유명하다. 영화는 생생한 해상 전투 씬, 이순신의 죽음과 유언을 중심에 놓으면서 그의 인간적 면모와 비장함을 강조한다. 카메라는 이순신이 병사들을 독려하며 목숨을 내걸고 지휘하는 모습을 집요하게 따라가고, 그의 마지막 순간을 슬프고도 장엄하게 그려낸다. 많은 사료들이 이순신이 노량해전 중 적탄을 맞고 전사했지만, 죽음을 알리지 않고 전투를 승리로 이끌었다고 기록한다. 「노량」은 이순신의 내면과 죽음, 그리고 남은 병사들의 정신을 강조한 서사 구조를 취하고 있다.

「한산」의 와키자카는 지략과 카리스마를 겸비한 인물로 그려지며 전투와 심리전에서 이순신과 팽팽하게 맞선다. 「노량」의 시마즈(백윤식 분)는 이순신과 마지막 혈투를 벌이는 왜군의 총대장으로 노량해전의 긴장감을 극대화하는 인물이다. 두 캐릭터 모두 실제 인물을 바탕으로 하되, 영화적 허구를 적절히 섞어 극적 구도를 완성했다. 「한산」에서 첫 출전한 거북선이 적진을 돌파하는 장면은 가슴에 이른바 국뽕이 차오르게 한다는 점에서 이미 영화의 성공을 예감하게 했다. 비록 학익진은 이순신이 만든 군사 전술은 아니나, 지형 지물에 맞추어 병사들과 함께 훈련하는 장면은 연전연승이 기적으로만 설명될 수 없음을 보여주었다. 무엇보다 '나의 죽음을 적에게 알리지 마라'라는 명대사를 어떤 극적 장치에서 보여줄지 궁금했다.

「한산」과 「노량」은 조금 다른 톤의 영화지만 공통적으로 이순신 정신의 본질을 조명한다. 그것은 '불굴의 의지'이자 '헌신의 리더십'이며, '나라와 백성을 위한 희생'이다. 그는 전투의 승패를 넘어서 절망 속에서도 사람들을 다시 일으켜 세우는 상징적인 존재로 그려진다. 영화는 후대에 이순신이 단순한 전쟁 영웅이 아니라 '민족의 성웅'이라 불리는 이유를 시각적으로 증명해낸다.

연출적 특징을 살펴보면, 「한산」은 전쟁 영화임에도 불구하고 전략과 사전 준비, 심리전을 강조하며 차분한 초반 전개를 택했다. 각본에서는 이순신의 전술적 천재성을 드러내는 데 집중했다. 또 화면은 대칭적이고 정제된 구성으로 이루어지며, 함선의 속도며 충돌을 표현한 장면에서는 전쟁 영상의 미학을 엿볼 수 있다. 「노량」은 훨씬 더 감정적이고 비극적인 서사에 치중한다. 이순신의 죽음으로 인한 전쟁의 종결과 어찌할 수 없는 인간의 운명을 드러내면서 이순신의 고독한 심리를 부각시킨 것이다.

「한산」은 관객 수 700만 명을 기록하며 흥행에 성공했고, 전반적으로 '루즈하지만 품격 있다'는 평을 받았다. 특히 거북선, 학익진, 와키자카와의 전략 대결 등은 '한국형 해전 영화의 진화'로 평가받았다.

반면, 일부 관객들은 지나치게 냉정하고 감정선이 약하다는 아쉬움을 드러내기도 했다. 「노량」은 감정적으로 깊은 울림을 주며 이순신의 죽음이 가져오는 비장미에 대한 호평이 많았다. 다만, 전투 장면의 긴장감이 길어져 피로했으며 마지막 장면의 북소리가 지나치게 강조되어 오히려 몰입감을 떨어뜨렸다는 지적도 일부 있었다.

「한산」과 「노량」은 단순한 상업 영화가 아니라, 이순신 정신을 현대에 되새기게 하는 역사 교육 콘텐츠로서도 중요한 가치를 지닌다. 특히 청소년이나 학생들이 한국사 교과서 속 이순신을 넘어서 인간적인 면모와 전술가로서의 모습을 이해할 수 있는 입체적 자료가 된다. 또한 영화 속 주요 전투들은 실제 역사와 비교해 '팩트 vs. 허구'를 분석하는 데도 활용될 수 있어 역사 수업에서의 토론 자료로서도 훌륭하다. 무엇보다 이순신이라는 인물에 대한 재해석을 통해 오늘날 우리가 갖추어야 할 리더십의 모범을 상기시킨다.

감독은 『난중일기』를 여러 번 읽었다고 한다. 그만큼 사료에 충실했다는 이야기다. 『난중일기』는 이순신 장군이 임진왜란 동안 직접 쓴 일기이며, 1592년부터 1598년까지의 기록이 남아 있다. 총 7권 205일 분량으로 구성된 이 일기는 이순신 장군의 인간적인 면모뿐 아니라 전쟁의 실제 모습, 병사들의 고충, 왜군의 동향, 수군의 운영과 군율, 민심 등 당대의 상황을 치밀하게 담아낸다. 「한산」에도 이 일기에서 발췌한 내용이 내레이션으로 삽입되어 이순신의 고뇌와 사유를 전달하는 데 효과적으로 사용된다. 예를 들어, 전투 전날 적의 규모와 동향을 예측하며 신중하게 학익진을 계획하는 장면이나, 전투 이후 전사자 명단을 정리하며 묵념하는 장면 등은 『난중일기』의 실제 표현을 바탕으로 재구성된 것이다. 그중 한 대목을 옮겨본다.

> 적선이 비록 많다 해도 우리 배를 바로 침범하지 못할 것이니 조금도 마음 흔들리지 말고 다시 힘을 다해 적을 쏘아 맞혀라.
>
> (1592년 5월 7일)

> 저녁에 혼자 빈방에 앉아 있었더니 어머니에 대한 그리움이 더욱 심하여 밤이 깊도록 잠을 이루지 못하고 밤새 뒤척거렸다. 소나기가 갑자기 쏟아진다. 아들 열이 길 가는 데 고생될 것을 생각하니 마음이 놓이지 않았다.
>
> (1597년 7월 10일)

『난중일기』는 유네스코 세계 기록 유산으로 지정되어 있으며, 이순신 장군을 전쟁 영웅으로만 보지 않고 책임과 두려움 속에서도 흔들리지 않으려 애썼던 한 인간으로 조명하는 데 중요한 사료가 된다.

한산도대첩은 무기력한 일본 수군을 상대로 한 승리가 아니었다. 오히려 일본군은 육지전에서 연전연승을 거듭했으며, 조선군은 경상도와 충청도의 대부분을 내주고 오직 수군만이 마지막 방어선인 상태였다. 이순신은 해전에서 기회를 만들었다. 그 중심에는 '정보의 우위', '기민한 판단', 그리고 무엇보다 '학익진'이라 불리는 전술이 있었다.

학익진은 이순신이 창안했다기보다 고대 중국 병법에 등장하는 '학의 날개 진형'을 조선 수군에 맞게 재구성한 것이다. 학익진(鶴翼陣)은 말 그대로 학의 날개처럼 좌우 양 날개가 점점 벌어지면서 적을 유인해 포위하는 진형이다. 적이 가운데로 들어오면 좌우 양익이 동시에 포화를 집중해 적을 일망타진한다. 「한산」에서 이 장면은 말 그대로 하이라이트다. 물결 위에서 조선 수군이 활처럼 펼쳐지고 그 가운데로 왜군 함선이 유인되는 장면은 시각적, 전략적으로 압도적이고 스펙터클한 영상을 선사한다.

이러한 학익진이 가능했던 데는 조선 수군의 주력 전함인 판옥선의 역할이 컸다. 판옥선은 일반적인 일본 함선인 세키부네나 아타케부네(대형 무장 전투선)와는 다른 구조를 가지고 있다. 일본 함선은 속도와 기동성은 뛰어나지만, 외부 공격에 취약하고 방어력이 약했다. 이에 비해 판옥선은 튼튼한 참나무로 만들어져 위에서 아래로 쏘는 '높은 갑판 구조'를 갖추고 있었고, 사방에 대포를 배치할 수 있어 화력 중심의 전투에 유리했다. 무엇보다 선상에서 백병전에 돌입할 일이 거의 없다는 점에서 칼을 잘 쓰는 일본군에 휘말리지 않고 포병 중심의 원거리 전투를 구사할 수 있었다.

판옥선은 첫째, 내구성이 뛰어났다. 참나무로 제작되어 일본의 목선에 비해 훨씬 단단했다. 둘째, 화포 중심의 전투에 특화되어 조선군이 화승총과 화포를 효율적으로 사용할 수 있었다. 셋째, 여러 층으로 구성된 갑판 구조로 인해 지휘 체계가 안정적이었다. 물론 단점도 있었다. 속도가 느리고 방향 전환이 둔했다는 점이다. 따라서 이순신은 항상 바람과 조류를 철저히 계산해 유리한 지점에서 먼저 대기하고 적을 유인하는 전략을 택했다. 「한산」에서도 전투 하루 전 조류의 방향, 바람의 세기, 지형적 조건을 도대로 힘대를 숨기고 매복하는 장면이 긴박하게 묘사된다.

이순신의 승리 비결은 기술력이나 무기만이 아니라 '정보에 기초한 판단력'과 '민심을 얻는 리더십'에 있었다. 그는 부하들을 사랑했고, 병사들과 식량을 함께 나누었으며, 도망자에게도 한 번은 용서를 베풀고 다시 전투에 투입시켰다. 이 같은 인간적인 면모는 영화 속에서 '장군님이라면 내가 죽을 때까지 따르겠다'는 병사의 대사로 응축된다.

영화 「한산」에서 거북선은 주조연급이나 다름없는 활약을 펼친다. 거북선은 임진왜란 당시 조선 수군이 사용한 대표적인 전함으로, 독특한 외형과 강력한 화력을 지닌 '철갑선'으로 알려져 있다. 하지만 역사적 기록과 고증 면에서 완벽한 복원은 매우 어렵다. 「한산」은 거북선을 최대한 역사 기록에 근접하게 재현하려 애썼다.

영화 속 거북선은 둥근 형태의 갑판 위에 촘촘한 쇠못이나 철판으로 덮여 있는 모습으로 묘사된다. 이는 『난중일기』나 『조선왕조실록』 등의 문헌에 '등에 못을 박아 적의 화살과 창을 막는다'는 기록을 근거로 한 재현이다. 다만, '완전한 철갑선'이라는 표현은 다소 과장된 측면이 있는데, 영화는 이를 시각적으로 극대화해 위압감을 높였다. 또한 영화는 거북선이 여러 방향으로 대포를 장착해 적의 함선을 공격하는 모습을 사실적으로 그려냈다. 이는 실제 기록과도 부합한다. 거북선은 선체 내부에서 다수의 대포를 운용할 수 있었고, 이는 임진왜란 초기에 조선 수군이 해전에서 승리하는 데 큰 역할을 했다. 영화는 거북선 내부에서 지휘하는 이순신과 전투를 위해 분주히 움직이는 선원들의 모습을 현실감 있게 묘사했다.

학계에는 거북선의 정확한 디자인과 기능에 대해 해석이 분분하다. 영화는 이를 감안해 관객의 이해와 시각적 임팩트를 위해서 일부는 과장하거나 상징적으로 표현했다. 예를 들어, 거북선이 적진 한가운데로 돌진해 큰 타격를 입히는 장면은 역사적 기록 유무와는 관계없이 우리에게 통쾌한 희열을 안겨준다.

영화 「노량」에서 관객의 의견이 가장 갈렸던 북소리 장면에 대해 이야기해보자. 매우 인상적인 장면이었고 김한민 감독이 가장 고심했던 연출이기도 했다. 전통적으로 조선 수군은 전투 시 신호 체계로 북과 나팔, 꽹과리를 사용해 명령을 전달했다. 북소리는 병사들의 사기를 고취시키고, 전투 시작을 알리는 중요한 역할을 했다. 「노량」의 북소리 씬은 이 점을 살려 전장의 긴박함과 이순신을 중심으로 한 병사들의 단합된 힘을 효과적으로 묘사하고자 했고, 전투 전 긴장감이 최고조에 달한 순간을 슬로 모션과 절제된 음악, 그리고 강렬한 북소리로 표현해 극적인 효과를 노렸다. 이를 통해 관객은 이순신과 병사들이 공유하는 일체된 운명과 결연한 의지를 체감할 수 있었다. 이런 연출은 이순신의 죽음을 알고 있는 관객들에게 비장함을 안겨주고, 이순신이 다가올 운명을 순명처럼 받아들일 것임을 암시한다. 다만, 이 연출 방식이 지나치게 빈번하게 쓰임으로써 클리셰에서 오는 피로감이나 감정의 이완을 불러일으킨다는 점을 부인할 수 없다.

영화 「노량」에서 빠뜨릴 수 없는 부분이 하나 있다. 바로 명나라 장수 진린(김재영 분)과의 관계 설정이다. 역사 기록과 전통적인 해석 측면에서 보면 진린과 이순신은 협력 관계였다. 조선과 명나라 연합군의 해상 작전에서 진린과 이순신이 협동해 일본군의 보급로를 차단하고, 여러 전투에서 공동 승리를 이끌기도 했다. 이순신도 진린을 존중하며 협력을 강조했고, 두 장수 간에 군사적 신뢰가 형성되어 있다는 점을 주요 사료에서 찾을 수 있다.

그러나 근대 역사학 연구나 일부 재해석된 사료를 바탕으로 두 인물 사이에 갈등이나 견제가 있었을 가능성도 제기된다. 명나라 군대가 조선에 진주하면서 조선 수군과 지휘권을 놓고 긴장이 발생했고, 진린은 명군 사령관으로서 자신의 권위와 군사적 이익을 지키려 했기 때문에 이순신과 때때로 의견 충돌을 빚었을 수 있다는 의견이다. 그러니 명나라 내에서 진린은 권위를 유지하기 위해 이순신을 견제하거나, 명군의 이익을 우선시해 조선 수군의 독자적 행보에 제약을 가했다는 분석이 가능하다. 『난중일기』나 『조선왕조실록』은 진린에 대해 대체로 예의 바르고 공손한 것으로 언급하나, 일부 사료에서는 명군의 지나친 간섭으로 조선 측이 불만을 가진 정황이 발견된다.

영화나 드라마에서는 극적 효과를 위해 진린과 이순신의 관계를 과장하거나 단순화하기도 하는데, 「명량」이나 「한산」에서는 비교적 협력적인 모습으로 그려지는 반면, 「노량」에서는 긴장감을 부각시키기도 한다. 진린과 이순신의 관계는 기본적으로 전쟁 승리를 위해 협력한 동맹 관계였지만, 권력 구조와 이해관계 차이로 인해 긴장과 갈등이 완전히 배제되지는 않았을 가능성이 높다. 즉, 동료이자 때로는 경쟁자인 복잡한 관계로 보는 것이 현재 학계의 중론이다.

이순신 3부작의 세 사람을 캐릭터 측면에서 좀 더 심층적으로 들여다보자. 「한산」의 이순신, 박해일의 장점은 섬세하고 차분한 연기로 이순신의 냉철한 전략가적 면모를 잘 살리고, 감정 과잉 없이 내면의 고뇌와 무게감을 자연스럽게 표현했다는 데 있다. 리더십과 인간적인 따뜻함이 균형감 있게 드러나 몰입도가 높지만, 다소 내성적이고 절제된 연기 때문에 대중에게는 '카리스마'가 약하게 느껴질 수 있다. 격렬한 감정 표현이나 극적인 대사 전달에서 힘이 덜한 경우가 있고, 젊은 이순신으로서의 역동성이 조금 부족하다는 평이 있었다.

「명량」의 이순신, 최민식은 무엇보다도 강렬한 카리스마와 불굴의 의지를 압도적으로 표현했고, 위기 속에서 흔들리지 않는 강한 리더십을 사실감 있게 구현했으며, 대사 전달과 표정 연기가 매우 힘 있고 명확해 관객을 끌어당기는 마력이 있다. 그는 극적인 상황에서 에너지 넘치는 연기로 영화의 긴장감을 높혀주었다. 다만, 때로 지나치게 강인한 이미지에 치우쳐 '인간적인 고뇌'가 다소 약하게 느껴지고, 감성적인 측면이나 내면 갈등 표현이 상대적으로 부족하다는 평가도 일부 있었다.

「노량」의 이순신, 김윤석은 중후하고 깊이 있는 연기로 노년의 이순신을 묵직하게 그려냈고, 인간적 고뇌와 죽음을 맞는 장군의 비장함을 진솔하게 표현했으며, 절제된 감정 연기로 캐릭터의 성숙함과 무게를 잘 살렸다. 또한 복잡한 내면 심리를 섬세하게 드러내는 연기력 역시 탁월했다. 그러나 지나치게 대사량이 많거나 극적인 액션 장면이 적어 다소 무거운 분위기가 이어지고, 감정 기복이 적어 극적인 긴장감 면에서 제한적이라는 평도 있었다.

분명한 사실은 세 배우가 임진왜란 중 이순신의 각각 다른 시기를 다양한 면모로 구현했고, 이는 영화의 완성도를 높혀주었다는 점이다. 한 배우가 이순신 역을 맡지 않고 각자의 개성과 느낌으로 다양하게 이순신을 연기한 측면은 3부작 영화의 큰 장점으로 작용했다.

▲ 김한민 감독의 이순신 3부작 중 가장 많은 관객이 관람한 영화는 「명량」이다.

제4강

광해

광해, 왕이 된 남자

1608년	광해군 즉위하다
	대동법 시행
1616년	후금이 건국되다
1619년	명나라의 파병 요청
1623년	광해군, 강화로 유배 가다
1641년	광해군, 제주에서 죽음을 맞다

조선 시대의 '왕자와 거지' 이야기

전쟁이 끝나고 선조가 죽었다. 왕위를 이어받은 광해는 오랜 전란을 수습한다. 북인을 등용해 자신의 권력을 공고히 하며 나라를 재건한다. 지금부터 영화 「광해, 왕이 된 남자」(이하, 광해)를 통해 광해 시대를 반추해보자.

추창민 감독의 「광해」는 관객 수 천만 명을 기록한 영화다. 만약 광해군의 평면적 서사를 그대로 스크린에 옮겼다면 절대 천만의 지지를 받지 못했을 것이다. 그렇다면 이 영화의 무엇이 천만 관객을 끌어당겼을까?

조선의 역사에서 정식 묘호나 시호를 받지 못한 왕이 두 명 있는데, 연산군과 광해군이 그들이다. 하나 광해의 입장에서는 다소, 아니 상당히 억울할 수 있다. 연산은 중종반정으로 정권을 빼기고 강화로 유배를 떠난 지 얼마 안 되어 죽었고, 광해는 유배지 제주에서 오랜 세월을 보내다가 나이가 들어 죽었다. 광해는 말년에 가서 몸종에게조차 영감이라는 소리를 듣는 수모를 견뎌야 했다. 광해는 그 긴 시간 동안 혹여 역전의 기회라도 기다리고 있었던 걸까?

연산의 정치는 한마디로 패악의 정치였다. 무오사화와 갑자사화를 거치면서 수많은 사림들이 죽어나갔다. 갑자사화 때는 폐비 윤씨, 즉 연산의 친모를 폐서인하는 데 연루된 대신 관료들을 무참히 학살하는 것도 모자라, 이미 죽은 사람은 부관참시, 부관능지해서 뼈를 갈아 돼지의 먹이로 뿌렸다고 전해진다. 결국 이런 학정을 보다 못한 조정 내 신들과 불만 세력이 힘을 모아 중종을 옹립하고 난을 일으켜 성공한 것이 중종반정이다. 잘못된 것을 바로잡는 '반정'은 나름의 명분과 지지를 받는다. 그렇다면 광해군 역시 인조가 반정을 일으킬 만큼 극악무도한 군주였을까?

영화 「광해」는 역사적 사실에 촌철살인의 스토리를 더해 만들었다. 잘 알려져 있는 동화 『왕자와 거지』가 그것이다. 우리는 영화의 도입부에 등장하는 첫 자막에서부터 속아 넘어간다.

> 광해군 8년, 역모의 소문이 흉흉하니 임금께서 은밀히 이르다.
> 닮은 자를 구하라. 해가 저물면 편전에 머물게 할 것이다.

이어서 나오는 장면에는 이런 자막이 나온다.

숨겨야 할 일은 기록에 남기지 마라.

— 『광해군 일기』

사실 첫 번째 자막은 허구이고, 두 번째 자막은 실제 『광해군 일기』에 나오는 글귀다. 영화는 팩트와 허구를 교묘하게 짜깁기해서 몰입도를 한층 높이는 결과를 만들어냈고, 관객은 연출적 눈속임에 당한 셈이다.

광해는 집권 기간 내내 서인의 견제와 정적의 독살 위험에 노출되어 있었다. 이에 도승지(류성룡 분)와 입을 맞추고 잠시 지친 몸과 마음이 쉴 수 있는 궐 밖의 안가로 나갔다. 그러다 광해와 흡사한 용모의 조금 모자란 듯한 얼뜨기 광대 하선을 발견하고 왕의 자리에 대신 앉혀 왕의 행세를 하게 한다. 여기서부터 영화는 팩트와 픽션의 직조를 흥미롭게 짜내고, 사료와 동화가 결합한 스토리텔링이 관객의 마음을 사로잡기 시작한다.

한국사는 우리나라 영화의 소재 발굴 측면에서 끊이지 않는 화수분과 같다. 이 중에는 흥행에 성공한 작품도 있고 그렇지 못한 것도 있다. 흥행 여부는 한 끗 차이로 갈린다. 따라서 평면적, 역사적 스토리에는 번뜩이는 아이디어가 반드시 필요하다. 영화 「관상」도 세조와 단종의 비극적 이야기만을 풀어놓았다면 여느 사극 드라마와 별반 다르지 않았을 텐데, 천재 관상쟁이를 개입시킴으로써 이야기를 맛깔나게 한다.

영화 「광해」는 광해군의 빛나는 업적도 스토리 라인에 버무려 보여준다. 일례로, 광해군 시절에 경기도에서 최초로 시행된 대동법의 역사적 장면을 가짜 광해군과 어린 시종의 대화를 통해 감동적으로 전한다. 가짜 광해군이 어린 시종에게 묻는다.

"너는 어찌하여 이곳까지 오게 되었느냐?"

어린 여시종은 눈물을 뚝뚝 흘리며 대답한다.

"본디 소인의 아버님은 산골의 농사꾼이었습니다. 헌데 관아에서 세금을 전복으로 바치라 하여…."

"아니, 산골의 농부가 어찌하여 전복을…."

"하여 큰 빚을 지게 되고 그 빚이 더 큰 빚을 지게 되어 어미와 가족은 뿔뿔이 흩어졌고 아버지는 곤장의 후유증으로 그만 돌아가시게 되었습니다."

"아니, 이런 개좆 같은…."

이 장면에서 관객들은 웃음을 터뜨린다. 사극을 많이 보아온 우리지만 왕이 용상을 입고 육두문자를 날리는 장면을 본 적이 없다. 그런데 뭔가 가슴이 후련해지며 왕권이 전복된 듯한 카타르시스를 느낀다. 더불어 광해에 대한 인간미가 진하게 느껴지기도 한다.

다음 날 어전 회의장에서 가짜 광해군은 여느 때의 어수룩한 표정과 다르게 지엄한 어투로 내외 신료들에게 즉시 대동법을 실시할 방안을 말하라 이른다. 대신 중 한 명이 결수대로 세금을 받는다면 지주들의 피해가 크다고 난색을 표하자 광해는 단호하게 이른다. '땅

열 마지기를 가지고 있는 사람에게 열 섬을 바치라고 하고 땅 한 마지기를 소유하는 자에게는 쌀 한 섬을 내라고 하는 게 어찌 부당하다고 하느냐'며 호통을 친다. 마치 진짜 왕이라도 된 것처럼 말이다. 가짜 왕이라는 사실을 잘 알고 있는 도승지가 눈을 동그랗게 뜨며 쳐다본다. '저놈, 저거 실성한 게야…. 헌데 잘하네.' 하듯 내심 만족스런 표정이다.

여기서 한국사 시험의 단골 주제인 대동법을 잠깐 정리해보자. 조선 시대에는 수취 체제, 즉 세금을 걷는 방법이 세 가지가 있었다. 조세, 공납, 역이 그것인데, 이 중 공납은 백성들에게 상당히 부담스럽고 힘든 세금이었다. 여시종이 눈물을 흘리며 말했듯이 각 지역의 특산물을 바쳐야 하는 공납은 지역적 상황과 맞지 않는 부과가 비일비재했다. 이런 백성들의 고초를 이용해 중간 상인과 관료가 짜고 대신 공납을 바쳐주며 백성들에게서 엄청난 고율을 거두어들였다. 이와 같은 공납의 폐해를 없애기 위해 대동법이 시행되었다. 대동법은 공납을 특산물 대신 되도록 쌀로 바치게 하고, 토지 소유의 다소에 따라 바치는 세금을 연동시키는 합리적인 수취 체제라 할 수 있다. 광해군 때 경기도에서 처음 시행하다가 백년이 지나 숙종 때 이르러서야 비로소 전국에서 시행된다. 그사이 백년이란 세월이 걸린 이유는 지주와 양반의 거센 반발이 계속되었기 때문이다. 기득권들의 자기 밥그릇 챙기기는 예나 지금이나 변함이 없다.

가짜 광해군은 여시종의 사연을 듣고는 부패한 현감을 즉시 잡아들여 꾸짖고 엄한 체벌을 내린다. 그러면서 '나 잘했지' 하는 표정으로 내시를 쳐다본다. 광해군 역을 맡은 이병헌이 부끄러운 듯 겸연쩍은 표정을 능청스럽게 지어 보인다. 영화 속 곳곳에 이런 골계미 있는 장면이 배치되면서 자칫 지루해지기 쉬운 역사극이 재미있게 전개된다.

「광해」는 평범한 광대도 훤히 알 수 있는 정치적 올바름이 왜 현실에서는 그토록 왜곡되고 좌절되는지를 보여주며, 동시에 리더의 강한 의지만이 기득권의 벽을 부술 수 있다는 것을 증명해낸다. 백성을 편하게 해주는 건 너무나 쉬운 일인데 간단명료한 이치를 어려운 정치공학적 시스템과 구조에 맡기고 있는 게 아닌가, 하는 생각을 해본다.

광해군 정권을 이끄는 광해의 속마음

광해는 선조와 후궁 공빈 김씨 사이에서 둘째로 태어났다. 태평성대였다면 분명 왕의 자리까지 넘볼 수 있는 족보는 아니다. 하지만 운명이었을까. 임진왜란이 그를 왕위에까지 오르게 만들었다. 선조는 공빈 김씨가 죽고 나서 그 자리를 이은 인빈 김씨로부터 신성군을 얻는다. 그는 신성군을 세자로 염두에 두고 세자 책봉을 차일피일 미룬다. 그러다 임진란 때 신성군이 죽고 나서야 어쩔 수 없이 광해에게 세자의 역할을 맡긴다. 선조는 명나라로 망명할 요량으로 분조, 즉 조정을 둘로 쪼개 광해에게 분조를 맡긴다. 광해는 전장을 누비며 백성들과 고생길을 함께한다. 이 과정에서 백성의 신망을 얻은 광해는 장차 왕으로서 갖추어야 할 여러 덕목들을 배우게 된다.

전쟁이 끝나자 선조는 명나라의 허가를 받지 못했다는 핑계를 대며 정식 세자 책봉을 미룬다. 그러던 중 나이 차가 무려 30살 가까이 나는 왕후를 맞이하는데, 이가 바로 인목왕후다. 인목왕후에게서 영창대군이 태어나자 광해로서는 상당히 신경 쓰일 수밖에 없는 상황이 펼쳐진다.

하지만 다행인지 불행인지 선조가 갑작스럽게 죽고, 천신만고 끝에 광해는 조선의 19대 임금으로 즉위한다. 광해군 즉위 이후 1년여가 지나 중국으로부터 공식적으로 인정을 받고 나서 드디어 정치적 안정기에 접어든다. 창덕궁을 복원하고 나름의 탕평 인사를 꾀하며 『내훈』, 『삼강행실도』 등을 인쇄해 보급하기도 한다. 허준의 『동의보감』도 이때 편찬된다.

광해는 북인과 손을 잡고 정권을 운영했다. 그런데 광해가 왕위에 오른 후 영화에서처럼 항상 자객의 위험에 시달려야 했을까? 사료에 뚜렷하게 남아 있는 자료는 없으나 아마도 정적인 서인과 남인 때문에 상당한 스트레스를 받았을 터다. 결국 광해군은 서인과 남인 세력이 결탁한 인조반정으로 인해 왕위에서 쫓겨난다. 이때 서인의 명분은 두 가지였다. 하나는 폐모살제다. 인목대비의 폐위와 배다른 동생 영창대군을 죽인 것을 이르는 말이다. 유교적 윤리관에서 도저히 수용할 수 없는 패륜을 저질렀다는 것이다. 드라마 「화정」에도 영창대군이 관군에 둘러싸여 유배를 가는 모습이 그려진다. 다만, 실록을 보면 영창대군의 주살을 광해군이 직접 지시하지는 않는다.

조선은 신하들의 부패와 축첩은 왕에게 용서받을 수 있지만 역모는 털끝 하나 용서되지 않는 시대가 아닌가. 삼대 멸족은 바로 이를 두고 하는 말이다. 따라서 광해 역시 잠재적 역모의 주모자가 될 가능성이 있는 영창대군의 존재가 늘 뒤통수를 불편하게 했을 것이다. 광해는 영창대군을 폐위하라는 신하들의 빗발치는 상소에 침묵으로 동의함으로써 내심 회심의 미소를 지었을지 모른다.

어쨌든 영창대군은 폐서인되어 강화도 교동이라는 곳에 위리안치된다. 그곳에서 영창대군은 먹을 것을 주지 않아 굶어야 했고, 또 아궁이에 군불을 얼마나 피워댔는지 바닥이 너무 뜨거워서 제대로 눕지도 못했다. 결국 그는 창살을 붙들고 어머니를 부르다 죽고 만다. 소식을 들은 광해는 이렇게 말했다.

"내 덕이 없어 영창이 병으로 죽게 하니 비통하기 그지없구나…. 대군의 예로 장례를 치르도록 하라."

과연 광해의 진짜 속마음은 무엇이었을까?

두 번째 반정의 명분은 역설적이게도 바로 광해의 가장 큰 업적인 중립 외교에 대한 비판 때문이었다. 서인 세력은 재조지은(再造之恩, 임진왜란 때 명나라에게 받은 은덕)을 저버린 광해를 마치 아버지를 해한 패륜아로 규정한다. 그러나 광해는 임진란 중에 직접 전장을 지휘하면서 백성들의 숱한 고초와 아픔, 그리고 고통을 직접 목도한 왕이 아닌가. 전쟁이 일어나면 백성들이 가장 큰 피해자라는 사실을 피부로 사무치게 체감한 왕이다. 그래서 그는 실리 외교 정책을 강하게 밀어붙였다.

임란 후 명나라는 급격히 쇠하고 후금이 성장하고 있었다. 1616년 누르하치는 마침내 후금을 건국하고 명나라에게 선전 포고를 한다. 명나라는 급히 조선에 파병을 요청한다. 하지만 광해는 섣부르게 움직일 수 없었다. 여러 상황들을 고려해야 했다. 당연히 명나라에 파병을 강행할 줄 알았던 대신들은 당황한다. 명분과 의리를 앞세우는 성리학의 입장으로는 도저히 상상할 수 없는 일이 벌어진 것이다. 광해의 머릿속에는 단 하나의 생각, 즉 전쟁에서 조선군이 개죽음을 당하는 일이 없게 하는 것뿐이었다.

영화에 이런 광해군의 답답하고 외로운 심정을 비상 어전 회의 중인 가짜 광해군의 입을 통해 보여주는 장면이 나온다. 사실 조선의 사대는 초기와 후기가 상당히 다른 면을 가지고 있다. 초기에는 큰 나라와의 충돌을 막기 위해, 즉 생존을 위해 사대했다. 그러나 성리학이 형식에 얽매여 고착화되면서 재조지은에 입각해 아버지의 나라, 형제의 나라 운운하며 중국을 떠받들고 의리와 명분만을 좇게 된다.

영화 속의 가짜 광해는 이렇게 일갈하며 어전 회의를 끝낸다.

“나는 비록 빼앗고 훔칠지언정 내 군사들은 살려야겠소. 내 나라 내 백성이 열 갑절, 백 갑절 소중하오.”

아마도 이 대사 하나로 관객 300만 명은 더 영화관을 찾지 않았을까. 사람들은 현실에서 볼 수 없는, 혹은 꼭 보았으면 하는 장면을 영화 속에서 발견하고 위안받았을 것이다.

폭군인가,
권력의 희생양인가

물론 광해군에게는 공도 있고 과도 있다. 무리한 궁궐 증축으로 백성들의 원성이 높았고, 지나친 옥사로 말미암아 많은 무고한 선비들이 죽어나갔다. 한번은 광해의 처남을 역모 혐의로 붙잡아 국문했다. 광해가 친히 죄인 앞에 나아가 물었다.

"그대는 내 처남인데 어찌 역모를 꾸민 게요? 대답해보시오."

"신은 전란 중에도 백성을 살피신 어지신 대군을 기억하고 있나이다. 허나 지금의 전하는 그때의 전하가 아니옵니다. 단지 폭군일 뿐입니다."

"그래서 반역을 꾀했소? 그래, 군사는 모았소?"

"천부당만부당한 얘깁니다. 단지 소인은 왕께서 귀를 열고 들으시라, 들으시라 소리쳤습니다. 죽여주시옵소서."

광해는 당장 죄인을 풀어주라 명한다. 옆에서 듣고 있던 대신들이 반발하자 "병판, 그대 머릿속이 이자보다 깨끗하다 자신하시오? 그리 자신 있게 말할 수 있는 자 한번 나와보시오!"라며 꾸짖는다.

집권 후반기에 들어서면서 광해의 인기는 예전만 못했다. 이를 시정하려는 충신들의 간언이 있었지만 진짜 광해는 여유롭게 이런 상황을 즐길 입장이 안 되었다. 그러나 가짜 왕 하선은 그 어떤 정략적 견해나 세력에도 자유로웠다. 마치 예수의 '죄 없는 자, 이 여인에게 돌을 던져라' 논법으로 대신들을 꼼짝 못하게 한 것이다.

광해를 끌어내릴 기회를 엿보던 서인 세력은 마침내 능양군(후에 인조가 된다)을 내세워 인조반정을 일으켜 광해군을 몰아낸다. 광해는 역모를 전혀 눈치채지 못했을까? 사극에 자주 등장하는 김개시라는 상궁이 있다. 광해는 예쁘지는 않지만 그녀의 영특함에 반해 김 상궁을 가까이 두었다. 역모 고변이 광해에게 여러 번 있었지만 그녀는 광해의 판단을 흐리게 했다. 추측이지만 김개시와 역모를 꾀하던 세력과 내통하지 않았나 싶다. 아닌 게 아니라 드라마 「화정」에서는 김개시와 능양군(인조)이 심상치 않은 남녀 사이로 그려지기도 했다.

결국 광해군은 겨우 기백 명의 반란군에 맥없이 무너지고 만다. 인조의 등극이다. 즉위식 때 김개시는 목이 잘리고 북인 정권의 수장인 이이첨은 아들들과 함께 효수된다. 폐위된 광해군과 폐비 유씨는 교동에 따로 안치된다. 폐세자가 된 아들과 그의 부인은 목을 매고 자진한다. 아들 소식에 충격을 받은 폐비 유씨도 얼마 안 되어 세상을 떠난다.

광해군은 마지막 유배지 제주에서 향년 67세로 생을 마감한다. 유배지에서 영감이라 불리는 모멸감을 견디며 운때를 기다렸지만 광해의 운명은 거기까지였다.

▲ 광해군에 대한 이미지를 크게 바꿔놓은 영화 「광해」

제5강

인조와 병자호란

최종병기 활 / 남한산성 / 올빼미

1623년 인조반정이 일어나다

1627년 후금(청)의 침입, 정묘호란

1636년 청의 두 번째 침입, 병자호란

1637년 인조, 삼배구고두례를 하다

1649년 소현세자, 갑작스레 죽다

효종(봉림대군) 즉위하다

조선 최악의 치욕,
청나라에게 머리를 숙이다

왜란이 끝난 지 40년이 채 되지 않았고 후금(청나라)이 휩쓸고 간 지 불과 10여 년이 지난 시점, 황폐해질 대로 황폐해진 조선 땅 위 백성은 굶주림에 익숙해지고 있었다. 좋은 이웃을 만나지 못한 조선은 전쟁으로 한시도 편할 날이 없었다. 광해의 중립 외교는 인조반정으로 빛이 바랬으며 인조의 외교는 정세에 발 빠르게 대처하지 못했다. 그 속에서 죽어나는 건 백성뿐이었다. 정묘년 난리 때는 후금을 겨우 달래서 올려 보냈으나 이번 병자년 전쟁은 그리 간단하지 않았다. 여진족의 후예들은 기마병을 앞세워 진격해왔다. 조선 조정에서 탁상공론이 벌어지고 있을 때 그들은 이미 한양 도성 가까이 다다르고 있었다.

김훈은 소설 『남한산성』에서 '한양을 버려야만 한양에 다시 돌아올 수 있다'며 중신들이 인조에게 피란을 권유하는 모습을 묘사한다.

하지만 그것은 누가 보더라도 인조의 마음을 달래기 위한 대신들의 임시방편적인 혀 놀림과 다름없었다. 엄동설한의 눈보라를 뚫고 궁을 나간 인조는 목적지에 닿기도 전에 급히 어가의 머리를 남한산성으로 돌려야 했다. 조그만 산성에 유폐되어 47일간 갇혀 지내는 신세가 고달팠겠지만 사실 이건 약과였다. 앞으로 겪어야 할 치욕의 전조에 불과했던 것이다. 인조의 앞에는 '삼전도의 굴욕'이 기다리고 있었다.

영화 「최종병기 활」(이하 활)은 병자호란을 시대적 배경으로 하고 있다. 김한민 감독이 1,700만 명이라는 경이로운 관객 동원을 이루어낸 영화 「명량」을 만들기 바로 직전에 제작한 작품이다.

호란은 큰 변란이었지만 영화 「활」은 거대 서사를 그리지 않는다. 대규모 전쟁 장면 대신 전란 속에 스러져간 민초들의 삶에 포커스를 맞춘다. 국가적 충돌을 정면으로 응시하거나 거대한 시대 담론으로 이야기를 확대하기보다 전쟁으로 위협받는 개개인의 생사 문제에 눈을 돌린다. 백성들은 나라가 자신을 보호해주지 못하면 스스로 목숨을 지켜야 한다는 사실을 고달픈 생활로 뼈저리게 느껴야 했다.

아, 훈신들이여, 잘난 척하지 마라

조선 역사에 왕을 내쫓고 반정으로 왕권을 잡은 사람은 셋이다. 단종을 몰아낸 세조, 연산을 몰아낸 중종, 광해를 쿠데타로 몰아낸 인조다. 이 중 가장 명분이 없는 반정은 '인조반정'이다. 반정이란 잘못된 것을 바로잡는다는 의미다. 그렇다면 광해군이 반정으로 쫓겨날 정도의 패악 군주였어야 했을 텐데, 과연 그럴까?

'어미를 폐하고 동생을 죽인 것'과 '명나라에 대한 의리 불충'을 명분으로 삼은 서인 세력은 결국 광해를 쫓아낸다. 그런데 조선사를 통틀어 왕권을 위협하는 혈족 중에 살아남은 자는 없다. 또한 재조지은을 배신한 광해에 대한 심판이라 하는데, 다른 역사적 시각에서는 광해의 중립 외교를 생존을 위한 탁월한 실속 외교로 평가한다. 결국 광해군에 대한 폄하는 반정을 일으키기 위한 구실과 다름없다. 게다가 인조(능양군)는 서인 세력이 준비한 쿠데타에서 일종의 얼굴 마담이었다.

'성공한 쿠데타는 처벌하지 못한다.'

한국 현대사 법정에서 명시된 이 논리의 근거는 이미 조선조 때 완성되었는지 모른다. 서인 세력은 오랜 기간 광해군과 척을 두면서 반(反)광해군파를 규합했고 번개처럼 한순간에 쿠데타를 성공시킨다. 서인 세력의 주모자는 신경진, 구굉 등 인조의 외척 세력과 이귀, 이서, 김류, 장유, 김자점 등 그동안 소외받고 살았던 서인 문신 집단이었다. 반란 세력은 천여 명에 불과했으나 광해군의 군대가 너무나 무력했다. 심지어 경호를 책임져야 할 훈련대장은 반군과 내통해 성문을 활짝 열고 기다리고 있었다.

광해군은 말년에 총기를 잃는다. 역모의 고변을 보고받고 몇 차례 분위기를 감지했으나 설마설마했다. 궁궐에 불길이 일자 광해는 '드디어 내 대에 종묘사직이 끝나는 구나.' 하고 생각하며 일찌감치 저항을 포기한다. 그러고는 바로 북문 담을 넘어 도망치다가 붙잡힌다. 인조의 반정 무리들은 정권의 정통성을 확보하기 위해 인목대비를 찾아간다. 인목대비는 드디어 아들 영창대군의 복수를 할 수 있다는 생각에 이미 분기탱천 중이었다. 그녀는 광해를 직접 손보아야겠다고 하면서 옥새를 건네주지 않아 반정 세력의 애를 태운다. 그러다 인목대비의 윤허가 떨어지고 반정 세력은 대내외적으로 겨우 정통성을 인정받는다. 하지만 백성들은 반정 세력에 대해 그리 호의적이지 않았다. 정권이 바뀐다 한들 그들의 신변에는 큰 변화가 없으리라는 것을 잘 알았기 때문이다. 『인조실록』에는 당시 백성들의 생각을 보여주는 문구가 있다.

> 아, 훈신들이여
> 잘난 척하지 마라
> 그들의 집에 살고
> 그들의 토지를 차지하고
> 그들의 말을 타며
> 또다시 그들의 일을 행하니
> 당신들과 그들이
> 돌아보건대 무엇이 다른가
>
> –『인조실록』

광해군 정권을 무너뜨린 인조 정권은 숭명배금으로 대외 정책을 바꾼다. 인조반정 이후 권력의 추는 북인에서 서인과 남인의 연립 정권으로 급속히 기운다. 그러나 인조는 집권 후 하루도 편할 날이 없다. 집권한 지 얼마 안 되어 공신 예후에 불만을 품은 이괄이 난을 일으켜 피난길에 오르게 된다. 이 과정에서 임금을 그리 달가워하지 않았던 백성들은 인조가 탈 배를 숨겨놓기도 했단다.

이괄의 난이 겨우 진압되어갈 무렵 이번에는 후금이 3만의 군사를 이끌고 조선에 쳐들어온다. 정묘호란이다. 피난 갔던 조선 정부는 후금과 형제국임을 표방하는 화약을 맺고 더 큰 싸움을 피한다. 화친이 이루어졌지만 후금의 군사들은 인근 마을을 습격해 상당수의 조선 사람을 포로로 끌고 간다. 게다가 그들은 칸의 이름으로 국서를 보내 중간에 도망친 조선 포로들을 곧바로 추포해 보낼 것을 명한다. 조선인을 조선군이 잡아 다시 보내라는 억지였다. 잡혀간 이들을 합법적으로 다시 데려오는 길은 노예 시장 같은 곳에서 돈을 치르는 방법뿐이었다. 그러나 끼니도 잇지 못하는 백성들이 하물며 비싼 몸값을 치를 수 있었을까. 사정이 이러하니 조선의 사신이 후금에 당도하면 길가에 조선인들이 나와 제발 살려달라며 통곡했다 한다.

정묘호란을 겪고도 조선은 이후의 변란에 대한 대비를 철저히 하지 않았다. 그사이 후금의 누르하치가 죽고 홍타이지가 왕위에 올라 국호를 청이라 바꾸었다. 그러고는 대규모의 병사를 이끌고 조선을 다시 침략했다. 이것이 병자년 오랑캐의 난, 병자호란이다.

백성의 안위가 바람 앞의 촛불이다

영화 「활」은 이 시기를 다룬 영화다. 광해군과 함께 정치를 했던 남이(박해일 분)의 아버지는 인조반정 이후 역적으로 몰린다. 남이와 여동생 자인(문채원 분)은 개성에서 벼슬을 하고 있는 아버지의 절친한 친구인 김무선을 몰래 찾아가 몸을 의탁한다. 남이가 김무선에게 이렇게 말한다.

"아비가 이 말을 전해달라고 했습니다. 외교를 모르는 자들이 임금을 옹립하니 반드시 전쟁이 일어날 것이다. 사직과 백성의 안위가 바람 앞의 촛불이다. 활은 아이가 클 때까지 부탁한다."

남이의 아버지는 서인의 무모한 외교 정책으로 인한 후금의 침략을 예견한 것이다. 그렇게 남이와 자인은 김무선의 집에서 숨 한번 크게 못 쉬며 자란다. 남이는 아버지가 준 활로 답답한 세월을 위로한다.

화살의 시위를 당길 때 아버지의 가르침이 귓전을 때린다.

'태산처럼 받쳐 쥐고 호랑이 꼬리처럼 말아 쏘거라.'

세월이 흘러 어느덧 남이는 명궁사로 성장한다. 자인은 김무선의 아들 서군과 혼인한다. 남이는 자신들이 역적의 자식이기에 폐를 끼치기 싫다며 강하게 반대하지만 결국 당사자들의 결심으로 혼인이 성사된다. 그러나 혼례 날 청나라의 정예 부대가 마을을 습격하고 식장은 아수라장이 되어버린다. 서군과 자인이 청나라 포로로 끌려가고, 남이는 아비가 준 활과 화살을 챙겨 동생을 구하기 위해 혈혈단신으로 마을을 떠난다.

남이는 청나라에 끌려가는 수많은 백성들 틈에서 자인을 발견한다. 그는 신궁의 솜씨로 청나라 부대 중심으로 깊숙이 들어간다. 그러다 청나라 왕자 도르곤을 지키기 위해 남이를 추격하는 청나라 장수 쥬신타(류승룡 분)를 맞닥뜨린다. 쥬신타는 조선의 활과 화살을 이렇게 표현한다.

"짧고 가냘파 보이지만 사거리와 기동력이 높다."

번번이 남이를 놓쳐 자존심에 상처를 받은 그는 집요하게 남이를 쫓는다. 영화의 중반부터는 남이와 쥬신타 간의 싸움이 중심이 되고 영화는 오로지 두 사람의 이야기로만 흔들리지 않고 직진한다. 사극에서는 보기 힘든 스펙터클한 액션에, 조선 신궁과 청나라 장수의 대결이라는 그간 볼 수 없었던 신선함이 버무려진다.

조선 국왕의 대굴욕

청나라가 다시 쳐들어오자 인조 정권은 6일 만에 한성을 내놓는다. 또다시 피난길에 오른 인조는 본래 가고자 한 강화도에 닿기도 전에 청나라 군대가 이미 가까이 와 있다는 사실을 알아차리고 어쩔 수 없이 급하게 남한산성으로 방향을 튼다. 청나라의 13만 대군은 남한산성을 겹겹이 에워싸고 그렇게 47일간의 고립이 시작된다. 영화 「남한산성」은 김훈의 장편 소설 『남한산성』을 토대로 만들어졌다.

답답한 인조는 대신들에게 방책이 없는지 묻는다. "어찌하면 좋겠느냐?"라는 인조의 물음에 영의정 김류가 답한다.

"전하, 자꾸 어쩌랴 저쩌랴 하지 마옵소서. 어쩌랴 저쩌랴 하다 보면 어찌할 수 없는 지경에 이를 것이옵니다."

그러자 인조가 말한다.

"알았다. 내 하지 않으마. 경들도 하나마나한 말을 하지 마라. 그러나 어찌해야 하지 않겠느냐?"

영화에서는 최명길(이병헌 분)과 김상헌(김윤석 분), 즉 척화파와 주화파의 대립이 뼈대를 이룬다. 산성 안에서 최명길을 중심으로 한 주화론과 김상헌을 중심으로 한 척화론 사이에 갑론을박이 이어진다. 척화론자들은 백척간두 상황에서도 명분과 의리를 앞세워 청과 싸우자고 주장한다. 척화파도 나라를 위하는 마음이야 같았겠지만 성 밖의 백성들이 청나라 군대에 짓밟히고 있는 현실을 애써 외면한 억지였다.

아마도 이 영화의 명장면은 최명길이 인조에게 눈물로 화친을 권하는 부분이 아닐까 싶다.

"전하, 죽음은 견딜 수 없고 치욕은 견딜 수 있는 것이옵니다. 그러므로 치욕은 죽음보다 가벼운 것이옵니다…. 전하 부디 더 큰 것들도 견디어주소서."

이에 김상헌이 말한다.

"전하, 명길은 전하를 앞세우고 적의 아가리 속으로 들어가려는 자이옵니다. 죽음에도 아름다운 자리가 있을진대, 하필 적의 아가리 속이겠나이까?"

명길의 답이 가슴을 뜯는다.

"전하, 살기 위해서는 가지 못할 길이 없고, 적의 아가리 속에도 삶의 길은 있을 것이옵니다. 적이 성을 깨뜨리기 전에 성단을 내려주소서."

칸에게 바칠 항복 문서가 완성되자 김상헌이 국서를 갈기갈기 찢어버리는데, 최명길은 찢어진 문서를 다시 붙이며 말한다.

"대감의 나라를 위한 충성을 모르는 건 아닙니다. 나 역시 나라와 백성의 안전을 위해서 이러는 것입니다."

마침내 조선사에 가장 치욕적이고 부끄러운 일이 벌어진다. 겨울바람이 세차게 불던 1월 30일 인조는 남한산성 아래 삼진도로 내려가 삼배구고두례(세 번 절하고 아홉 번 소리 나게 이마를 땅에 찧는다)의 치욕을 맛본다. 옆에 있던 대신과 세자들은 온몸으로 통곡한다. 만약 인조가 반정에 성공했던 벅찬 순간 이후 벌어지게 될 수치스러운 일을 미리 알았다면 어땠을까? 그래도 반정에 나설 수 있었을까?

단상 위 청나라 태종은 엷게 미소 짓는다. 청 태종은 조선의 항복을 영원히 기억하라는 뜻에서 비석을 세우게 하는데, 이것이 삼전도 비석이다. 삼전도 비석은 여러 차례 수난을 당한다. 해방 후 부끄러운 역사라 해서 땅속에 묻어버린 것이 1963년 홍수로 다시 모습을 드러냈다. 정부는 역사를 반성하자는 의미로 비석을 석촌동으로 옮겼다가 송파 대로를 확장하면서 다시 지금의 장소로 옮겼다.

현재 비석이 자리 잡은 위치를 듣는다면 깜짝 놀랄 것이다. 잠실 롯데월드에서부터 석촌 호수 옆길을 걷다 보면 주변의 후미진 터에서 삼전도 기념비를 찾을 수 있다. 바로 옆에 기둥을 받치기 위해 만든 거북 모양의 비석 하나가 더 있는데, 청 태종이 비석을 너무 작게 만들었다고 꾸중해 그 옆에 다시 크게 만들었다는 설명이 적혀 있다. 근처 놀이공원에서 자이로 드롭을 타는 사람들이 지르는 소리가 삼전도 비석 너머로 들린다. 안타까운 과거와 즐거운 현재가 공존하는 참으로 묘한 공간이다.

환영받지 못한 이들,
소현세자와 환향녀

청에게 항복을 선언한 후 무려 50만 명의 조선인이 청나라에 인질로 끌려간다. 대부분의 인질은 여성들이었다. 조선 여성은 청나라에서 인기가 많고 몸값이 높았다. 박지원의 『박씨전』을 보면 이런 구절이 나온다.

> 오랑캐 장수들이 장안의 재물과 부인들을 잡아갈 새, 잡혀가는 부인네들이 박씨를 향해 울며, 슬프다 우리는 이제 가면 생사를 모를지라. 언제 고국산천을 다시 볼까, 하며 대성통곡했다.

청나라는 인간 시장을 열어 이렇게 끌고 간 인질을 사고팔았다. 돈 없는 백성들은 가족이 눈앞에 있어도 구할 수 없었다. 참으로 비통한 역사다.

영화 「활」에도 이 장면이 나온다. 남이는 인질 무리에 있던 여동생을 목숨을 걸고 구하고, 이후 남이와 그의 뒤를 쫓는 쥬신타의 마지막 대결이 펼쳐진다. 이 영화를 보면 대한민국 양궁이 왜 강한지 알게 된다. 옛날부터 우리 조상에게 가장 유력한 무기는 활이었다. 단궁이라는 작은 활과 화살은 당나라 태종의 눈 하나를 앗아갔고, 임란 때 판옥선과 거북선의 승전에는 수군들의 활 솜씨가 한몫했다.

남이가 쥬신타에게 활을 겨눈다. 쥬신타는 바람이 거세게 불자 "바람마저 니 편이 아니구나." 하며 승리를 장담한다. 그러나 쥬신타의 예상과 달리 남이가 쏜 화살은 그의 목을 꿰뚫고 간다. 남이는 절체절명의 순간에 아버지가 생전에 자주 들려주었던 말을 떠올렸다.

'바람은 계산하는 것이 아니라 극복하는 것이다.'

'두려움은 직시하여야 한다. 두려움은 직시하면 그뿐이다.'

병자호란을 겪고 난 인조에게 청나라에 인질로 끌려갔다 돌아온 소현세자는 눈엣가시였다. 혹시라도 청나라가 소현에게 왕권을 물려주면 어떡하나, 하는 불안감 때문이었다. 스물여섯의 나이에 청나라로 끌려간 소현세자는 9년 만에 고향으로 돌아온다. 그러나 돌아온 지 두 달 만에 그만 죽고 만다. 그의 시신을 본 사람이 말하길 소현세자의 온몸이 검은 빛이었고, 몸의 일곱 구멍에서 피가 흘러나왔다고 한다. 공식 사인은 학질이었으나 실은 누가 보아도 독살이었다. 조선 왕조사에 기록된 많은 독살설 중에 그 가능성이 가장 높은 죽음이 바로 소현세자의 갑작스런 죽음이다. 다시 『인조실록』을 보자.

> 소현세자의 졸곡제를 행하였다. 전날 세자가 심양에 있을 때 집을 지어 단확을 발라 단장하고, 또 포로로 잡혀간 사람들을 모집하여 땅을 경작해서 곡식을 쌓아두고는 그것으로 진기한 물품과 무역을 하느라 관소의 문이 마치 시장과 같았으므로, 왕(인조)이 그 사실을 듣고 불만스러워하였다. (중략) 세자는 본국으로 돌아온 지 얼마 안 되어 병을 얻었고 병이 난 지 수일 만에 죽었는데, 온몸이 전부 검은 빛이었고 이목구비의 일곱 구멍에서는 모두 붉은 피가 나오므로 검은 천으로 그 얼굴 반쪽만 덮어놓았으나, 곁에 있는 사람도 그 얼굴빛을 분별할 수 없어서 마치 약물에 중독되어 죽은 사람과 같았다.

이를 소재로 한 영화가 「올빼미」다. 영화 「올빼미」는 조선의 인조시대를 배경으로 한 미스터리 스릴러다. 영화의 주인공은 시각 장애인 침술사 경수다. 그는 낮에는 아무것도 보지 못하지만 밤이 되면 희미하게 볼 수 있는 희귀병을 앓고 있다. 그는 왕세자의 병을 고치겠다는 열망으로 궁에 들어가나, 그가 본 것은 왕세자의 의문스러운 죽음, 더 정확히 말하면 조선 후기 역사에서 가장 미스터리한 사건 중 하나로 꼽히는 소현세자의 죽음이다.

이 영화의 매력은 단순히 '누가 세자를 죽였는가'라는 추리극에 머물지 않는다는 데 있다. 감독은 시각 장애를 가진 경수의 시선을 통해 '보는 것'과 '믿는 것'의 관계를 묻는다. 경수는 밤에만 볼 수 있는 자신의 한계를 넘어 궁궐 속 권력의 비밀을 파헤치려 한다. 그가 어둠 속에서 희미하게 사물을 보듯 진실은 잡힐 듯 잡히지 않는다. 관객은 경수와 함께 의심하고, 불안해하고, 두려워한다.

소현세자는 청나라에서 볼모 생활을 하며 서양 문물과 새로운 사상을 접했다. 귀국 후 개혁적인 행보를 보였고, 이는 보수적인 조정과 특히 아버지 인조의 눈에는 위협으로 비쳤을 것이다. 세자는 귀국 직후 갑작스레 죽었고, 독살설이 끊이지 않았다. 영화는 바로 이 지점을 건드린다. '만약 누군가 그 순간을 목격했다면?'이라는 가정을 세우고 목격자의 눈을 통해 궁궐 정치의 음모를 재구성한다.

「올빼미」에서 인조는 공포와 불신에 갇힌 군주로 그려지고, 그 두려움이 결국 아들을 죽음으로 몰았을지 모른다는 질문이 영화 전반을 휘감는다. 경수는 침술사이자 목격자, 그리고 진실을 전하려는 마지막 증인이다. 영화는 우리가 역사를 어떻게 바라보는가에 대한 질문을 던진다. 어둠 속에서 진실을 보려는 시도, 그 진실을 말하려다 탄압받는 개인의 비극, 그리고 여전히 명확히 밝혀지지 않은 역사적 사건의 그림자가 교차한다. 그래서 「올빼미」는 과거의 미스터리를 재현하는 동시에, 권력에 맞서 목도한 진실에 대해 목소리를 내는 것에 대한 조용하면서도 묵직한 여운을 남긴다.

소현세자의 장례식을 간소히 치르고 나서 인조는 곧바로 봉림대군을 세자로 책봉한다. 사실 소현세자는 청나라에 머물면서 청나라 실세들과 교류했다. 봉림대군과는 다르게 호기심이 많았던 소현은 청나라의 수많은 과학 문물을 들여왔고 청나라의 뜻을 읽어 조정의 정책에 반영하려 했다. 인조는 그저 불안했다. 안 그래도 정통성이 희박해 전전긍긍한 인조였고, 인조에 대한 청의 평가가 여전히 좋지 않은 시기였다. 이런 이유로 인조가 자신의 아들 소현세자를 독살하지 않았을까, 하는 호사가들의 이야기가 끊이지 않는다.

소현이 오랜 인질 생활을 끝내고 귀국했을 때 조정의 분위기는 냉랭하기만 했다. 장성한 소현세자가 차기 국왕 후보로 확실시되면서 인조와 서인 정권은 자신들이 일관되게 주장했던 숭명반청(崇明反淸)의 이념이 하루아침에 무너질 것을 두려워했다. 서인 정권은 여전히 청을 오랑캐로 취급했다.

봉림대군은 소현과는 전혀 다른 생각을 품고 있었다. 봉림은 효종으로 등극하자 청나라를 정벌하자는 '북벌론'을 내세운다. 그러나 현실적으로는 불가능한 정치적 수사였다. 오히려 송시열을 필두로 북벌을 추진하던 중 청이 요청하자 조선 군사를 청에 파병해주었다.

전쟁의 상흔은 권력자에게만 있는 게 아니었다. 전란 후 돌아온 조선의 여성들은 또 다른 비애와 억울함을 이기지 못하고 자결했다. 지금의 화냥년이란 말의 어원은 본래 '환향녀', 즉 고향으로 돌아온 여자를 뜻한다. 여인의 정절을 목숨보다 중히 여기던 조선 시대에는 남의 나라 땅에 끌려갔던 여자를 더럽혀진 여자로 취급했다. 심지어 사대부들은 가문의 명예를 위해 스스로 목숨을 끊을 것을 요구하기도 했다. 어이없는 일이었다. 당시 양반과 권력자들의 위선과 허위의식을 잘 알 수 있는 대목이다.『인조실록』에는 이렇게 적고 있다.

> 비록 본심은 아니었다고 하더라도 변을 만나 죽지 않았으니 절의를 잃지 않았다고 할 수 있겠는가.

할 말을 잃게 만드는 대목이다.

가문과 사회로부터 버림받은 여인들이 택한 최후의 수단은 자결이었다. 당시 여인들의 자살이 문제시되자 지정된 곳에서 몸을 씻으면 다시 회절한 것으로 받아들이는 웃지 못할 일까지 벌어진다. 한양과 경기 지역에서는 홍제천이 이런 장소로 지정되었다. 하지만 비록 이곳에서 회절했다 해도 다시 가족 품으로 돌아갈 수는 없었다. 결국 포로로 잡혀갔던 여인들은 몸을 팔거나 구걸을 하다 대부분 요절하고 말았다.

영화 속 '활'은 전란의 고통 속에서도 꺾이지 않은 민초들의 끈질긴 생명력이자 우리 민족의 표상이라 할 수 있다. 압록강을 넘기 직전의 조선 백성들은 도망갈 수 없었다. 다른 누구도 아닌 조선의 임금이 고향으로 돌아가면 죄인이 된다고 말했기 때문이다. 당시 임금과 군사들은 포로가 된 백성들이 도망가면 다시 붙잡아 청나라 군대에 넘겼다. 조선과 청 간의 약조였기 때문이다. 남이는 "나라도, 백성도 버린 그 임금은 이미 큰 죄인이오."라며 청나라 군사들을 향해 활시위를 당겼다. 이후 조선은 청을 섬기는 운명에 놓였다.

▲「광해」에 이어 「남한산성」에도 출연한 이병헌 배우.

제6강

영조와 사도세자

사도

1724년 영조 즉위하다

1735년 사도세자 출생

1749년 사도세자의 대리청정이 시작되다

1757년 사도세자의 정신병이 심해지다

1759년 정순왕후, 국모로 간택

1762년 사도세자, 뒤주에서 죽다

1775년 정조의 대리청정이 시작되다

생각할 사思 애도할 도悼, 비극의 가족사

영화 「사도」에서 사도세자의 절망이 고스란히 느껴지는 장면이 있다. 영조(송강호 분)는 역모에 대한 억울함에 눈물 흘리는 사도세자에게 이렇게 말한다.

"너의 존재 자체가 역모다."

사도(유아인 분)는 더 이상 대꾸할 말도, 반항할 힘도 없다.

조선 오백 년 역사에서 비극적인 가족사, 특히 아버지와 아들 간의 갈등은 몇 차례 있었는데 태조와 태종, 선조와 광해, 인조와 소현세자의 관계가 그렇다. 그리고 그중 가장 비참한 사례를 말하라면 아무래도 임금이 세자를 뒤주 속에 가둬 죽인 사도세자 이야기가 될 것이다.

희대의 비극적 왕조 스캔들을 스크린으로 담아낸 「사도」는, 그간 한국사를 소재로 한 영화를 꾸준히 찍어왔고 만든 영화마다 소기의 성취물을 만들었던 이준익 감독표 사극 영화라 더욱 관심을 받았던 작품이다. 역시나 기대를 저버리지 않고 작품과 흥행에서 둘 다 성공적인 평가를 받았다. 누구나 아는 이야기지만 누구도 자신 있게 내막과 진실을 이야기하기 어려웠던 '조선의 왕세자, 뒤주에서 죽음'이라는 소재를 영화는 어떻게 풀었을까? 그리고 과연 이 사건의 실체와 진실은 무엇일까?

영조, 늦둥이를 얻다

조선 왕조사에서 다른 왕조에 비해 상대적으로 태평성대를 구가했던 영조 시대는, '조선 르네상스'의 시작점이었고 영조의 무난한 통치와 탕평책 덕에 붕당의 폐해가 잦아들기 시작한 시대이기도 하다.

영조는 천민 무수리의 아들이다. 이 사실은 영조를 평생 콤플렉스에 시달리게 한다. 그리고 아버지는 숙종이다. 그 유명한 장희빈과의 로맨스로 왕실을 들었다 놨다한 인물이다. 장희빈에게는 아들 경종이 있었는데 갑작스럽게 일찍 죽는 바람에 영조가 왕위에 오르게 된다. 즉위 후 효장세자를 얻었지만 열 살이 되던 해에 그만 죽고 만다. 그러다 영조 나이 마흔 한 살에 본 늦둥이가 바로 사도세자다.

영조는 너무 기쁜 나머지 아이가 태어나자마자 세자로 책봉한다. 그러나 이는 큰 실수였다. 사도가 자라는 데 해악을 미쳤다. 일단 세자 책봉이 되면 동궁전에서 생활하게 되는데 이때 부모, 특히 생모와 함께 지낼 수 없게 된다. 그리고는 바로 제왕학을 배워야만 한다. 한참 어미젖을 빨고 자야할 시기에 사도는 혼자 엄지손가락을 물고 잠을 청했다. "오늘 하루만이라도 세자와 함께 잘 수 없을까?" 생모 인빈 김 씨의 호소는 냉정하게 거절당한다. 엄마의 정을 모르고 자란 사도는 정에 굶주린, 관심과 사랑에 갈구하는 인간으로 성장했다. 이런 과정이 후에 정신병을 유발하게 한 원인이었는지도 모른다.

영조는 호학군주였다. 천한 무수리의 자식이라는 사실, 형 경종의 급작스런 죽음 이후 노론에 의해 왕위에 올려졌다는 허약한 정통성, 경종의 독살에 영조가 연루되었다는 음해설 등이 집권 기간 내내 그를 괴롭혔다. 그리고 동시에 그를 매사에 자기관리가 철저한 왕으로 만들어갔다.

후에 영조는 결백을 주장하기 위해 천의소감」이란 글을 쓰기도 했다. 책 내용은 '내가 경종임금에게 생감과 간장게장을 올리지 않았다'는 것이다.(경종은 시름시름 앓다가 간장게장을 먹고 며칠 후 죽는다) 얼마나 형 경종의 독살설에 괴로워했으면 임금이 친히 이런 글로 해명했을까 싶다. 또한 노론의 지지로 왕에 오른 영조는 정치적 부채가 늘 노론에게 있었다. 그래서 더욱 더 신하들 앞에서 몸가짐 하나 허투루 할 수 없었다. 책잡히지 않으려는 극도의 자기 절제술이 몸에 밴 왕이었다. 성정은 꼼꼼하고 날카로웠고 기분에 따라 변덕도 심했다고 전해진다. 불같은 성격에 눈물도 많아, 툭하면 대신들 앞에서 눈물을 흘리며 분위기를 다잡기도 했다.

호불호가 명확한 성격이었는데, 자식 사랑에서도 예외가 아니었다. 특히 딸들에 대한 애정은 차고 넘쳤다. 성질을 부려 영의정을 파직시켰다가 며칠 후에 복직시키기도 했다. 고도의 정치술이었다는 말도 있지만 욱하는 성격은 사실이었던 것 같다. 사도세자에 대한 기본 입장은 영조의 머릿속에 프레임을 이미 짜놨다는 말이 옳다.

이런 영조가 보기에 사도세자는 항상 맘에 차지 않았다. 하루는 영조가 사도에게 물었다. "한문제와 한무제 중 누굴 더 좋아하느냐?" 세자는 아버지가 좋아할 대답을 했다. "한문제가 좋습니다." 아버지는 문치주의 정치가다. 누굴 좋아할지는 세자도 알고 있다. 하지만 돌아오는 답은 세자를 당황시켰다. "너 누구 앞에서 거짓말을 하는 거냐? 난 니가 무제를 더 좋아한다는 걸 잘 알고 있다. 나라의 임금이 될 사람이 어찌 진실을 얘기하지 않는 게냐?" 하고 꾸짖는다. 세자는 이후부터 병을 핑계로 진현(임금에게 드리는 문안 인사)을 나가지 않는다. 세자의 첫 번째 책무가 임금을 찾아 매일 안색을 살피고 문안 인사를 드리는 일인데 이걸 몇 달 동안 거른 것이다. 그런데 영조도 굳이 세자를 찾지 않는다.

이후 영조는 손녀뻘인 열다섯의 중전을 맞아들인다. 이를 보고 영조가 사도세자에게 무언의 압력을 행사했다고 주장하는 학자도 있다. 새로 맞이한 중전에게 만에 하나 후사를 보게 되면 세자의 자리가 위태로워질 수 있다는 무언의 메시지라는 것이다. 어쨌든 사도세자는 본인보다 열 살이나 어린 중전에게 알현 인사를 해야 했다. 이것 또한 스트레스로 작용했을 것이다.

너무나 달랐던 아버지와 아들

어린 시절 사도는 매우 총명했다. 사도가 거처하던 동궁전에서 과거 경종을 모시던 내인들이 사도를 보필했다. 이는 영조가 경종의 독살설에 결백하다는 것을 경종의 나인들이 영조의 아들 사도를 직접 모시게 함으로써 증명받고자 했던 것 같다. 사도는 성장할수록 책보다는 무술과 잡기에 더 흥미를 가졌다. 영조는 이런 사도를 못마땅하게 여겼고 날이 갈수록 호통과 질책이 늘어갔다. 결정적으로 둘의 관계에 파열음이 나기 시작한 것은 사도의 대리청정 시기였다.

영조는 조선의 여느 왕처럼 선위 파동을 통해 권력의 충성도를 저울질했고 왕권을 강화하는 데도 이용했다. 정치적 퍼포먼스라는 것을 잘 아는 내신들이지만 선위를 거둬달라는 상소로 날밤을 새야만 했다. 결국 대리청정으로 의견이 마무리되어 영조는 사도를 직접 지도

하게 된다. 그런데 이때 사도에게 화병이 생긴다.

"너 자격 없어. 나가"

"니가 왕이야?"

무심한 듯 질책하는 송강호의 연기는 사도만큼이나 가슴 답답함을 느끼게 한다.

툭하면 힐난이 날아온다. 이러면 이런다고 화내고 저러면 저런다고 질책했다. 실록에 사관이 '차마 입에 담을 수 없는'이라 두리뭉실하게 쓴 걸 보면 심한 욕설도 나왔을 거라 추측할 수 있다. 결국 사도는 옷을 잘 입지 못하는 의대증에 걸리게 되고 화병과 우울증이 심해져 급기야는 사람을 해하는 사고를 치고 만다.

사도세자가 뒤주 참사의 변을 겪게 된 '임오화변'의 원인에 대해서는 설도 많고 말도 많다. 영화 「사도」는 아버지와 아들의 관계로써 희대의 참사를 해석했다. 이상 성격의 아버지와 정신병을 앓는 아들이 부딪치면서 일어난 비극의 가족사라는 것이다. 어찌 보면 가장 설득력 있는 이유라고 할 수 있다. 모든 것을 정치적 음모로 바라보기 좋아하는 사람들에게는 당쟁의 희생양으로, 그러니까 사도세자가 노론의 정치 공작으로 죽었다고 하는 견해가 매력적이겠지만, 세상사, 특히 왕실에서 벌어지는 내밀한 일은 정치 공학적으로 설명할 수 없는 많은 변수가 있다.

영조의 판단은 무엇이었나

영조는 종묘사직을 지켜낼 훌륭한 후임을 선택해야 했다. 영민한 후계자로 정권을 넘겨주는 게 자신의 절대적 임무였을 것이다. 그래서 사도세자로는 도저히 왕위를 넘겨주기 어렵다는 판단을 했고 똘똘하고 총명한 손자 정조에게 왕권을 넘겨주기 위해 사도를 처분해야만 했다. 사도가 죽어서 어쩔 수 없이 왕권을 정조에게 넘겨준 것이 아니라 정조의 시대를 열어주기 위해 아버지 사도가 희생되었다는 게, 어쩌면 이 시대의 전체적인 그림을 보건대 가장 진실에 가까운 게 아닐까? 영조는 이런 결심을 일찍부터 했고 결정을 확실하게 만드는 일이 벌어진다.

그 일의 첫째는 사도세자의 생모 영빈 이씨의 고언이다. 세자가 정신병이 깊어져 사람을 해친다는 말을 듣고 세자의 생모 역시 결심을 한 듯하다. 『한중록』에 따르면 영빈 이씨는 영조를 찾아가 울면서 아뢴다.

> 세자의 병이 점점 깊어 바라는 것이 없사옵니다. 어미된 정리로 차마 드리지 못할 말씀이오나 성궁을 보호하고 세손을 건져 종사를 편안히 하는 일이 옳으니 대처분을 하시옵소서. 하지만 부자간의 정으로 차마 이러하시지만 다 세자의 병이옵니다. 어찌 병을 책망하겠나이까? 처분은 하시되 은혜를 끼쳐 세손 모자를 편안하게 하시옵소서….

영화에서도 같은 장면이 나온다. 영조 또한 영빈 이씨에게 "내편은 당신밖에 없구려…."라고 답한다. 그러나 여기서 영조의 노회한 정치력를 볼 수 있다는 견해도 있다. 사도를 죽일 명분을 찾던 영조는 '생모까지 사도를 죽여야 한다고 나서는데…'라는 명분을 축적한다.

둘째, 아직도 사건의 실체적 진실이 드러나지 않고 있는 나경언의 고변이다. 나경언이란 사람이 세자가 역모를 꾸민다는 서찰을 왕에게 투서하고, 친히 국문을 진행하던 영조에게 나경언은 품에서 또 다른 서찰을 건네준다. 여기에는 사도세자의 비행과 일탈이 비교적 상세히 적혀 있다. 기생을 불러 음주가무를 하는가 하면 비구니를 불러 퇴폐적 비행을 일삼았다는 것이다. 그런데 실제로는 역모를 꾸몄다는 물증이 어디에도 없다. 아마도 노론이 꾸민 일이 아닐까 추측하지만 이

때 굳이 노론이 그런 무리수를 두었을까 하는 주장도 설득력이 있다. 당시 영조는 나이가 여느 조선왕들보다 훨씬 당장 많아 내일 승하를 하더라도 이상하지 않았고, 이대로라면 사도세자가 왕위에 오르게 되는데 굳이 무리수를 둘 리 만무하기 때문이다. 현재의 권력보다 미래의 권력에 관심이 가는 게 세상의 이치 아닌가.

셋째, 정순왕후의 이간실을 들 수 있으나 정순왕후가 입궐한 당시에 이미 사도와 영조 간의 간극은 벌어질 대로 벌어진 상태였고, 정순왕후가 '노론의 국모'일지언정 세자의 장인인 홍봉한의 세력과는 견줄 바가 못 되었다.

결국 영조의 판단이 핵심일 것 같다. 종묘사직의 안녕과 영민한 후계자에게 왕권을 넘겨줘야 한다는 강박이 바로 임오화변의 진실에 가장 가까운 답으로 보인다. 그렇다면 폐세자시키지 않고 왜 굳이 죽여야만 했을까? 세자를 살려두면 향후 정조의 상왕으로 남아 정조에게 정치적 부담을 안겨줄 거라는 게 영조의 판단이었다.

오열하는 정조, 비극적인 뒤주

영화 「사도」의 마지막 장면은 이런 내용을 뒷받침한다. 정조(소지섭 분)가 왕위에 올라 비로소 사도세자인 아버지 묘소에 참배를 가게 된다. 궁에서 쫓겨났던 혜경궁 홍씨도 신원이 복위되고 아들과 남편의 묘소를 찾는다. 정조는 아버지 묘소에 물을 따른다. 정조의 어린 시절에 아버지의 죽음을 직접 목격했기에 그 상처는 여전히 가슴속에 뚜렷이 남아 있다. 즉, 아버지의 고통이 고스란히 정조의 가슴 깊이 남아 있었으리라.

김상득의 칼럼을 보면 사도세자의 한 서린 넋두리가 잘 표현되어 있다.

아버지 왜 하필이면 뒤주인가요? 형벌은 반드시 죄목과 연동

> 되니까, 목을 베거나 사지를 찢거나 사약을 내리면 그것이 역모죄의 형벌이니까, 저의 역모죄를 피해야 제 아들에게 '역적의 자식'이라는 낙인이 찍히는 걸 막을 수 있으니까, 어느 법전에도 없는 형벌로 죽이려 한다는 말씀은 하지 마세요. 그렇다면 관에 가둬 죽여도 되잖아요. 이게 뭐예요. 앉지도 눕지도 못하고 이 거구의 몸을 비좁은 뒤주 속에 어떻게 넣어요. 못 먹는 건 참는다 쳐요. 똥오줌은 어떻게 해요? 일국의 왕자인데 아들과 아내가 있는 가장인데….
>
> -「김상득의 행복어 사전」

뒤주 안에는 손톱으로 긁었던 자국들이 남아 있다고 전해진다. 얼마나 목이 말랐을까 싶은 마음에 정조는 물 한 사발을 묘지에 뿌리며 오열한다.

"앉지도 그렇다고 설 수도 없는 뒤주 안에서 얼마나 공포스럽고 힘들었을까? 내가 태어나지 않았다면 우리 아버지가 돌아가시지는 않았을 텐데…."

정조 역시 당시 영조의 판단이 정치적으로 무엇을 의미하고 있는지 잘 알고 있었다.

그러나 정작 마지막 중요한 질문이 남아 있다. 왜 하필 뒤주인가? 그냥 자결을 명하고 말리는 대신들을 막도록 지시했다면 사도는 그 자리에서 자결했을 것이다. 왜 뒤주였는지는 어느 사료에서도 밝혀지지 않았다.

여기서 두 가지 경우를 생각해볼 수 있다. 영조는 단지 사도를 혼내기 위해 충격 요법을 썼다. 즉, 뒤주 안에 가둬 반성하게 했으나 당시 정신병을 앓고 있던 사도는 폐소 공포증으로 호흡 곤란을 겪고 짧은 시간 안에 숨을 거둬버린다(사도는 배우 유아인과 달리 상당히 비만이었다). 영조도 사도가 그리 빨리 죽을지 몰랐던, 예상치 못한 결과였다. 이는 사도가 뒤주에 갇혀 있던 8일 동안에 아무런 상소가 없었다는 점으로 유추해볼 수 있다. 아무리 사도의 정적인 노론 벽파라 하더라도 후일 역사를 의식해 세자 구명 상소라도 한 장 올려야 맞는 게 유교 국가에서 신하의 도리다.

최근 자료로 공개된 영조의 「사도세자 묘지문」을 보면 영조는 단지 혼을 내기 위해 가두었는데 갑자기 세자가 죽었다며 애통해하는 마음을 밝히고 있다. 물론 실록과는 정반대의 내용이다.

또 다른 경우의 수는 바로 세자의 역모 소식을 들은 영조가 선제적으로 사도를 공격해 뒤주 속에 가둬 죽였다는 것이다. 영조의 권위와 왕권에 도전하는 자는 누구라도(그것이 세자라 하더라도) 이렇게 처참한 죽음을 당한다는 사실을 본보기로 보여주려 했다는 것이다. 하지만 이런 가설은 역모를 꾸민 세자가 죽자마자 사도의 시호와 복위를 내린 것을 보면 설득력이 떨어진다.

진실이 어떤 것이었든 참극은 벌어졌다. 창경궁 휘령전은 세자가 뒤주에 갇혀 죽어가는 전대미문 비극의 장소가 된다. 영조는 숙종을 모시는 사당에 가서 "역적을 해하겠습니다."라고 아뢴 후 사도세자를 휘령전 마당으로 호출한다. 그리고 자결을 명한다. 여름날 아침 7시부터 시작된 실랑이가 저녁 7시까지 계속된다. 그러다 느닷없이 영조는 뒤주를 가지고 오라 명하고 뒤주 안에 세자를 가둔다. 8일간의 감금의 시작이었다. 일국의 왕세자가 여름 한낮의 찌는 듯한 더위와 갈증 속에서 그렇게 죽어갔다.

영화가 보여주는 영조와 사도 이야기

영화 「사도」는 요새 쏟아져 나오는 사극 영화가 보여주는 지나친 확대 해석이나 픽션의 수위를 자제한다. 그래서 더욱 미덕이 큰 영화다. 또한 플래시백을 적절히 사용해 극의 긴장감을 높였다. 이준익 감독의 전작들 「평양성」, 「황산벌」, 「왕의 남자」보다 극의 리얼리티를 한껏 끌어올렸으며, 역사 교육 교재로도 쓸 수 있을 정도로 사료에 충실하려는 모습이 엿보인다.

사도세자의 사료는 제한적이란 사실을 역으로 잘 이용해냈다. 어느 누구도 사건의 실체를 밝힐 수 없기에 상상의 폭이 그만큼 커진 것이다. 영화에서 사료를 세초하는 장면이 나온다. 『조선왕조실록』과 『승정원일기』에서 사도세자의 내용을 흐르는 물로 씻어버린 것이다. 영조는 사도세자의 비극을 역사에서 지우고자 했다. 그러나 같은 시기에 쓰인 다른 자료에서 일부 언급되는 내용들을 추론하고, 무엇보다 혜경궁 홍씨의 『한중록』을 보면 당시의 상황을 짜맞춰볼 수 있다. 『한중록』이 홍씨 가문을 정쟁에서 지켜내기 위해 당시의 사실을 왜곡했다고 주장하는 측도 있으나 실록 등의 다른 사료와 비교했을 때 큰 차이가 없이 기술되었다.

당시 조정은 처음에는 사도세자의 죽음을 '역모로 벌했다'고 하는 분위기였으나 나중에는 '광인으로 사사'된 걸로 정리했다. 역적의 아들에게 왕위를 내어줄 수는 없었기 때문이다. 영조는 정조에게 이른다.

"네 아버지의 죽음은 대의였다. 왕위에 오르더라도 어떠한 시도도 하지 마라."

훗날의 시끄러워질 사태를 미연에 방지하려 했지만 역사는 영조의 생각대로 흘러가지 않았다.

▲ 당시의 뒤주는 재현되어 수원 화성행궁에 전시되어 있다.

제7강

정조

역린 / 영원한 제국

1752년	정조 출생
1762년	사도세자의 죽음
1776년	정조 즉위하다
1777년	정유역변이 일어나다
1782년	탕평책으로 인재 선발
1792년	화성 축조 지시

에너지 넘치던 정조,
그의 이른 죽음은
망국의 전조였을까

역린(逆鱗)을 한자 그대로 풀면 '거꾸로 난 용의 비늘'이다. 의역하면, 건드려서는 안 될 왕의 치명적인 약점이란 뜻이다. 이를 건드렸다간 왕의 엄청난 노여움을 살 것이다. 그런데 그런 일이 벌어졌던 한 왕에 대한 이야기가 있다.

「역린」은 조선 후기 마지막 개혁 군주였던 정조의 하루를 다룬 영화다. 하루 동안 벌어지는 사건들을 통해 정조의 역린은 무엇인지, 무엇이 정조를 분노하게 만들었는지를 보여준다. 영화는 암살 음모의 전개를 다층적 인물과 다각적 시각으로 밀도 있게 그리고, 그 과정을 통해 정조의 존재감과 가치를 어필한다.

정조는 조선의 몇 안 되는 명민한 왕으로 꼽힌다. 그는 다양한 예술 작품의 소재가 될 만큼 매력적인 인물이다. 영·정조 시대는 조선의 르

네상스로 불리며 법전과 문화, 건축 등의 다양한 분야에서 보기 드문 성취를 이루어냈다. 마치 조선이 터뜨리는 마지막 불꽃놀이인 양 화려했던 전성기였다. 한편, 일각에서는 정조가 과연 개혁 군주에 걸맞은 업적을 세웠다 말할 수 있는지, 향후 맞이하는 격변의 시대에 얼마나 철저히 준비되었는지 묻기도 한다. 성리학의 정통을 이어오던 조선 왕조가 정조를 마지막으로 서서히 명운을 다해간 것도 사실이기 때문이다.

두렵고 불안하여
차라리 살고 싶지 않았다

정조 독살설은 지금까지도 미스터리로 남아 있기에, 다양한 상상과 가정으로써 영화나 드라마에서 해석되고 변주되었다. 영화 「역린」은 수세적 공세인 독살이라는 방식을 넘어 자객을 보내 직접적으로 정조를 해하려 했던 역사적 실화를 모티브로 만들어졌다. 그러면서 미국 드라마 「24」처럼 하루 동안 벌어진 사건을 시간대별로 씨줄과 날줄로 촘촘하게 엮어 관객을 몰입시킨다.

정조가 즉위한 지 1년, 1777년 7월 28일에 정유역변이 일어난다. 평상시처럼 자신의 침전인 존현각에서 책을 읽던 정조는 지붕 위에서 이상한 소리를 듣는다. 심복 홍국영을 시켜 급히 살펴보니 수상한 자객이 왕의 깊숙한 침전까지 들어온 흔적을 발견한다. 이후 이 사건을 조사해 연루된 사람을 잡아서 체벌한 사건이 정유역변의 전말이다.

영화 「역린」의 작가는 이 사건에 흥미를 느끼고 작품을 기획했다. 영조의 어린 왕비 정순왕후와 사도세자의 부인 혜경궁 홍씨, 정조의 오른팔 홍국영 등 실존 인물을 사건 곳곳에 배치하고, 여기에 살수, 광백 같은 허구적 인물을 끌어와서 극의 완성도와 흥미를 높였다.

정유역변 당시 정조는 정치적으로 시련과 난관에 봉착해 있었다. 그가 사도세자의 아들이라는 사실을 모르는 사람은 없을 터다. 정조가 세손으로 책봉된 지 얼마 안 되어 아버지 사도세자가 뒤주 속에 갇혀 죽었고 그는 이를 무기력하게 지켜보아야만 했다. 그의 나이가 불과 열한 살일 때 벌어진 일이었다. 그는 하고 싶은 말과 행동을 초인적 인내로 참아내고 스물다섯에 왕위에 오른다. 정조는 자신을 끊임없이 견제하는 서인 노론 세력과 정치적 대립을 겪어야 했고, 영조의 뒤늦은 재혼(再婚)으로 왕후 자리까지 오른 정순왕후의 노골적인 견제 때문에 하루도 마음 편히 지내지 못했다.

'두렵고 불안하여 차라리 살고 싶지 않았다'라는 영화 속 첫 자막에는 당시의 상황이 잘 드러나 있다. 이어지는 두 번째 자막은 다음과 같다.

> 세손(정조)은 노론과 소론을 알 필요가 없고 이조와 병조를 알 필요가 없고 나랏일에 이르러서는 더더욱 알 필요가 없습니다.
>
> \- 노론 벽파 홍인한, 1777년 11월 20일

이는 정조 집권기에 정권을 잡은 노론 벽파가 얼마나 정조를 권력에서 고립시키려 했는지를 단적으로 보여준다. 그러나 정조는 정치적 조율 능력과 통치력이 역대 어느 왕보다도 뛰어나 자칫 당파에 휩쓸릴 수 있는 위기에도 리더십을 발휘했다.

영화에서도 정조(현빈 분)는 존현각에서 매일 몸을 단련하며 술과 여자를 멀리한다. 고도의 자기 절제력으로 고통스러운 현실을 타개하려 노력한다. 실제로 실록에도 정조는 끊임없이 자기 연마를 게을리하지 않았던 왕으로 기록되어 있다.

그대들의 답은 빈하다

왕위에 오른 정조의 첫 마디는 "과인은 사도세자의 아들이다."였다. 이에 대신들은 기겁한다. 당시 조정에 사도세자의 엽기적 비명횡사에서 책임이 자유로웠던 대신은 단 한 사람도 없었다. 하지만 예상과 달리 정조는 피의 복수극을 벌이지 않는다. 오히려 탕평을 논하고 무능한 대신들을 질타하며 조선의 꿈, 화성의 비전을 내세운다. 그는 노론과 소론, 남인의 당쟁 속에서도 자기 색깔을 가지고 카리스마와 강단으로 본격적인 탕평 정치를 펴나가면서 조선 왕조의 개혁과 발전을 도모한다.

영화에는 정조가 노론 중심의 대신들과 경연하는 장면이 자주 등장한다. 정조와 집권 관료 간의 설전은 스크린을 팽팽한 긴장감으로 채운다. 노론의 한 대신이 정조에게 간한다.

"요즘 규장각에는 어린 문신들만 있다고 하여 걱정입니다. 무릇 좋은 말만 듣는 건 제왕의 도리가 아닌 줄 아뢥니다."

정조의 개혁 중 하나인 '초계문신제'에 대해 우회적으로 비판하는 것이다. 초계문신제는 37세 이하의 젊은 관리들을 규장각에 입소시켜 재교육하는 제도다. 여기에는 노론에 대응하는 젊은 피를 고위 관료 조식에 수혈하려는 정조의 의도가 숨겨져 있었다. 정조는 서얼 출신이라는 연유로 관직에 오르지 못한 인재들을 홍문관 등의 언론 삼사 기관에 파격적으로 등용했다.

이에 정조가 답한다.

"앎이 통찰이 되고 통찰이 실천이 되어야 학문의 완성이요."

그는 나이와 상관없이 학문은 실천을 통해 완성된다는 것임을 강조한다. 대신은 이때다 싶어 말한다.

"그러려면 (더) 배워야 합니다."

정조는 밀리지 않는다.

"대신들은 사서오경만 고집하고 있는데 그 기본은 얼마나 알고 있소? 중용의 스물세 번째 장을 아는 사람은 한번 말해보시오."

눈치를 보는 대신 중 아무도 선뜻 나서지 못한다. 정조는 내시 상책에게 한번 이야기해보라 이른다. 상책은 답한다.

"작은 일도 무시하지 않고 최선을 다해야 한다. 작은 일도 최선을 다하면 정성스럽게 된다. 정성스럽게 되면 겉에 배어나고 겉으로 드러나고 겉으로 드러나면 밝아지고 밝아지면 남을 감동시키고 감동시키면 이내 변하고 변하면 생육된다. 그러니 세상에 오직 지극히 정성을 다하는 사람만이 나와 세상을 변하게 하는 것이다."

순간 경연장이 조용해진다. 많은 책을 읽기보다 기본 중의 기본을 충실히 하라는 뼈 있는 일침이다. 한 대신이 침묵을 깨며 서얼의 경연 참여에 재차 시비를 걸지만 정조는 그저 "그대들의 답은 빈(貧)하다."라며 읊조릴 뿐이다. 그 누구도 세상을 변화시킬 열정을 지니고 있지 못함을 한탄한 것이다.

당시 정조의 개혁은 파격적이었다. 그는 즉위 초반부터 서얼 등용을 통한 신분 제도의 개혁과 함께 금난전권의 폐지로 자유로운 상거래 시대를 열었다. 정조는 호학 군주의 전통을 이어받은 왕답게 학문 연마와 문치주의를 지향했다. 또한 자신만의 호위 부대가 필요하다고 판단해 유사시 왕권을 보위하기 위해 장용영이라는 친위 부대를 창설했다. 기존의 주요 군사 기구는 죄다 노론의 영향력에 있었기 때문이다. 그리고 재위 기간 중 열두 차례나 아버지 사도세자의 왕릉인 현륭원 참배를 했다. '나는 아직 아버지를 잊지 않고 있다'고 노론에게 보내는 무언의 정치적 시그널이었다. 한편, 정조는 100번이 넘도록 도성 밖으로 나가 백성들의 이야기를 직접 들었다고도 전해진다.

화성을 지은 이유

인조가 남한산성에서 겪은 치욕을 잊지 않았던 정조는 수원에 화성을 축조한다. 수원 화성은 무척이나 단단한 겉모습에 그 구조 또한 외부의 침략에도 몇 년은 거뜬히 견딜 수 있도록 되어 있다. 그런데 화성 신도시 건설이 지극히 정조 자신만을 위한 정치적 행위였다고 보는 견해도 있다. 다음은 유봉학 교수의 글이다.

> 정조가 즉위한 지 20년을 맞은 1796년 화성의 준공으로 이제는 정조의 비원을 이루기 위한 외형적 조건과 물적인 토대가 갖추어졌다. 정조는 정치적 정지 작업을 위해 왕권을 강화하며 갑자년을 적극적으로 준비하고 사도세자 추숭의 구상을 보다 구체화하게 된다.

다시 말해, 아버지 사도세자를 기념하고 자신의 왕권 강화를 위해 화성 신도시 건설을 추진했다는 것이다.

화성에 가기 위해서는 배로 만드는 다리인 부교를 설치해야 하므로 60척의 배가 동원되었다. 이 행차에는 다목적인 정치적 포석이 깔려 있었다. 바로 노론 벽파에 대한 견제였다. 노론은 정조 집권기에 시파와 벽파로 나뉘게 되는데 단순하게 정리하면, 사도세자의 죽음을 억울하게 여기며 정조를 지지하는 측이 시파이고 반대로 사사건건 정치적 태클을 거는 쪽이 노론 벽파다. 노론 벽파는 사도세자를 죽음으로 몬 당파였다. 정조는 이 행차를 통해 사도세자의 죽음을 상기시키면서 노론 벽파를 위축시켰다고 볼 수 있다.

한편, 행차는 백성을 위한 것이기도 했다. 당시에는 격쟁이나 상언이라는 제도가 있어 왕이 행차할 때 억울한 사연을 왕에게 직접 고할 수 있었다. 그러니 행차는 도성에서 멀리 떨어진 곳에 사는 사람들의 목소리까지 들을 수 있는 기회였다. 실제로 왕이 직접 민원을 해결해 주기도 했다.

정조를 둘러싼 인물들

영화 「역린」은 TV 드라마 연출을 주로 한 「다모」의 이재규 감독이 맡았다. 정조가 주로 집무를 보았던 존현각은 규장각의 전신이라 할 수 있는 왕실의 서재다. 본래 경희궁 안에 위치했는데 현재는 소실되어 영화 촬영을 위해 담양에 따로 세트를 지었다. 사료에는 검소한 정조의 평소 생활을 반영해 존현각을 단청이나 제대 없이 소박하게 지었다고 기록되어 있다. 영화 세트 디자인도 정조가 홀로 공부하고 운동하던 공간으로 잘 표현되었다. 수많은 위협으로부터 자신을 보호하기 위해 고독한 방어벽을 폈던 정조의 외로움이 잘 느껴지기도 한다. 아들을 보기 위해 존현각을 자주 들렀던 혜경궁 홍씨는 이렇게 말했다.

"저곳이 왕의 침전입니까? 민가의 종복들 행랑채도 여기보단 낫겠어요."

영화는 의상에서도 리얼리티를 강조한다. 영화 내내 정조가 붉은 색 곤룡포를 입은 모습은 단 한 번도 나오지 않는다. 영조가 승하하고 정조가 즉위한 지 1년밖에 지나지 않았기 때문이다. 정조의 흉배에는 용이 수놓아져 있는데 제목처럼 역린이 건드려진 성난 용의 모습을 띠고 있다.

영화에서 또 하나의 인상적인 장면은 정순왕후(한지민 분)의 존재감을 드러내는 부분이다. 영조는 예순여섯 살에 새 장가를 드는데 왕비가 겨우 열다섯이었다. 이 왕비가 바로 영조 사후에 조선을 쥐락펴락한 정순왕후다. 그녀는 정조 앞에서도 태연히 발톱 손질을 멈추지 않을 정도로 위세가 있었던 정조의 정적이기도 했다. 자신보다 어린 할마마마 정순왕후가 정조의 손을 잡으며 은근히 굴욕적인 언사를 주는 장면은 서로가 끝내 화해할 수 없는 수준까지 왔음을 잘 보여준다. 정순왕후는 노골적으로 정조의 심복 홍국영의 전횡을 따지며 홍국영이 노론 벽파를 제거하는 과정에서 자신의 오라비가 희생당했다며 불만을 터뜨린다. 그러면서 만에 하나 주상 전하에게 변고가 있으면 자신의 입지가 어려워진다며 우회적으로 정조를 겁박한다.

영화에 등장하는 실존 인물로는 먼저 구선복을 들 수 있다. 구선복은 노론파의 대표적 무장이었다. 정조는 '지금 구선복을 건드리면 오군영이 다 일어선다'고 말한다. 이는 역사적 사실에 가까운 발언이다. 구선복은 아비인 사도세자를 죽이는 데 가담한 눈엣가시 같은 존재였지만, 정조는 그가 군사 반란을 꾀할까 봐 두려워 높은 관직을 주고 따로 관리한다.

정조의 심복 홍국영은 혜경궁 홍씨와 정순왕후 양쪽 다 친척인 배경을 가지고 있다. 정조 시대는 정조와 홍국영이 함께 만들었다는 말이 나올 정도로 홍국영의 권세는 대단했다. 그러다 야망이 지나쳐 정조의 견제를 받았고 젊은 나이에 비극적인 죽음을 맞이했다.

혜경궁 홍씨도 아들 성소를 시키기 위해 결사적이었다. 혜경궁 홍씨는 사도세자의 죽음을 다룬 거의 유일한 사료로 평가받는 『한중록』의 저자이기도 하다. 그녀 역시 당쟁의 소용돌이 속에서 조선조에 가장 불행했던 여인으로 살았다. 영화에서 그녀의 처절함이 묻어나는 대사는 이 한마디로 족하지 않을까.

"지아비를 제물로 바치고 살린 아들이다. 아느냐?"

정조를 데려간 화병

영화는 정조의 암살 기도가 치밀하게 기획된 것으로 그려진다. 청부 살인업자의 계획에 포섭된 정조 내관의 의형제가 암살의 선봉에 서는 이야기가 흘러가고, 영화 후반부에는 정조와 정순왕후의 끝장 대결로 치닫는다.

「역린」은 캐릭터의 구성이 다소 산만하고 스토리의 일관성이 부족해 흥행 면에서 큰 재미를 보지 못했다. 하지만 현빈이 새롭게 보여준 정조의 이미지는 쉽게 잊혀지지 않을 신선함으로 다가온다.

정조는 재위 24년 만인 1800년 마흔아홉 한창 나이에 죽는다. 여러 음모설이 제기되었지만 끊임없는 정치적 스트레스와 과로가 겹쳐 급사하지 않았을까, 하는 추측이 설득력을 얻는다. 실록에서는 숙종부터 대대로 이어진 화증, 즉 화병이 정조를 죽게 한 걸로 기록되어 있다.

두통이 많이 있을 때 등 쪽에서도 열기가 많이 올라오니 이는 다 가슴의 화기 때문이다.

정조의 죽음에 대한 의혹은 쉽사리 가라앉지 않았고 콘텐츠의 다양한 소재로 사용되었다. 이인화의 소설 『영원한 제국』은 정조의 죽음을 정통 스릴러로 풀어낸 작품이다. '영원한 제국'이라는 제목은 변하지 않는 질서를 만들려는 왕과, 그 질서에 맞서거나 그것을 이용하려는 사대부 집단의 욕망을 담아낸다. 출간 당시 움베르토 에코의 『장미의 이름』과 비슷한 것으로 화제가 되기도 했는데, 영화는 소설의 철학적 무게보다 긴박한 스릴러를 중심으로 전개된다.

영화는 정조 즉위 1년 규장각 문신의 의문사로 시작한다. 젊은 관료 이인몽은 사건을 파헤치며 규장각 내부의 권력 다툼과 노론 · 소론 · 남인의 당쟁을 목격한다. 그 과정에서 단순한 살인 사건이 아니라 정조를 노린 암살 음모의 한 조각임이 드러난다. 영화 속 정조는 항상 목숨을 위협받는 군주로 등장한다. 실제 역사에서도 정조는 즉위 직후부터 벽파의 견제를 받았다. 벽파는 사도세자의 죽음을 정당화한 세력으로, 정조가 왕권을 강화하고 시파를 중용할 때마다 강하게 반발했다.

역사 기록에는 정조가 가마를 타고 이동할 때 독화살이 날아들거나, 차(茶)를 통해 독살을 시도했다는 이야기가 전해진다. 영화는 이 긴장감을 고스란히 담아낸다. 정조는 암살의 위협 속에서도 개혁을 멈추지 않는다. 규장각을 통해 새로운 인재를 등용하고, 탕평책을 강화하며 왕권을 지키려 한다. 영화 「영원한 제국」의 묘미는 암살 음모와 진실 추적 과정에 있다. 이인몽은 사건의 배후를 쫓으면서 점점 더 위험해지고, 결국 그가 찾으려는 진실은 정조의 정치적 생존과 직결된다. 영화는 미스터리 스릴러의 긴장감을 유지하면서도 권력의 본질을 묻는 질문을 멈추지 않으며, 왕의 암살 위기라는 극적 상황을 통해 권력과 진실, 개혁의 실체를 보여주기 위해 애쓴다. 정조는 암살 위협에도 불구하고 왕권을 강화하고 개혁을 추진한 군주였고 그의 개혁은 조선 후기 정치와 사상에 깊은 흔적을 남겼다. 영화는 이 고독한 싸움을 흡인력 있게 재현한다. 다만, 지나치게 노론의 음모론에 기초를 둔 것이 아닌가, 하는 비판도 상당했다.

정조가 죽은 후 12세로 즉위한 순조를 대리청정한 정순왕후의 집안인 안동 김씨 세도가로 조선의 권력이 이동하면서 조선은 망국의 길로 들어선다. 정순왕후 대비는 정조 사후 정조의 흔적들을 하나하나 지워나간다. 먼저 천주교에 대한 입장 변화다. 정조는 정학이 바로 서면 사학이랄 수 있는 천주교는 자연스럽게 없어진다고 생각했다. 따라서 서학에 대한 통제가 그리 심하지 않았고, 서학은 주로 남인에 의해 학문으로 받아들여졌다. 그러나 정순왕후 대비는 천주교를 사학으로 규정짓고 신유박해의 명령자가 된다. 또한 그녀는 노론의 대모답게 탕평을 전면적으로 부정하기 시작했고, 규장각은 유명무실되었으며 장용영도 혁파된다. 그렇게 정조의 기억들은 세도 정치에 의해

지워진다.

정조가 현재를 사는 우리들에게 꼭 들려주고 싶었던 것인지 영화 「역린」에서 몇 번이나 강조한 말이 있다.

"무엇이든 네가 원하는 것이 있다면 정성을 다하라. 그리하면 이루어진다."

▲ 정조 대왕의 어진(초상화)

제8강

순조, 헌종, 철종 (세도 정치기)

자산어보 / 군도: 민란의 시대 / 고산자, 대동여지도

1800년 정조 승하, 세도정치가 시작되다

1811년 홍경래의 난

1861년 대동여지도 완성되다

1862년 진주농민봉기(임술농민항쟁)

1863년 고종 즉위, 흥선 대원군 집권

묵으로 그린 그림 같은 영화 「자산어보」

영화 「자산어보」는 2021년 이준익 감독 작품으로, 정약전과 창대라는 두 인물을 통해 조선 후기의 사상 · 계급 · 지식의 본질에 대해 여러 생각을 하게끔 만드는 웰메이드 흑백 영화다. 영화는 조선의 정조 말기부터 순조로 이어지는 격동의 시기를 배경으로 한다. 「자산어보」는 천주교 박해, 정약용 가문에 대한 탄압, 신분 질서의 경계, 자연에 대한 관찰과 기록 등 다양한 역사적 소재를 바탕으로, 당대 최고의 지식인과 바다에서 고기를 잡는 평범한 한 청년의 만남을 그리고 있다.

간단하게 줄거리를 살펴보면, 신유박해의 소용돌이 속에서 정약전은 흑산도로 귀양을 가고 그의 형 정약용은 강진으로 유배된다. 유배지 생활은 고단하기만 하다. 정약전은 뭍에서 가져온 책이 모조리 훼손되자 삶의 의지를 잃지만 섬의 자연을 탐구하며 새로운 학문의 길을 찾는다. 그는 물고기에 대한 책을 쓰기로 결심하고, 이때 섬 최고의 어부 창대를 만나게 된다. 창대는 가난하지만 글에 대한 열망이 가득한 인물이다. 그가 정약전에게 물고기에 대한 지식을 알려주는 대신 정약전으로부터 글을 배우기로 하면서 두 사람의 특별한 관계가 시작되고, 우여곡절 끝에 두 사람은 지향하는 가치에 다다른다.

영화의 흐름은 정약전이 흑산도 유배지에 도착한 뒤 그의 학문적 열정이 한 청년의 열정과 교류하면서 점차 깊어지는 과정을 따른다. 창대는 천한 신분이지만 똑똑하고 영민한 청년으로, 처음에는 신분이 다른 정약전을 경계하나 차츰 그의 진심과 지식에 감화되어 스승과 제자의 연을 맺는다. 이 둘은 자연을 벗삼아 해양 생물을 조사하고 기록해 『자산어보』를 남긴다.

정약전과 창대의 관계는 단순히 지식을 주고받는 수준을 넘어선다. 창대가 "왜 굳이 물고기 이름을 알아야 합니까?"라고 정약전에게 묻자, 정약전은 "물고기는 이름이 있어서 물고기고, 이름이 있어야 세상에 존재한다. 이름이 없으면 흩어져서 사라질 뿐이다."라고 답하며 학문의 본질을 이야기한다.

정약전은 창대의 누이 복례와 따뜻한 마음씨의 가거댁에게서 삶의 위로를 받는다. 특히 가거댁은 "배운 사람이 못난 놈들한테 매질이나 당하고, 공부가 그리 고단한 것이오?"라며 정약전의 아픈 처지를 보듬어주고, 복례는 "공부만 하면 사람 마음이 썩어가요. 밭을 갈고 고기를 잡아야 그 마음이 단단해져요."라는 뼈 있는 조언을 건네기도 한다. 정약전을 감시하는 관리인 엄별장은 정약전에게 "적힌 이치하고, 돌아가는 이치가 다르다고요."라고 하면서 세상은 책에 쓰여진 대로 움직이지 않고, 눈에 보이지 않는 힘과 논리가 작용한다는 현실적인 충고를 건넨다. 이렇듯 정약전은 책에서 볼 수 없는 땀내 나는 민초들의 삶과 말에서 인식의 지평을 더욱 넓혀갈 수 있었다.

정약전은 창대의 도움을 받아 『자산어보』 집필에 착수한다. 그는 이 책을 단순한 물고기 백과사전이 아닌, 자신이 깨달은 학문의 의미를 담는 그릇으로 여긴다. 그는 창대에게 '공부는 사람이 사는 법을 익히는 것이고, 글자는 글쓴이의 심성이다'라고 가르치며 자신의 지혜를 나눈다. 하지만 창대는 현실의 벽에 부딪힌다. 관직에 대한 욕망과 신분의 한계로 인해 갈등하고, 결국 정약전을 떠나 육지로 나가 과거에 급제해 권력의 길을 걷는다.

관직에 오른 창대는 삶에 회의를 느끼고 다시 흑산도로 돌아간다. 그는 과거의 스승 정약전과 재회하고, 두 사람은 서로의 삶을 깊이 이해하게 된다. 정약전은 '어떤 배움은 사람을 살리는 법을 익히는 것'이라며 관직에 연연하지 않는 창대를 진심으로 인정한다. 『자산어보』의 서문에 '세상에서 가장 아름다운 어부'라 칭하며 창대를 기억하겠다는 정약전의 말에 창대가 '세상에서 가장 아름다운 학자'라고 화답하며, 둘은 서로에게 마지막 인사를 건넨다. 물론 영화 속 대화이지만 영화에서 『자산어보』는 두 사람의 우정과 존경, 그리고 진정한 학문의 가치를 담아낸 기록물로 남는다.

이 영화는 흑백 영화다. 이준익 감독은 이전 영화 「동주」 역시 흑백으로 촬영했다. 이준익 감독이 흑백 영화를 선택하는 데에는 단순한 미학적 취향을 넘어서는 명확한 연출 의도와 시대극에 대한 철학이 담겨 있다. 이는 관객이 인물과 이야기, 감정선에 더욱 집중할 수 있도록 하기 위한 전략적 선택으로 보인다. 컬러는 시각적으로는 풍부하지만 정서적으로는 산만하게 느껴질 때가 있다. 시대극에서 색채 고증을 충실히 따르다 보면 오히려 본질보다 배경에 주목하게 되는 역효과가 발생하기 쉽다. 반면, 흑백은 시각 정보를 최소화함으로써 화면을 간결하게 만들고, 등장인물의 표정과 말, 움직임, 침묵에 이르기까지 보다 섬세한 관찰을 하게 만든다.

흑백은 윤동주 시인의 삶을 다룬 영화 「동주」에서는 그가 살았던 시대의 억압과 고요한 절망을 절제된 감성으로 담아냈다. 그리고 「자산어보」에서는 바다와 백성, 유배지의 삶이라는 무채색 풍경과 잘 어울리며 실학자 정약전과 평민 창대 사이의 사상적 · 인간적 교류를 더욱 또렷하게 부각시켰다.

이준익 감독은 실제로 '컬러는 때로 인물의 감정을 방해한다. 흑백은 관객이 오롯이 사람과 이야기, 감정에 집중하도록 돕는다'고 말하며 자신의 철학을 드러낸 바 있다. 또한 흑백은 제한된 예산과 제작 환경 속에서 최대한의 미학적 효과를 낼 수 있는 현실적인 해법이기도 하다. 조선 시대를 배경으로 한 영화에서 수려한 색감보다 인물의 사상과 정서가 더 중요하다고 판단한 그는 과감히 색을 지우고 대신 관계와 대화, 내면의 움직임을 스크린 위에 진하게 새겼다. 결국 이준익 감독의 흑백 영화는 단지 과거를 재현하는 수단이 아니라, 현재의 관객이 당대 인물의 고뇌와 질문을 보다 깊게 체험하도록 만드는 화면으로 작용한 듯하다.

정약전은 영화에서 '하늘 아래 귀하고 천한 것이 어디 있느냐'는 말을 통해 당시 지배적이던 유교적 신분 질서에 대한 문제의식을 드러낸다. 이는 실학자들이 공통적으로 고민한 '실용'과 '민생'이라는 주제를 관통한다. 당시 조선의 위정자들이 관념의 틀에 갇힌 유교적 예법만 강조하는 동안, 백성들은 가난과 질병에 시달렸다. 정약전은 이런 현실을 외면하지 않고 바닷가 어민들과 교류하며 그들의 삶을 연구 대상으로 삼았다. 창대와도 단지 스승과 제자라는 구도를 넘어 신분과 이념의 벽을 깨고 새로운 지식의 생산을 공유하는 관계를 맺었다.

영화는 1801년 신유박해 이후 조선의 정치 · 사회가 크게 흔들리던 시기를 기점으로 한다. 정조가 죽고 순조가 즉위하면서 실학자들과 천주교 신자들에 대한 대대적인 탄압이 벌어졌고, 이 과정에서 정약전과 정약용 형제는 관직을 잃고 유배된다. 천주교는 '서학'으로 불리며 정통 유교 이데올로기 체제에 위협이 된다는 이유로 혹독한 탄압의 대상이 되었는데, 영화는 이런 역사적 배경을 짧지만 간결하고 선명하게 보여준다.

영화는 또한 '기록'의 중요성을 강조한다. 창대는 문자를 배우고,

정약전은 기록을 남긴다. 이 둘의 협업은 단지 스승과 제자가 아닌, 두 세계가 충돌하고 화해하며 공존하는 시간이다. 특히 흑산도라는 고립된 공간은 자유로운 생각의 실험장이 된다. 영화 속 장면 중 창대가 "글이 밥이 되겠습니까?"라며 지식의 무용성을 말할 때, 정약전은 "글이 밥이 되지 않으면 배운 자로서 부끄럽다."라고 답한다. 이는 지식은 단순한 이상주의가 아니라 백성을 위한 것이어야 한다는 실학의 본질을 드러낸다.

또한 영화는 정약전이라는 역사적 인물을 이상화하지 않고 그의 고뇌와 고립, 그리고 자기 혁신을 사실감 있게 그려낸다. 그는 유배지에서 단순히 시간을 보내지 않고, 그곳에서 자신의 학문을 확장하고 민중 속으로 들어간다. 반면, 창대는 점차 양반 사회의 길로 나아가고자 하면서 정약전과 갈등한다. 하지만 결국에는 창대도 정약전의 사상과 태도에 영향을 받아 자신의 길을 돌아보게 된다. 이들의 관계는 조선 후기 지식인과 민중, 그리고 근대 지향적 가치와 보수적 선비 사회의 긴장을 동시에 보여준다.

실제 역사에서 『자산어보』는 1814년에 완성된 것으로 추정되며, 정약전이 유배 생활 중 민간 어부들과 교류하며 얻은 지식을 총망라한 것이다. 조선의 어류, 조개류, 갑각류, 해조류 등 다양한 해양 생물을 그림과 함께 기록했고, 어획 시기나 용도, 효능 등 실용적인 정보를 담았다. 이는 백과사전적인 가치뿐 아니라, 백성을 위한 실용 학문의 이상을 실천한 산물이기도 하다. 당시까지 조선에서 자연 과학이 민중의 삶과 결합된 사례는 드물었기에 『자산어보』는 학문사적 가치가 크다. 참고로, '자산'은 흑산도의 옛 이름이고, '어보'는 물고기에 대한 보고서라는 뜻이다.

정약전은 이 책을 통해 단순한 유배객을 넘어 실천적 지식인을 자처하며 인간과 자연, 지식과 노동, 양반과 상민의 경계를 허물고자 했다. 하지만 이러한 진정성은 당시의 현실 속에서는 받아들여지기 어려운 것이었다. 유배객 정약전이 만든 책이 공식적으로 유통되려면 수많은 벽을 넘어야 했고, 결국 『자산어보』는 정식으로 간행되지 못한 채 사본으로만 남겨졌다. 후대에 이르러서야 그 가치가 재조명되며 정약전은 단순한 실학자를 넘어 민중의 지식인으로 재평가되기에 이른다.

이쯤에서 정약전의 가계를 한번 살펴보도록 하자. 정약전은 조선 후기의 대표적 실학자 가문인 나주 정씨 집안의 인물이다. 당대 최고 명문가이자 성리학적 교양에 철저한 가풍을 갖춘 집안으로, 정약전의 부친 정재원은 영조 대의 문신이자 영의정을 지냈다. 이 가문에서 태어난 정약전은 셋째 아들로, 형 정약종, 넷째 아우 정약용과 더불어 실학과 서학에 깊은 관심을 가지고 지식과 사상의 영역을 확장한 대표적 지성인이었다.

세 형제는 구체적으로는 각기 다른 길을 걸었지만, 공통적으로는 당시 유입된 서양 학문과 천주교 사상을 통해 새로운 세계관에 눈을 뜨고 조선 후기 성리학 중심 사회의 벽에 맞섰다. 정약전은 이런 흐름

안에서 학문적 열망과 진실에 대한 성찰을 놓지 않았다. 특히 그는 천주교를 일찍 접한 형 정약종과 함께 천주교 교리에 매혹되어 학문과 신앙, 현실 정치 사이에서 갈등했다.

그러던 중 조선 조정이 천주교를 '사학(邪學)'으로 간주하고 강력하게 탄압하기 시작했다. 이는 단순한 종교적 박해를 넘어 조선 후기 붕괴되어가던 질서와 사상 체계의 균열에 대한 보수 기득권층의 위기의식에서 비롯된 것이었다. 이러한 탄압은 1801년 신유박해로 절정에 달했으며, 이때 정약전은 동생 정약용, 형 정약종과 더불어 박해의 중심에 서게 된다. 신유박해로 정약종은 참수형을 당해 순교하고, 정약용은 장기 유배형에 처해지며, 정약전은 신앙을 포기하지 않았다는 이유로 흑산도로 유배를 간다. 일련의 사건들은 단지 종교적 신념의 문제가 아니라 새로운 지식과 사상이 어떻게 기득권 체계에 의해 억눌리고 희생되는지를 보여준다.

정약용은 강진에서 유배 생활을 하며 『목민심서』, 『경세유표』 등을 저술하며 실학의 체계를 완성했다. 이 과정은 흑산도의 정약전과 나란히 볼 필요가 있다. 두 형제는 비록 멀리 떨어져 있었지만 동일한 정신을 공유했다. 조선 사회를 위로부터가 아닌 아래로부터 이해하고자 하는 학문, 즉 백성을 위한 학문이 시작되고 있었던 것이다.

영화 속 창대는 실존 인물이 아니다. 창대는 시대적 현실을 반영하는 상징적 캐릭터로 볼 수 있다. 그는 천한 신분의 어부지만 바다 생물에 대해 정약전보다 훨씬 많은 경험과 직관을 가진 이다. 그의 가슴속에는 출세하고 싶은 욕망과 평생 서자로 살아온 설움이 뭉쳐 있다. 하루는 홧김에 나주에 있는 친부 장진사를 찾아갔다. 어릴 적 아버지의 눈에 들기 위해 어렵게 얻은 천자문을 뗐지만 아버지는 단 한 번도 따뜻하게 안아주지 않았다. 이번에도 그에게 돌아오는 건 싸늘한 지청구뿐이었다.

정약전이 묵고 있는 집의 가거댁은 이 영화에서 뺄 수 없는 양념 같은 존재다. 그녀의 '먹고 살고 나는 것'에 대한 지혜는 평생을 책만 보아온 사람과 다를 수밖에 없다. 가거댁은 "나리도 다른 사람들과 별반 다를 것이 없네요. 논어인가 대학인가 줄줄 외기만 하면 뭐 한다요. 씨뿌리는 애비만 중허고 배 아퍼갖고 낳고 기른 애미는 뒷전인디. 밭이 안 좋으면 씨가 싹을 못 트고 흙이 안 좋으면 싹이 터도 크덜 못하는디."라며 남존여비에 젖어 있는 약전과 창대를 싸잡아 뭐라고 한다.

영화 「자산어보」는 탄탄한 각본으로 극찬을 받았고, 실제로 2021년 백상 예술 대상에서 최우수 시나리오상을 수상하기도 했다. 영화의 각본은 이준익 감독과 김세겸 작가가 썼다. 이준익 감독은 영화의 방향성을 잡고 구조를 설계했고, 김세겸 작가는 이를 구체적인 장면과 대사, 구조로 풀어내는 역할을 했다. 필자와 개인적인 친분이 있는 김 작가는 이 작품을 쓰기 위해 통통배를 타고 섬을 누비기도 했다. 현장성과 체험성이 녹아 있는 대본은 그렇게 해서 탄생했다.

이 영화는 장황한 설명 없이 인물의 대화를 통해 사상과 갈등을 드러낸다. 정약전과 창대가 나누는 대화는 천주교 박해, 신분제, 학문에 대한 태도, 자연관 등을 담고 있고, 큰 전쟁이나 정치적 격변이 아닌 한 섬에서 벌어지는 작은 일상 속의 변화를 그리고 있다. 그럼에도 불구하고 관객을 사로잡는 이유는 인물 간의 역학과 정서의 변화 덕분이다. 정약전이 유배지에서 고립감에 사로잡히다가 창대와 교류하며 사유의 지평을 점점 넓혀가는 과정, 그리고 창대가 지식과 사회 변화에 눈뜨며 성숙해지는 과정이 긴밀하게 짜여진 각본 속 두 사람의 감정선과 생각의 변화를 통해 드러난다.

영화는 '정약전의 유배지 도착 → 창대와의 만남 → 어보 제작 → 이별과 귀양 해제의 소식 → 창대의 반전'이라는 뚜렷한 기승전결 구조를 지닌다. 감정과 사건이 급작스럽지 않고 유기적으로 흐르며, 마지막에는 교차 편집을 통해 각자의 선택을 보여주는 방식으로 여운을 남긴다. 이처럼 각본은 플롯의 설계뿐 아니라 정서적 리듬까지 정교하게 조율한다.

작가는 「자산어보」에서 단지 사실을 나열하는 데 그치지 않고, 그 안에 숨어 있는 '의미'를 발견하고 이를 관객이 공감할 수 있도록 풀어낸다. 세상이 김세겸 작가의 의도를 알아본 걸까. 작가는 이 영화로 한국 영화 평론가 협회에서 주는 각본상을 받았다. 뿐만 아니라 이 영화는 지금도 시나리오 수업이나 글쓰기 워크숍에서 자주 언급되는 텍스트로 자리매김하고 있다.

정약전은 유배된 후에도 자신을 포기하지 않았고 오히려 유배지에서 새로운 삶의 의미를 발견했다. 『자산어보』는 그렇게 탄생한 지식의 결정체였고, 영화는 그 과정을 진정성 있게 조명함으로써 오늘날의 우리에게 묵직한 메시지를 남긴다. 학문은 어디에서 비롯되며, 누구와 함께할 때 비로소 진실해질 수 있는가. 영화「자산어보」는 이 물음을 조용하게, 그러나 깊게 던진다.

500년 왕조도 한순간에 훅 간다

정조가 승하한 1800년 19세기 초입에 정조의 뒤를 이어 안동 김씨와 풍양 조씨가 정국을 이끄는 세도 정치가 도래했다. 정순대비가 순조를 섭정했지만 사실상 권력은 두 가문의 손아귀에 있었다. 민초들은 조선조 역사에서 가장 부패하고 썩은 시대를 겪어야 했다. 안동 김씨 척족들은 국가의 중대사를 본인들의 입맛에 따라 결정했다. 매관매직에 이은 탐관오리의 폭정은 민중의 분노를 임계점에 다다르게 했다. 쌀 한 톨조차 목으로 넘기기 힘들었고 가족은 굶어 죽었으며 폭압적인 수취로 하루하루 목숨을 연명하는 게 기적일 정도였다. 그야말로 살짝만 건드려도 터질 듯한 조선 사회였다. '순조-헌종-철종' 3대 왕조는 조선의 역사에서 가장 가난한 백성들이 살았던 시대라 해도 과언이 아니다.

영화 「군도: 민란의 시대」(이하 군도)는 순박한 백성들이 도적 떼가 되는 이야기를 그렸다. 군도(群盜)는 도적의 무리, 즉 도적 떼를 뜻한다. 그렇다고 해서 영화가 시종일관 우울하고 어두운 것은 아니다. 오히려 코믹한 대사와 설정으로 할리우드 영화 「캐리비안의 해적」 같은 분위기마저 느낄 수 있다. 영화의 감독인 윤종빈도 밝은 톤으로 어두운 시대를 그려보고 싶었다고 언급했다.

뭉치면 백성,
흩어지면 도적

영화는 장이 나누어진 소설처럼 다섯 개의 구조로 되어 있다. 1장은 '지리산 추설'이다. 추설은 도적 떼의 우두머리다. 그의 한마디는 무리의 색깔을 선명하게 말해준다.

"우리는 모두 이 땅의 하늘 아래 한 형제요, 한 자매다. 그러나 세상은 어느덧 힘 있는 자가 약한 자를 핍박하고 가진 자가 가지지 못한 자를 착취하니 우리는 그러한 세상을 바로잡으려고 한다."

조선 후기의 악명 높은 부정부패라 하면 삼정의 문란을 들 수 있다. 세 가지 세금, 전정, 군정, 환곡을 삼정이라 이르는데, 전정은 농사를 지으며 바치는 세금이고 군정은 군역이다. 군역을 면제받으려면 포를 납부해야 한다는 점을 악용해 죽은 자(백골징포), 젖먹이 아이(황구첨정)에게까지 군역을 징수했다. 백성들을 가장 힘들게 했던 것은 환곡이었다. 환곡은 원래 춘궁기에 관아에서 곡식을 빌리고 추곡기에 갚는 구휼 정책인데, 관리들은 구휼제를 고혈 제도로 바꾸어버리는 창조력을 발휘한다. 즉, 엄청난 고리대였단 이야기다.

가혹한 탈취에 지쳐버린 백성은 고향을 떠나 화적 떼나 도적 떼가 되었다. 그저 살기 위해서다. 더 이상 견디기 어려웠던 이들이 곡괭이를 무기 삼아 민란을 일으켰으니 가히 '민란의 시대'라 부를 만하다.

영화는 지리산 추설 패거리가 나주 목사의 회갑연을 터는 장면으로 시작한다. 나주 목사에게 진상품이라 바친 족자에는 정약용의 『목민심서』 한 구절이 쓰여 있다. 암행어사 이몽룡이 변사또의 생신 연회장에서 시 한 구절을 읊자 모두가 사색이 되는 장면이 연상되는 대목이기도 하다. 추설 패거리는 수령을 참수하고 곳간의 곡식을 백성들에게 나누어준다. 단, 실제로는 민란이 일어난 곳에서 수령을 죽인 사례는 거의 없다고 한다. 토호나 지주를 죽이는 일은 있었지만 수령은 임금이 내린 관직이라는 생각이 강해 백성들 앞에서 망신만 주는 걸로 끝냈다.

2장부터 나주 대부호의 아들 조윤(강동원 분)의 이야기가 시작된다. 조윤은 나주 관찰사로, 탐관오리의 전형인 아버지와 아버지가 총애한 기생 사이에 태어난 서자다. 조윤은 풍양 조씨 명문가의 적자로 인정받지 못하다가 배다른 남동생까지 생김으로써 자신이 가지고 있던 지위마저 흔들리게 된다. 그는 동생을 목 졸라 살해하려다 실패하고 이후 급격히 비뚤어진다. 이런 조윤에 대적하는 인물이 백정 출신 돌무치(하정우 분)다. 돌무치는 조윤의 청부 살인 명령을 따르지 않았다는 이유로 어머니와 동생을 화재로 잃는다. 그는 도치로 이름을 바꾸고 조윤의 철천지원수가 되고, 이야기는 개백정 출신의 도치와 대부호 탐관오리 조윤의 대결로 압축된다. 조윤은 빠른 두뇌 회전력과 발군의 로비 기술로 승승장구하며 나주의 '땅귀신'으로 불릴 정도의 대토지 부호로 성장한다.

3장에는 평화로운 지리산 산채가 나오는데 마치 수호지의 양산박 같은 배경이고, 4장에서는 백성을 구하기 위해 관아와 조창을 털어 직접 백성들의 배고픔을 해결해주는 내용이 나온다. 조윤과 도치의 마지막 대결이 점점 다가오고, 둘은 5장에서 마침내 대면한다. 5장은 제목부터 의미심장하다. 사대부가 흔히 말하는 '뭉치면 도적, 흩어지면 백성'을 '뭉치면 백성, 흩어지면 도적'으로 비틀어놓았다. 도치와 조윤의 대결에서 위기에 몰린 도치를 구한 것은 결국 '뭉친 백성'들의 낫과 곡괭이였다.

60년 동안의 세도 정치 기간 중 대표적인 민란으로 1811년 홍경래의 난과 1862년 진주 농민 봉기를 꼽을 수 있다. 이 밖에도 크고 작은 민란이 우후죽순처럼 터져나왔다. 그러나 민란을 이끌 구심점이 없었고 산발적인 항거였다는 한계가 있었다. 철종은 '삼정이정청'을 만들어 삼정의 문란을 개혁하려 했지만 그마저 미봉책에 불과해 실패한다.

지도를 만든 남자

혼란스러웠던 철종 대에 또 하나의 큰 사건이 있었는데, 바로 1861년에 제작된 고산자 김정호의 '대동여지도'이다. 김정호는 오로지 정확한 우리 지도를 만드는 데 혼신의 힘을 바쳤다. 강우석 감독은 자신의 스무 번째 영화 「고산자, 대동여지도」라는 제목으로 김정호를 세상에 내놓았다. 강우석 감독은 영화 「달콤한 신부들」을 시작으로 「행복은 성적순이 아니잖아요」, 「누가 용의 발톱을 보았는가」로 감독으로서의 입지를 다졌다. 이후 「투캅스」, 「공공의 적」으로 흥행 감독이라는 명성을 쌓고, 천만 영화 「실미도」로 한국 영화계의 대표 감독으로 우뚝 섰다.

그런데 산전수전 다 겪은 노련한 감독도 이 영화를 앞두고는 상당히 긴장된 모습이 역력했다. 거기에는 다 이유가 있었다. 영화 개봉 직전에 터진 소문 때문이었다. 식민 사관의 입장에서 영화의 스토리가 구성되었다는 소문이 온라인상에 퍼진 것이다. 김정호의 일대기를 다룬 영화에 식민 사관이 개입되어 있다니? 의구심에 진상을 알아보니 이러했다.

일제 강점기 육당 최남선은 조선을 빛낸 인물 중 지리 분야에서 김정호를 꼽았다. 그는 1925년 「동아일보」 기사에서, 김정호가 전국 방방곡곡을 직접 답사하며 지도를 제작했고, 일곱 차례나 백두산에 올랐고, 이후 조선 정부에 의해 완성된 목판을 몰수당했다는 세 가지 설을 주장했다. 최남선의 의도는 지도의 정확성과 김정호의 헌신을 널리 알리려는 것이었다.

그런데 1930년대 조선인들을 교육한다는 명목하에 일본이 만든 교과서 『조선어 독본』에서 이 기사를 조작해 조선 정부와 조선인을 깎아내리는 내용으로 바꾸어 실었다. 김정호는 조선의 지도가 엉망으로 만들어져 있어 애를 먹었고, 조선 정부는 자신들의 무능함을 감추기 위해 목판을 모조리 몰수해 불태웠으며, 심지어 김정호가 만든 지도가 적에게 정보를 제공한다는 이유로 김정호 부녀를 옥에 가두어 굶어 죽게 했다는 식이다.

무지한 조선 정부를 일본이 이만큼 근대화시켜주었다는, 이른바 식민지 근대화론을 뒷받침하기 위한 도구로 김정호의 일화가 차용된 것을 영화의 기본 스토리로 했다는 게 인터넷에 퍼진 주장이었다. 한마디로 해프닝이었다.

영화 시사회 때 강우석 감독은 마이크를 잡고 '혹시 식민 사관으로 이 영화가 만들어졌다고 생각한다면 개봉 첫 타임 때 보아주길 바란다. 절대 그렇지 않다. 이 영화에 있는 건 코미디고 없는 건 식민 사관이다'라고 호소했다. 이와 같은 노력에도 불구하고 영화는 아쉽게도 흥행에 실패했다. 백만이 조금 넘는 관객이 관람해 손익 분기점에 한참 모자란 스코어를 기록하고 극장에서 재빨리 내려졌다.

그런데 흥행이 부진했던 이유는 식민 사관 영화라는 소문 때문만은 아니었다. 순전히 영화 자체의 재미와 흥미가 부족한 데에도 이유가 있었다. 강우석 감독의 연출력이 올드해진 게 아니냐는 성급한 독설도 흘러나왔다. 하긴 영화 중간에 김정호 역을 맡은 차승원이 당시 출연 중인 방송 프로그램 「삼시 세끼」를 연상시키는 "삼시 세끼는 먹고 다니냐?"라는 대사를 쳤을 때는 움찔했다. 요즘 말마따나 아재 개그 같기도 하고, 김정호라는 인물에게 몰입하는 데 방해되는 느낌이 들었다. 관객들은 킥킥거렸을지 몰라도 고산자의 땀내 나고 눈물겨운 역정이 값싼 유머로 증발해버렸다.

김정호에 관한 기록은 모든 사료를 다 모아도 A4 용지 한 장 정도밖에 되지 않는다. 그래서 창작자에게는 상상의 공간이 더 클 수 있고, 반대로 부담스러울 수도 있다. 참고로, 한국사 교과서에는 김정호에 대해 단 두 줄만 언급되어 있다.

김정호의 호는 고산자(古山子, 옛 산의 아들)다. 김정호는 정조가 승하하고 4년이 지나 세도 정치가 본격적으로 시작되는 순조 4년(1804년)

에 황해도 토산(兎山)에서 출생했다. 출신은 중인이라고도 하고 몰락한 잔반 혹은 평민이라고도 하는데, 정확하게 밝혀진 바가 없다. 다만, 규장각에 있는 『봉상잡록』에 '김겸정호(金傔正浩)'가 평안도에 갔다는 기록이 있다. 일반적으로 '겸(傔)'은 양반댁 집사를 가르키는 말로 아마도 평민이 아니었을까 추정하기도 한다.

영화에서는 아버지가 잘못 그려진 지도를 보고 전쟁에 나갔다가 동사한 것을 계기로, 김정호가 정확한 지도를 만들어야겠다는 결심을 하게 된 것으로 그리고 있다.

김정호는 초기에는 지리지, 즉 인문적 성격을 띤 지리 정보를 만들다가 이후 지도에만 전념한다. 그는 대동여지도를 만들기 전에 이미 청구도, 동여도 등을 제작해 지도 제작의 내공을 다듬는다. 1861년 철종 때 대동여지도의 초간본이 제작되었고, 고종 원년에 재간본이 발행되었다. 당시의 실학자 최한기나 고위 관료 신헌의 도움도 컸다.

우리가 대동여지도를 높게 평가하는 이유가 정확성 때문만은 아니다. 그보다는 높은 수준의 지리 정보를 대량 생산이 가능하도록 목판으로 인쇄해서 보급한 점에 더 큰 의의를 둔다. 이는 마치 컴퓨터의 주요 프로그램과 백신을 모든 네티즌들에게 무료로 보급한 것과 같은 이치다. 그는 정보의 민주화를 실천적으로 보여주었다.

또한 대동여지도는 분첩 절첩식으로 휴대가 간편하다는 커다란 장점을 가지고 있었다. 대동여지도는 전체 크기가 세로 6.7미터, 가로 3.8미터의 대형 지도로서 휴대하기 불편하다. 그런데 이것을 남북으로 총 22첩, 동서로 다시 20센티미터 간격으로 접을 수 있게 만든 것이다. 짚신 수백 켤레가 해지고, 백두산을 수차례 등정한 것보다 더 위대한 점은 바로 여기에 있다.

영화는 김정호와 흥선대원군을 위시한 정치 권력과의 대립 구도로 전개된다. 당시 조선의 정치 지형은 안동 김씨와 풍양 조씨가 권력을 쥐락펴락하는 세도 정치 시기였고, 흥선대원군은 도광양회(韜光養晦), 즉 남몰래 힘을 기르는 중이었다. 두 세력은 김정호의 지도를 놓고 팽팽한 신경전을 벌인다. 지도를 가진 자가 권력을 장악한다 생각했기 때문이다. 흥선은 김정호의 목판본을 손에 넣는 데 혈안이 된다. 하지만 김정호는 지도가 누군가의 독점물이 되는 것을 반대했다. 그는 만백성들에게 지도를 공개하면서 권력에 맞선다.

영화의 발군은 역시 '차줌마' 차승원이다. 그는 자칫 무겁고 엄숙해 보일 수 있는 인물을 생동감 있고 입체적으로 그려냈다. 특유의 유머도 극 중간에 잘 녹여냈다. 강우석 감독이 김정호의 초상화를 들어 보이며 차승원과의 싱크로율이 매우 높다고 기자들에게 직접 보여주기도 했다. 차승원은 맨 처음에 캐스팅 제안을 거절해 대감독을 노심초사하게 만들기도 했단다.

「고산자, 대동여지도」는 강 감독의 첫 사극 영화였기에 고민이 많았다고 한다. 하지만 이번에 이 작품을 만들지 않으면 평생 후회할 것 같아서 투자 배급사인 씨제이 측에 강하게 제작 의지를 보였다고 한다.

완성도 면에서 조금은 아쉽지만 영화의 미덕은 따로 존재한다. 대한민국 팔도를 큰 스크린에서 마음껏 감상할 수 있는 호사가 그것이다. 일단 촬영에만 무려 9개월의 노력을 쏟았다. 대한민국의 절경과 경치를 영화만이 담을 수 있는 대형 스크린에 재현해냈다. 감독은 백 번 올라가야 두 번 천지를 본다고 해서 백두산이라 이름 붙인 거라는 너스레를 떨면서 차승원이 백두산 천지에 올라 촬영한 그림 같은 영상을 자랑했다.

독도에 대한 에피소드도 빼놓을 수 없다. 일본은 김정호의 지도에 독도가 표시되지 않아 독도를 자신의 영토라 주장하는 근거로 삼았는데, 국사 편찬 위원회가 대동여지도 필사본(일본 국립 도서관 박물관 소장)에 독도가 있음을 확인하고 공식 발표하기도 했다. 영화에도 김정호가 직접 독도에 건너가 답사하는 감동적인 모습이 나온다.

한 사람의 노력만으로 암울해져가는 거대한 시대의 수레바퀴를 멈추기에는 역부족이었다. 심지어 힘을 합친 백성들의 난으로도 불가능한 일이었다. 그렇지만 누구보다 세상을 사랑했던 한 사람이 있었다. 백성의 어려움과 고초를 이해했던 사람, 우직한 걸음으로 평생을 한 길로 걸은 사람, 그가 김정호다.

제9강

고종과 순종

덕혜옹주

1912년 덕혜옹주 태어나다

1919년 고종 승하

1925년 일본 유학을 강요받다

1926년 순조 승하

1931년 소 다케유키와 정략 결혼하다

1946년 정신병원에 들어가다

1962년 고국으로 돌아오다

1966년 세상을 뜨다

망국의 설움,
민족 비극의 시작

영화 「덕혜옹주」는 허진호 감독의 역사 '판타지' 멜로물이다. 판타지 영화라고 굳이 강조한 이유는 '조선 왕조가 멋있게 망했고, 왕조의 후예들은 거칠게 반항했으며, 조선의 마지막 공주는 일본에 끝까지 저항했다면'이라는 희망 사항을 스크린에 옮겨놓았기 때문이다. 결론부터 말하면, 망국 왕조의 후계자들은 나라를 되찾기 위해서 거의 아무것도 하지 않았다. 슬프고 참담하지만 역사적 팩트다.

영화에서는 영친왕을 상해 임시 정부로 망명시키기 위해 덕혜옹주까지 목숨을 걸고 나서서 '영친왕 빼돌리기 작전'을 돕는다. 또한 덕혜옹주는 재일 조선인 노동자 앞에서 거침없는 대일 선동 연설도 한다. 영화는 러닝 타임 내내 조선 왕족을 찬양하고 미화한다. 무력하게 나라를 빼앗겼고 그 후 단발마적인 반항 한번 해보지 못한 못난 왕족에 대해 영화는 애써 눈 감아버린다. 감독은 '500년 왕조의 최후가 최소한 이 정도는 되어야지.'라고 믿고 싶었던 게 아닐까.

영화는 관객 수 500만의 흥행 기록을 달성했다. 사실 이렇게까지 선전할 거라고 예상하지 못했다. 원작 소설이 베스트셀러이긴 했지만 대한 제국의 마지막 황녀라는 흥미로운 소재 말고는 드라마틱한 반전의 감동을 주기에 이야기가 10% 부족한 점이 없지 않았다. 나라 잃은 옹주의 슬픈 왕족사인 소설 『덕혜옹주』를 어떻게 장편 상업 영화 코드로 만들어냈을까? 게다가 섬세한 멜로 영화의 대가 허진호 감독이라 하니 더더욱 궁금했다. 허 감독이 찾아낸 방법은 무력한 조선 왕가를 독립 운동의 왕조로 바꾸는 것이었다.

덕혜옹주는 이미 여러 대중 매체에서 선보였던 소재다. 윤석화가 주연한 연극도 있고, 광복절 특집 드라마로도 방영된 적이 있어 우리에게 아주 낯설지만은 않다. 덕혜옹주를 다시 한 번 역사의 무덤에서 끄집어낸 건 소설가 권비영의 작품 『덕혜옹주』였다. 다음은 작가의 말이다.

> 쓰지 않고는 견딜 수 없는 이야기였습니다. 고종 황제의 고명딸로 태어났지만 황녀로서의 고귀한 삶을 살지 못했던 여인의 이야기를 들었을 때 흔적도 없이 잊힌 그 삶이 너무 아파 도저히 떨쳐낼 수 없었습니다.

소설 이전에 덕혜옹주의 생애를 다룬 책이 있었다. 부끄럽지만 일본 작가에 의해서다. 혼마 야스코가 쓴 이 책의 제목은 『덕혜희(德惠姬)』다. 그녀는 일본 문학을 공부하는 학자로, 일본 여성사를 연구하다가 우연히 조선의 덕혜옹주를 알게 되었다고 한다. 이 책은 두 챕터로 구성되어 있다. 하나는 덕혜옹주의 삶에 관한 것이고, 또 하나는 문학도답게 덕혜옹주와 정략적으로 결혼한 소 다케유키가 쓴 시에 관해 자세하게 설명해놓은 것이다.

혼마 야스코는 덕혜옹주를 정신병으로 몰아 정신 병원에 감금하고 새장가를 간 악덕 남편으로 알려진 소 다케유키를 시종일관 변호한다. 대마도 번주의 후손인 소 다케유키는 실제로는 다정다감한 성격에 덕혜옹주를 사랑했다고 한다. 그는 그녀를 위해 여러 편의 시를 짓기도 했다. 영화는 소 다케유키를 선악의 구별이 힘든 무색무취의 캐릭터로 표현했다. 하지만 여러 자료에서 볼 때 소 다케유키가 덕혜를 끔찍이 사랑한 것은 사실인 듯싶다. 그가 쓴 아내를 그리워하는 노래의 한 구절을 옮겨본다.

미쳤다 해도 성스러운 신의 딸이므로
그 안쓰러움은 말로 형언할 수 없다.
혼을 잃어버린 사람의 병구완으로
잠시 잠깐에 불과한 내 삶도 이제 끝나가려 한다.

비극적인 삶과 죽음

옹주란 왕의 후궁이 낳은 여식을 말한다. 조선의 제26대 왕인 고종은 명성황후에게서 순종을 낳는다. 이후 장씨와 엄비에게서 이강(의친왕)과 이은(영친왕)을, 복녕당 양귀인에게서 덕혜옹주를 얻는다. 환갑에 얻은 딸이니 얼마나 예뻤을까? 고종은 생후 50일도 안 된 갓난아이를 왕의 침전으로 데려오곤 했다. 다분히 왕실 법도를 무시한 행동이지만 그는 개의치 않았다.

덕혜는 조선이 외세에 의해 국권을 상실하고 식민지가 되어가는 모습을 온몸으로 겪고 보아야 했다. 당연히 제정신으로 버티기 어려웠으리라. 영화 속에서는 해방 후 귀국이 좌절되자 정신병을 앓은 것으로 나오나, 실제로는 결혼 전부터 조현병으로 정상적인 생활이 어려웠다. 덕혜의 정신병에 대해서는 아직도 의견이 분분하다. 덕혜의 딸도 비슷한 병을 앓다가 자살한 걸로 보아 유전적인 문제가 있었다고도 하고, 극도의 정신적 스트레스로 인해 병을 얻게 되었다고 보는 사람도 있다.

덕혜옹주는 조선이 일본에 합방된 지 2년쯤 된 1912년 덕수궁에서 태어났다. 일본은 조선 황실의 자취를 완전히 지워버리고자 그녀의 오빠 영친왕에 이어 13세의 어린 덕혜마저 일본으로 유학을 보낸다. 일본은 강점 초기에는 조선 왕실을 우대해준다. 영친왕이 일본에 도착했을 때 일본 왕세자가 직접 마중을 나오기도 하고, 재정적으로 상당한 지원을 해주기도 한다. 영친왕은 일본에서 골프를 치거나 여행을 다니며 소일했다. 빼앗긴 조국에 대한 아픔이야 왜 없었으랴. 왕조의 관점에서 보면 제 나라인데 말이다. 그러나 마음만 그러할 뿐 어떤 구체적 행동이나 저항은 일절 하지 않는다.

영화는 한 가지 역사적 사건에 주목해 가상의 이야기를 확대 재생산한다. 영친왕 내외는 1927년 5월 유럽 여행을 계획했다. 당시에는 유럽을 가려면 반드시 상해를 거쳐야 했다. 그로부터 몇 해 전 의친왕의 망명 기도 사건도 있던 차여서 일본은 잔뜩 긴장했다. 만에 하나 영친왕이 상해 임시 정부와 접촉하거나 망명이라도 한다면 후폭풍이 어마어마하리라 판단했다. 임시 정부 내에서도 갑론을박이 이어졌다. 이시영 등의 보수 정객들은 행여 영친왕의 신상에 무슨 문제가 있을 수 있음을 들어 결사반대했다. 이 와중에 영친왕을 납치하기로 결심한 한 사람이 있었으니, 그가 바로 김구다. 김구는 다른 나쁜 뜻이 있어서가 아니라 침체된 상해 임시 정부의 분위기를 바꿀 계기를 마련하려고자 영친왕을 납치하려 했다. 다행인지 불행인지 이 작전을 조선인 스파이가 일본 영사관에 밀고하면서 실행되지 못했다. 영화는 상해 임시 정부의 영친왕 납치 기도 사건을 극적으로 구성한 것이다.

부끄러운 것도 역사다

혹시라도 젊은이들이 영화 「덕혜옹주」를 보고 조선 왕실의 후손들이 목숨을 건 독립 운동을 한 것으로 잘못 이해하지 않았으면 한다. 부끄러움도 역사다. 의친왕이 상해로 망명하기 위해 임시 정부와 접촉을 시도하다가 발각된 게 황실이 뭔가를 하고자 했던 거의 전부다. 해방 후에도 조선 왕실은 국민들로부터 외면당했다. 그들이 손 놓고 있을 때 국민들은 식민지 치하에서 신음하고 있었기 때문이다. 그래서 우리는 세계사에 유례 없는 500년 역사의 왕조를 가지고 있음에도 이 왕실이 영국이나 일본처럼 존경받지 못했다.

이승만은 해방 후 영친왕과 덕혜옹주를 우리나라로 다시 부르지 않았다. 혹시라도 옛 왕실을 중심으로 국민들이 뭉쳐 자신의 통치를 방해할까 우려한 것이다. 이승만 정권 내내 덕혜는 그토록 가고 싶어

한 고국 땅을 밟지 못한다.

박정희가 쿠데타에 성공해 국가 재건 최고 회의 의장직을 맡고 있을 때였다. 영화에서는 평생 덕혜옹주를 지켜주는 독립 운동가 김장한이 한국의 신문 기자가 되어 등장한다. 김장한은 덕혜옹주를 고국으로 불러달라고 간청한다. 그는 "혁명 정부를 지지하진 않습니다."라고 미리 선을 그은 뒤 당시 혁명 정부의 수장이었던 박정희에게 부탁한다. 굳이 혁명 정부를 지지하지 않는다는 대사를 넣은 부분은 지금의 젊은 관객을 의식한 게 아닌가 싶다. 실제 인물인 김을한 특파원은 친박정희 언론인이었다. 영화는 독립 운동가 김장한과 『조선의 마지막 황태자 영친왕』의 저자이며 서울신문의 일본 특파원이었던 김을한, 두 사람을 하나로 합쳐 덕혜옹주를 사랑한 가공의 남자를 만들었다.

일본은 영친왕에 이어 덕혜도 일본으로 보낼 심산이었다. 왕실의 피붙이들이 국내에 있다면 아무래도 민심에 영향을 줄 수 있고 독립 운동의 상징적인 명분으로 삼을 수 있기 때문이다. 고종은 이 점이 몹시 불쾌하고 불안했다. 어느 날 고종은 한 가지 꾀를 낸다. '그래, 덕혜를 빨리 혼인시켜야겠다.'하고 결심하고는 자신의 심복인 김시종(김을한의 백부)을 시켜 적당한 사람을 추천하라 이른다. 김시종은 고종과 덕혜의 운명에 가슴 아파하며 급히 배필감을 찾고, 결국 소개해준 사람이 김을한의 아우(영화에서는 김장한, 박해일 분)였다.

이 영화의 미덕은 우리가 별생각 없이 둘러보았던 경복궁과 덕수궁이 아픈 역사를 안고 여전히 우리 곁에 존재한다는 것을 환기시켜 주는 데 있다.

고종의 무능함을 비난하지만 과연 세종이 등극했다 한들 그 험난한 시대의 파고를 헤쳐나갈 수 있었을까? 외세가 밀어닥치는데 조선 왕실은 구태의 유산을 고스란히 이어받았다. 영화는 고종의 독살설도 기정사실화한다. 헤이그 만국 평화 회의에 밀사를 보내고, 파리 강화 회의에 특사를 보내려고 시도하는 고종을 저지하고자 일제가 독살한 것으로 표현된다. 고종이 마지막까지 조선의 국권 회복을 위해 노력한 것만은 분명해 보인다. 그것이 효과적이었는지, 역사적 흐름과 일치했는지를 차치하고라도 말이다.

손예진은 영화 「비밀은 없다」의 흥행 참패 이후 「덕혜옹주」가 배우 인생에서 꽤 중요한 분기점이었다. 혼신의 힘을 다해 연기를 펼쳤고 노년의 덕혜를 매우 현실감 있게 보여주었다.

영화의 마지막 장면에서 덕혜와 김장한이 덕수궁을 거닐면서 오열하는 장면은 허 감독의 감성적 연출 재능을 볼 수 있는 씬이다. 이 장면에서 많은 관객이 눈시울을 적셨다. 만약 조선 왕조의 마지막 후예들이 실제로 목숨을 바쳐 독립을 위해 싸우고 일제에 치열하게 항거했더라면 영화 「덕혜옹주」의 감동이 수십 배는 더 커지지 않았을까.

▲ 소학교 시절의 덕혜옹주

제10강

일제 강점기

(1920년대)

봉오동전투/밀정

1907년 고종, 강제 퇴위당하다

1910년 경술국치, 나라를 빼앗기다

1919년 3·1운동이 일어나다

의열단이 만들어지다

1920년 독립 무장투쟁이 활발해지다

어제의 농사꾼이 오늘의 독립군

해철(유해진 분)은 봉오동 결전을 앞두고 동굴에서 하룻밤을 지새운 동료들에게 일본군이 독립군의 숫자를 정확히 파악하지 못하는 이유를 이렇게 설명한다.

"전국의 독립군 수는 알 수가 없어. 왠지 아네? 어제 농사짓던 인물이 오늘은 독립군이 될 수 있다, 이 말이야. 나라 뺏긴 설움이 우릴 복받치게 만들고 잡아 일으켜서 괭이 던지고 소총 잡게 만들었다, 이 말이야!"

정직하고 솔직하게 그 시대를 살아가는 누구나 독립군이 될 수 있었던 시대였다.

원신연 감독은 「독립신문」에 실린 봉오동전투의 간략한 기사 내용을 기초로, 일본 정규군과 처음으로 본격적인 전투를 벌여 승리를 거둔 봉오동전투를 영화로 만들었다.

1919년 2천만 동포 중 2백만 명이 3·1 운동에 참여했다. 한 집에서 한 명은 나간 셈이다. 만세 운동은 일제 강점기 조선인들의 민족과 자주 의식을 크게 일깨운 대규모 독립 운동이었다. 전국 각지에서 펼쳐진 평화 시위는 일제의 잔혹한 탄압에도 불구하고 국민들의 저항 의지를 불러일으켰다. 비록 시위 자체는 무력했고 일제의 총칼 앞에서 많은 희생자가 발생했지만, 이는 국내외에 조선인의 독립 열망을 알리는 계기가 되었다.

3·1 운동 이후 국내외 독립 운동 세력은 무장 투쟁의 필요성을 절감하며 전략적 변화를 모색한다. 만주와 연해주 지역에서 독립군 부대들이 조직되고, 의열단, 청산리대첩 등을 통해 직접적인 무력 저항이 본격화된다. 1920년대는 이런 무력 투쟁이 독립 운동의 주요 방식으로 자리 잡은 시기로, 봉오동전투와 청산리전투는 독립군의 전술적 승리이자 전면적 저항의 상징으로 기록되었다.

1920년대 만주와 연해주는 조선 독립군의 중심 무대였다. 이곳의 광활하고 험준한 지형은 독립군에게 일본군의 추격을 피할 수 있는 안전한 은신처를 제공했다. 또한 중국과 러시아 국경에 인접해 국제 정세 변화에 민감했기에 조선 독립군들은 이 지역에서 조직적이고 체계적인 무장 투쟁을 펼칠 수 있었다. 만주에서는 여러 독립군 부대가 연합해 일본군과 대적했고, 연해주 역시 독립 운동가들의 주요 거점이 되었다.

독립군이 일본군을 상대하기 위해서는 세 가지가 요소가 필요했다. 치고 빠질 수 있는 빠른 기동력, 지형지물을 이용한 공격과 수비, 그리고 지역 주민들과의 연계를 통한 정보가 그것이다. 이들을 활용한 전술은 독립군의 주요 전투 형태가 되었다.

봉오동전투의 영웅 홍범도(1868~1943)는 정미의병 때 포수로서 독립 운동을 시작해 어느덧 만주와 연해주의 맹장이 되었다. 홍범도는 일제 강점기 조선의 대표적인 독립군 지도자이자 무장 투쟁의 상징적 인물이다. 그는 평안북도 정주 출신으로, 어린 시절 농민 집안에서 태어나 일찍부터 서민들의 고통을 체험하며 성장했다. 머리보다 몸으로 배운 그는 탁월한 사냥꾼이고 뛰어난 포수였다. 산과 들을 누비며 사냥감을 쫓던 경험은 훗날 독립군 무장 투쟁에서 결정적인 무기가 되었다. 자연과 함께한 그의 삶은 민초의 고통과 희망을 온몸으로 체득하는 시간이기도 했다. 그는 일찍이 의병 활동에 참여하며 무장 투쟁에 뜻을 두기 시작했고, 1907년 정미의병 봉기 이후 독립 운동에 헌신하는 삶을 선택하며 만주로 이동해 무장 독립군으로 거듭났다. 홍범도는 특유의 용맹함과 뛰어난 전략가적 자질로 독립군 사이에서 빠르게 두각을 나타냈다.

1908년 홍범도는 대한 독립군 사령관으로서 만주를 넘어 일본군이 거주하는 함경북도 경계를 넘나들며 일제에 대한 기습 공격과 추격전을 펼쳤다. 또한 일본군의 병참선을 교란시키고, 친일 세력을 타격하는 등 적극적인 무장 투쟁을 전개했다. 일본군은 독립군뿐 아니라 그 가족과 주변인들까지 가차 없이 탄압했다. 홍범도 역시 개인적 비극을 겪었다. 그의 부인과 아들이 일본군과 친일 경찰의 잔혹한 공격으로 희생당한 것이다. 가족을 잃은 아픔은 홍범도에게 큰 상처를 안겨주었다.

1920년은 홍범도의 독립군 활동에 있어 전환점이 된 해다. 그는 그 해 6월 봉오동전투에서 지휘관으로 나서 병력 열세에도 불구하고 일본군 정규 부대를 기습해 대승을 거두었다. 이 전투는 일제 군대의 무적 신화를 깨뜨린 첫 전투 중 하나였으며, 독립군 사기를 크게 북돋았다. 이어 같은 해 가을 청산리전투에서는 연합 독립군을 이끌고 일본군의 진격을 효과적으로 막아냈다. 청산리전투는 봉오동전투보다 규모가 컸고 일본군의 보복도 더욱 거셌지만, 홍범도의 용맹과 뛰어난 전략으로 독립군은 또 한 번 승리를 거두었다. 봉오동전투와 청산리전투는 한국 독립 운동사에서 '두 개의 대첩'으로 불리며 민족 자존의 상징으로 자리매김했다.

그는 독립군 내에서 평등과 단결을 중시했고, 부대원들과의 강한 신뢰 관계를 구축했다. 이런 인간적인 면모와 탁월한 리더십은 독립군 사기 진작에 크게 기여했다. 그는 단순히 전투 기술에만 능했던 것이 아니라, 독립군 조직을 체계화하고 외부와의 협력 체계를 구축하는 데에도 힘썼다. 그는 러시아 혁명 후 연해주 일대에서 활동하며, 독립 운동 단체 간의 연대를 도모하는 등 정치 · 군사적 역량을 폭넓게 발휘했다.

하지만 그의 개인적 삶은 순탄하지 않았다. 청산리전투 등에서의 승리에도 불구하고, 국제 정세와 일본군의 압박은 독립군 활동을 점점 어렵게 만들었다. 이후 홍범도와 독립군은 러시아 혁명과 소련 정부의 변화 속에서 수난을 겪었고, 결국 1940년대 초 소련으로 이주할 수밖에 없었다. 그는 말년을 중앙아시아의 카자흐스탄에서 보냈으며, 1943년에 그곳에서 생을 마감했다. 비록 독립을 보지 못했지만 홍범도의 투쟁과 희생은 대한민국 독립 운동사에서 불멸의 업적으로 남아 있다.

홍범도의 일대기는 평범한 농민 출신이 민족의 자유와 독립을 위해 일생을 바친 서사로, 무장 투쟁의 역사뿐 아니라 민중의 의지를 대표하는 상징으로서 후대에 큰 울림을 준다. 2020년 9월 대한민국 정부와 국민의 염원 속에 홍범도의 유해가 77년 만에 고국으로 귀환해 국립 대전 현충원에 안장되었다. 이는 단순한 유해 봉환을 넘어 민족의 자존과 역사를 바로 세운다는 의미를 담고 있다.

영화 「봉오동전투」는 1920년 6월 홍범도가 이끄는 독립군이 봉오동 지역에서 일본군 정규 부대를 상대로 승리를 거둔 전투를 극적으로 그린 작품이다. 영화는 독립군의 결성 과정과 훈련, 그리고 일본군의 봉오동 진격 계획을 긴장감 있게 묘사한다. 특히 산악 지형을 이용한 독립군의 매복 작전과 치열한 백병전 장면이 일품이다.

1920년 6월 일제 강점기하에서 한국 독립군들은 만주 지역을 중심으로 조직적인 무장 투쟁을 전개하고 있었다. 당시 일본군은 조선인 독립 운동 세력을 무력으로 탄압하고 그 근거지를 제거하기 위해 대대적인 군사 작전을 준비했다. 특히 독립군의 주요 거점인 봉오동 일대는 일본군에게 전략적으로 매우 중요한 지역이었다. 홍범도를 위시한 독립군은 일본군의 움직임을 면밀히 감시하며 일본군이 봉오동으로 진격할 것임을 파악했다. 이에 독립군은 일본군을 유인해 산악 지형을 최대한 활용한 매복 작전을 계획했다. 봉오동의 깊고 험준한 산골짜기는 독립군에게 자연스러운 방어와 기습의 최적지가 되었다.

영화는 세 명의 주요 인물을 중심으로 전개된다. 냉철한 독립군 황해철(유해진 분), 뛰어난 저격수 마병구(조우진 분), 그리고 젊은 독립군 이장하(류준열 분)가 그들이다. 해철과 병구는 독립군 자금을 모으는 임무를 수행하다가 일본군의 함정에 빠진다. 가까스로 위기를 모면한 이들은 일본군이 쳐들어오고 있다는 정보를 봉오동에서 대규모 전투를 준비하던 이장하에게 알려주며 합류한다. 성격도 전술도 다른 이 세 사람은 일본군을 봉오동 골짜기로 유인하기 위한 위험천만한 작전을 세운다. 해철은 특유의 거친 입담과 실전 경험으로 일본군을 도발하고, 병구는 뛰어난 저격술로 원거리에서 적을 제거하며 아군을 돕는다.

영화에는 유독 통쾌하고 시원한 장면이 하나 있다. 개인적으로 스트레스가 쌓이고 답답할 때 이 영상을 찾아보며 위안을 받는다. 비록 허구의 장소이지만 이장하가 일본군을 고려령 중턱으로 유인해 숨겨둔 독일제 맥심 기관총을 꺼내 들고 난사하기 시작한다. 일본군들이 추풍낙엽처럼 쓰러진다. 이 장면은 마치 동학 혁명 당시 일본군들이 죽창밖에 없는 우리 농민들에게 갈겨댔던 기관총 사살에 대한 처절한 보복과 응징으로 느껴지기도 한다.

1920년 6월 7일부터 일본군은 봉오동으로 진격하기 시작했고, 조선 독립군을 소탕하고자 1,500여 명의 정규군을 투입했다. 하지만 일본군은 봉오동 주변의 지형과 독립군의 움직임을 과소평가했다. 홍범도와 그의 부대는 일본군이 진격하는 길목에 매복해 일제히 공격을 감행했다. 독립군은 봉오동의 계곡과 능선을 따라 은밀하게 자리 잡고 있었다. 이들은 일본군이 좁은 계곡을 통과하는 순간 사격을 가해 혼란에 빠뜨렸다.

전투는 수일간 지속되었고, 독립군은 유기적인 협력과 신속한 움직임으로 일본군을 압박했다. 독립군은 기습과 매복, 근거리 전투를 적절히 섞어가며 일본군의 보급로와 후퇴로를 차단했다. 특히 포수였던 홍범도의 뛰어난 사격 능력과 지휘력이 산악 지형에서 더욱 빛을 발하며 일본군에게 큰 타격을 주었다. 일본군은 예상하지 못한 강한 저항과 계속된 피해에 혼란에 빠졌고, 결국 봉오동전투에서 큰 피해를 입고 후퇴할 수밖에 없었다. 공식 기록에 따르면, 일본군은 450여 명의 사상자가 나왔으며 일부 병력은 전사하거나 부상당해 전열이 붕괴되었다. 반면, 독립군의 피해는 10여 명에 불과했다.

봉오동전투는 일제 강점기 독립 운동 역사에서 매우 중요한 전환점이 되었다. 이 전투는 독립군의 전술적 우수성을 보여주었고, 산악 게릴라전의 효과를 극명하게 증명했다. 전투의 승리는 독립군의 사기를 드높였고, 국내외 독립 운동 세력과 민중에게 큰 희망을 주었다. 나아가 이 승리로 하여금 일제의 조선 지배가 녹록지 않음을 국제 사회에 전달할 수 있었다.

원신연 감독은 영화에서 '어떻게' 전투가 이루어졌는지보다 '왜' 독립군이 싸웠는지에 집중하려 했다고 밝혔다. 이는 독립군이 조국을 되찾기 위한 거룩한 전쟁에 뛰어들었음을 강조하려는 의도였다. 주요 인물인 황해철과 이장하는 실존 인물의 이름을 따왔으며, 영화는 분절적인 커트보다 긴 호흡의 롱테이크를 선택했고, 실내 세트장을 탈피해서 주로 야외 촬영을 하며 자연광을 활용해 현실감과 몰입감을 높일 수 있었다. 특이한 점은 일본 군인 역할로 잘나가는 일본 배우를 캐스팅했다는 사실이다. 일본인 입장에서는 쉽지 않은 결정이었을 텐데 말이다. 월강 추격대 대장 역을 맡은 기타무라 가즈키는 당시 일본 기린 맥주의 모델이었는데, 이 영화 출연 후 계약 해지를 당했다는 후문이 있다.

일본은 봉오동에서 예상하지 못한 패배를 겪고 그 분을 참지 못해 곧장 대학살이라는 보복 작업에 착수한다. 그들은 1920년 10월 훈춘 사건을 조작하고 만행을 저지른다. 일본군은 마치 조선인 독립군이 중국 훈춘에 주둔한 일본 영사관을 습격한 것처럼 위장해 이를 빌미로 간도 지역에 대한 전면적 군사 작전을 단행한다. 이로 인해 10월 중순 독립군과 일본군은 청산리 일대에서 다시 일대 접전을 벌이게 된다.

청산리대첩(1920. 10. 21~26)은 김좌진이 이끄는 북로 군정서와 홍범도의 대한 독립군, 그리고 다른 부대들이 연합해, 만주의 백운평, 완루구, 고동하 등에서 일본군과 10여 차례의 전투를 벌여 일본군 3천여 명을 사살하고 압도적인 전과를 거둔 전투다.

하지만 승전 뒤에 아주 참혹한 일이 기다리고 있었다. 바로 간도 참변이다. 청산리대첩의 대패로 분노한 일본군은 곧장 간도 지역의 조선인 사회에 무차별적인 보복 학살을 감행했다. 일본군이 간도 전역의 조선인 마을을 급습하고 방화, 약탈, 학살을 자행해 여성과 어린이를 포함한 수천 명의 민간인이 잔혹하게 희생되었다. 이는 일본이 청산리대첩의 패배를 간접적으로 시인한 것이나 다름없었으나, 조선인들의 피해가 너무 컸고 더 이상 주민들의 협력을 기대하기 어렵게 되었다.

독립군은 만주 내에서의 지속적인 거주와 활동이 불가능하다고 판단해 러시아 연해주 지역으로 이동하기 시작한다. 이 과정에서 독립군은 최대 위기를 맞는다. 조직 간에 갈등과 내부 분열이 일어났는데, 우리에게는 부끄러운 역사인 자유시 참변이 그것이다.

1921년 무장 독립군은 러시아 연해주 지역에서 소비에트 적군에 협조해 조직적 훈련과 재정비를 도모한다. 그 중심지는 러시아 자유시(스보보드니)였다. 이곳으로 4천여 명에 이르는 독립군이 모여들었고 대한 독립군단이라는 통합 조직이 구성되었으나 내부는 복잡한 정파 싸움으로 분열되고 있었다. 특히 이상설 계열의 군정서, 박용만 계열의 서로 군정서, 안창호 · 신채호 계열의 신민회 출신 등 다양한 성향의 인사들이 군권과 지휘 체계를 두고 갈등했다.

러시아 적군은 이를 틈타 독립군의 무장 해제를 시도했고 이에 저항하는 일부 부대에 무력을 행사했다. 이로 인해 1921년 6월 28일 수백 명의 독립군이 희생된 참혹한 사건이 벌어졌는데, 이를 자유시 참변이라 부른다. 이는 외부 세력에 의한 무장 탄압인 동시에, 내부 갈등이 불러온 자멸의 비극이었다.

자유시 참변 이후 생존한 독립군 잔여 세력은 만주로 복귀하거나 뿔뿔이 흩어졌다. 그러다 다시금 독립군의 재조직화와 재편성을 시도한다. 그 결과 1922년 서간도 지역에 참의부, 북간도에 정의부, 중동부에 신민부가 각각 설립된다. 이는 각 지역별 독립군 생존 세력의 조직적 재편성을 의미하며, 이들 부대는 무장 투쟁과 민정 운영을 병행한 자치 조직으로서 기능했다.

1930년대 들어 일제의 탄압과 공산주의 계열의 영향, 민족주의 진영의 쇠퇴로 인해 무장 독립군은 점차 쇠퇴하며, 그 바통을 한인 애국단(1932), 조선 의용대(1938), 한국 광복군(1940) 등이 이어받는다.

봉오동전투와 청산리대첩은 독립군 무장 투쟁의 최고 정점이었으며, 조선 민중에게 '우리도 일본을 이길 수 있다'는 희망을 심어주었다. 그러나 그도 잠시 간도 참변과 자유시 참변으로 말미암아 이 영광이 내부 분열과 외부 탄압 앞에서 얼마나 쉽게 무너질 수 있는지를 경험했다. 이후의 합종 연횡 과정은 독립 운동이 단순히 전투만 치러서 되는 것이 아니라 조직력, 국제 외교, 민중 기반을 단단히 해야 한다는 것을 깨닫는 계기가 되었다. 이는 훗날 임시 정부와 광복군의 체계적 독립 운동으로 이어지는 밑거름이 되었다.

독립 운동, 지금의 나를 있게 한 거룩한 몸부림

독립 운동, 하면 무슨 생각이 먼저 떠오르는가? 유관순, 안중근, 3·1 운동, 김구 등의 인물과 사건들이 가장 먼저 생각날 것이다. 일본 경찰, 고문, 학살이라는 고통스러운 단어가 떠오를 수도 있다. 일제 강점기는 우리 민족에게 참으로 힘들고 어려운 시기였다. 사실 떠올리기도 싫다. 지긋지긋한 역사를 되새김한다는 건 쉽지 않다. 미래를 생각하고 앞으로 나아가도 모자랄 판에 자꾸 흘러간 일을 따져 묻는 건 어쩌면 바쁘게 살아가는 우리에게 그다지 이득이 되지 않아 보인다.

그러나 요즘 우리를 둘러싼 외교 정세를 보면 '역사를 잊은 민족에게는 미래가 없다'는 말을 가슴 깊이 되새겨야 할 시점이 아닌가 싶다. 역사는 어쩜 그렇게 비슷하게 반복되는지. 그래서 비록 부끄러운 과거이고 처참했던 시기였을지언정, 일제에 항거했던 독립 운동의 역사를 두 눈 크게 뜨고 들여다보고 교훈을 얻어야 할 책무가 지금의 우리에게 있다.

우리 역사에서 '독립 운동'이라고 부르는 시기는 일본 제국주의가 본격적으로 조선을 침탈한 19세기 중반 조선의 국권과 권리를 지키기 위해 싸웠던 때로 거슬러 올라간다. 독립 운동의 뿌리는 어지러웠던 구한말 혼돈의 시절에 위정척사의 기치를 내길고 의병 항쟁에 앞장선 지사적 지식인에 있다. 위정척사는 바른 것을 지키고 옳지 못한 것을 물리친다는 유교의 정치 사상이다. 당시의 바름은 바로 조선의 통치 철학인 성리학을 지키는 것이었다. 이렇게 한말 의병들이 들고 일어난 의거와 국권을 수호하기 위해 펼친 애국 계몽 운동부터 실질적인 독립 운동으로 보는 게 맞다.

1876년 조선은 일본과 최초의 근대적 조약을 맺는다. 말이 조약이지 굴욕적이고 불평등한 것이었다. 이후 일본은 노골적으로 조선에 대한 침탈을 꾀하더니 1905년 을사년에는 외교권까지 빼앗는다. 외교권은 나라의 주권과 비등할 정도로 중요한 국가 권리다. 이런 외교권을 빼앗겼다는 것은 나라가 식민지나 다름없음을 의미한다. 5년 후 1910년에는 국토와 주권을 모두 잃고 만다.

우리 민족은 일제 식민지 상태를 벗어나기 위한 노력을 하는데, 이런 해방 운동을 한민족의 독립 운동이라 정의할 수 있다. 독립 운동은 민족 운동, 민족 해방 운동, 광복 운동으로 불리기도 했다. 독립 운동의 목표는 당연히 우리 민족의 독립적인 국가 건설이었다.

일제는 식민지를 사수하기 위해 우리 민족의 정당한 독립 투쟁을 총칼로 억압했다. 그들이 식민지 초기에 우리의 독립 운동을 어떻게 탄압했는지 살펴보자.

잔인한 만행의 시작

1904년에 러일전쟁이 발발하고 일본은 세계가 지켜보는 가운데 승리를 거둔다. 모두가 러시아의 승리를 예견한 가운데 뜻밖의 일이 벌어진 것이다. 일본은 그동안 자국의 국력을 비약적으로 신장시켜왔다. 일본의 해군력은 러시아를 압도하지는 못했지만 대등하게 맞섰다. 여세를 몰아 1905년 일본은 조선과 강제적으로 을사늑약을 체결한다. 이를 계기로 잠시 흩어져 있던 구한말의 의병들이 다시 봉기한다. 이들은 전투 부대를 만들어 일본군과 치열하게 교전하며 무장 투쟁을 벌였다. 지식인들도 단체를 조직해 신교육 및 실업 진흥을 통해 백성들의 실력을 배양하는 데 헌신했다.

그러나 가만있을 일본 제국주의가 아니었다. 1907년에 고종이 몰래 네덜란드 헤이그에 밀사를 보낸 일을 트집 잡아 고종을 강제로 퇴

위시킨다. 뿐만 아니라 평소 일제에게 눈엣가시 같은 고종이었기에 고종이 세운 대한 제국의 군대마저 강제로 해산시킨다. 그러고는 의병들을 초토화시키기 위한 대규모 토벌 작전을 벌인다. 이참에 아예 씨를 말려버리겠다는 의도였다. 향후 한반도를 안정적으로 지배하기 위해 꼭 거쳐야 할 과정이라고 판단했을 터다.

이런 일제에 대한 대항은 국권을 완전히 상실하기 직전인 1909년 10월 즈음까지 계속된다. 자발적 의병 부대들이 온몸을 바쳐 저항하지만 안타깝게도 무력으로는 일본의 적수가 되지 못했다. 우리가 들었던 무기라고는 고작 대한 제국 시기에 별기군이 썼던 화승총뿐이었으니 근대식 무기로 중무장한 일본을 이겨내기 쉽지 않았을 것이다. 조선 대부분의 의병들이 무참히 학살당했고, 어렵게 살아남은 독립운동가들은 눈물을 머금고 후일을 기약하며 저 멀리 만주 땅으로 이동했다. 훗날 만주는 독립 운동의 중요한 근거지이자 베이스캠프 역할을 한다.

반일 독립 투쟁을 어느 정도 진압했다고 판단한 일본은 1910년 8월 29일에 '한국 병합에 관한 조약'을 발표한다. 우리가 알고 있는 경술국치가 벌어진 게 바로 이날이다. 오천 년 역사 이래 국토와 주권을 완전히 빼앗긴 건 이때가 처음이며, 이후 우리 민족은 만 35년 동안 엄청난 시련과 고통을 겪게 된다.

식민지 기간 동안 우리가 겪은 고통은 단지 약탈과 착취에서 머물지 않고 민족 생존과 존립 자체에 직결되어 있었다. 그러나 우리 민족이 어떤 민족인가. 반만년 역사 동안 수많은 외침을 물리치고 이겨낸 민족이 아닌가. 우리는 단 한 시간도, 단 하루도 쉼 없이 투쟁하며 목숨을 걸고 내 땅과 내 나라를 찾자는 독립 운동을 펼쳤다.

이쯤에서 눈을 감고 한번 가정해보자. 나라를 빼앗긴 일본 제국주의 시대에 태어나 살았다면 어떤 삶을 선택했을까? 선택지는 세 가지 정도 될 것 같다. 일제에 맞서 싸우거니, 일제에 부역히며 협력하기나, 목숨 하나 건사하는 것을 다행으로 알면서 평범하게 살거나. 과연 우리는 어떤 선택을 할 수 있을까?

나는 어린 시절에 만화나 영화로 독립 투사들이 일제에 항거하며 싸우는 장면을 많이 보아왔다. 대부분의 독립군들은 붙잡혀 많은 고문을 받았는데 차마 눈 뜨고 보기 힘든 장면들이었다. 손톱을 뽑거나, 물을 먹여 숨을 못 쉬게 하거나, 생살에 인두를 지지는 등 인간으로서 견디기 힘든 한계치까지 몰아붙였다. 일본 고문 경찰관은 천인공노할 만행을 서슴지 않았다. 독립 운동가들의 희생은 자기 자신의 육체적 고통만을 감내하는 걸로 끝나지 않았다. 부모와 처자식까지 버리고 끝내는 하나밖에 없는 목숨을 바쳐야 하는 처절함은 평범한 사람들이 결코 도달할 수 없는 경지였다.

피 끓는 젊은 시절에는 영화나 드라마에서 이런 장면을 보면 비분강개했는데 지금은 조금 달라진 내 모습을 발견한다.

'저렇게 죽으면 억울하지 않을까? 그냥 편하게 산다고 해도 누구 하나 뭐라 할 사람 없을 텐데. 남아 있는 처자식은 어떻게 살라고. 그래, 저렇게 영웅적으로 목숨을 버렸다고 쳐. 과연 저런 죽음을 후손들이 인정해줄까? 혹시 그냥 개죽음은 아닐까?'

나이가 들면 고민도 많아지는 법이다. 이기적이고 현실적인 이런저런 생각이 영화, 드라마의 몰입을 방해한다.

당시의 독립 투사들은 독립 운동이 자신의 목숨은 물론 자기가 가진 모든 가치들을 송두리째 파괴하는 행위였고 또 그렇게 될 거란 사실을 너무나 잘 알고 있었다. 섣부른 만용과 호승심으로는 도저히 버텨낼 수 없는 행동인 것이다. 그래서 대부분의 조선 민중은 일본이 싫고 압제가 지긋지긋했지만 그저 하루하루 버티며 살았고, 결국 독립운동은 용기 있는 소수의 몫으로 남았다.

원수들을 쓸어버리고
평화의 종소리가 울릴 때까지

영화 「밀정」에 대해 본격적인 이야기를 하기 전에 시대적 배경부터 훑어보자.

고종은 일제에 의한 강제 퇴위 후에도 계속적으로 조선의 독립을 위해 방도를 모색한다. 그러나 안타깝게도 1919년에 생을 마감하고 만다. 일본에 의해 자행된 독살설이 있기도 하지만 정확한 사인은 아직도 미스터리다. 평소에 커피를 좋아하던 고종이 커피를 마시다가 갑자기 얼굴이 흑빛이 되어 쓰러졌다는 궁인의 증언이 있으나 확증은 없다.

1919년의 3·1 운동은 바로 고종의 장례식이 도화선이 되어 폭발하게 된 것이다. 당시 고종이 일제의 손에 의해 독살되었다는 소문이 백성들 사이에 파다하게 퍼져 있었다. 일제 강점기 10년 동안 누르고 참아온 민심이 드디어 폭발한다.

"대한 독립 만세!"

백성들의 함성이 삼천리 방방곡곡에 울려 퍼진다. 만세 현장의 주요 구호는 '대한 독립 만세'였고 노래도 흘러나왔는데, 이 노래는 아직도 대학가에서 불린다. 노래 가사에는 그때 우리 조선 민중의 마음이 어땠는지 잘 드러나 있다.

이천만 동포야 일어나거라
일어나서 총을 메고 칼을 잡아서
잃었던 내 조국과 너의 자유를
원수의 손에서 피로 찾아라

한산의 우로 받은 송백까지도
무덤 속 누워 있는 혼령까지도
노소를 막론하고 남이나 여나
어린아이까지라도 일어나거라

끓는 피로 청산을 고루 적시고
흘린 피로 강수를 붉게 하여라
섬나라 원수들을 쓸어버리고
평화의 종소리가 울릴 때까지

- 광복가

가히 프랑스 혁명을 이끌었던 라 마르세예즈(프랑스 국가)에 버금갈 정도로 힘차고 전의가 불타는 노래다.

흔히 학생들이 시험 문제를 풀다가 '3·1 운동은 비폭력 평화 시위였다'에 맞다고 동그라미를 쳐서 잘 틀린다고 하는데 정답은 '그렇지 않다'이다. 정당한 자위권과 폭력적 투쟁 방식의 숭고함을 널리 보여주었던 운동이 바로 3·1 운동이다.

일제는 만세 운동 시위 초장에 조선 민중들을 겁주기 위해 제암리라는 곳에서 무차별적으로 백성들을 학살해 본보기를 보이려 했다. 이에 아무런 저항도 할 수 없는 노약자를 비롯해 여성과 어린아이까지 교회에 모아놓고 죽여버린다. 더 이상 태극기를 들고 만세만 부를 수 없는 지경이었다. 눈에서 천불이 난다. 내가 가장 사랑하는 가족과 형제를 지키기 위해서라도 총과 칼을 들 수밖에 없다. 숭고하고 거룩한 폭력이란 말은 아마도 이를 두고 하는 말이리라.

3·1 운동 이전만 하더라도 사람들이 '어쩌다가 망국의 길을 걸었누. 휴… 세상이 언제쯤 좋아지려나.' 하고 넋두리를 했다. 이렇게 수동적인 자세로 시대를 관망하다가, 만세 운동 이후에는 적극적으로 독립을 모색하고 해방을 이야기하며 우리가 건설해야 할 국가에 대해서 논의하기 시작한다. 마침내 가슴 뛰는 일이 시작되고 우리가 가져야 할 나라의 청사진을 펼친 것이다.

그 첫 번째 단계로 국가를 이끌고 갈 지도부의 구성이 절실해졌다. 3·1 운동 때는 지도부의 결속이 약해서 민심을 하나로 묶을 만한 구심점이 없다시피 했다. 3월 1일 파고다 공원에서 기미 독립 선언문을 낭독할 인사가 현장에 도착하지 않았고, 지도부의 몇몇 인사는 지레 항거를 포기하고 총독부에 자진해서 집회 신고를 하고 자수했다.

그럼에도 3·1 만세 운동이 독립 운동의 질적인 비약을 이루게 된 계기이자 시작점임은 분명하다. 이후 독립 운동을 주도해갈 대표 기구로 중국 상해에 임시 정부가 수립되기 때문이다. 상해 임시 정부는 대한민국 역사에 있어서 매우 중요한 역할을 한다. 대한민국 헌법 전문을 잠시 옮겨본다.

> 유구한 역사와 전통에 빛나는 우리 대한민국은 3·1 운동으로 건립된 대한민국 임시 정부의 법통과 불의에 항거한 4·19 (생략)

헌법의 첫 번째 문장은 3·1 운동 정신의 계승과 그 결과물인 대한민국 임시 정부에 대한민국의 뿌리가 있음을 명백히 한다. 그만큼 상해 임시 정부는 대한민국의 출발점이자 중심체다.

1920년부터는 만주와 간도에서 10년간 준비한 무장 투쟁이 활발해진다. 드디어 간도 지역에서 그간 힘을 기르던 독립군들이 무장 투쟁을 시작한다. 만주에서 일제를 제압한 봉오동전투와 청산리 대첩이 있었고, 민간에서 물산 장려 운동과 같은 시민운동이 조직적으로 일어났다. 또한 1920년대부터 불기 시작한 사회주의, 무정부주의 사상의 영향으로 정치적 이념에 기초한 세력들이 본격적으로 등장했다.

의열단이냐, 밀정이냐

역사적 배경 설명이 좀 길었다. 영화 「밀정」은 1920년대를 바탕으로 만들어졌다. 일단 영화에 출연한 배우들의 면면이 아주 화려하다. 송강호, 공유, 한지민 등의 특급 캐스팅에, 흥행 감독이자 스타일리스트로 유명한 김지운 감독의 연출로 개봉 전부터 많은 관심을 받았다.

김지운 감독은 독립 운동을 소재로 영화를 기획하되, 전설처럼 전해져 내려오는 1920년대의 의열단이나 기라성 같은 독립 운동가에게 눈길을 주지 않았다. 심지어 의열단장 김원봉마저 조연쯤으로 밀어 놓았다. 흥행 방법을 잘 아는 감독답게 영리하게도 거대한 소재를 정면으로 다루는 대신, 친일과 항일 사이에서 고뇌하는 조선인 친일 경찰 이정출이라는 가상 인물을 만들어 그에게 포커스를 맞추었다. 그러고는 스파이 영화라는 장르적 특성에 잘 녹여내 멋있는 영화를 뽑아냈다.

영화의 첫 장면은 역사에 대해 아는 사람이라면 눈치챘을 인물로 장식된다. 바로 1920년대를 주름 잡은 의열단원 김상옥에 대한 실화를 사용한 것이다. 아까부터 의열단이라는 이름이 언급되는 이유가 궁금했을 터다. 먼저 의열단에 대해 알아보자. 우리가 흔히 기억하는 독립군의 활약상, 즉 일본군 순사를 때려잡고, 경찰서를 파괴하고, 친일 부호를 습격해 군자금을 만들고, 일본의 주요 인사들을 암살하는 일련의 투쟁들은 거의 다 의열단원의 활약상이라 할 수 있다.

의열단은 3·1 운동 직후 중국의 지린성에서 결사된 독립 운동 단체로 단장은 김원봉이었다. 단 13명의 인원만으로 시작했다고 전해지며, 더 놀라운 사실은 의열단원 중 단 한 명도 변절하지 않았다는 것이다. 의열단은 그야말로 의열 투쟁의 대명사가 되었다. 이후 이들은 상해 임시 정부의 온건한 독립 운동을 비판하면서 요인 암살 등 보다 적극적이고 직접적인 투쟁을 지향한다.

의열단은 특히 암살 대상을 일곱 부류로 나누고 여기에 해당하는 자를 척살했다. 조선 총독부 관리, 동양 척식 주식회사 등의 수탈 기관에 복무하는 자, 군 수뇌부, 매국 친일파, 밀정, 반민족 토호 세력 등이 그 대상이었다. 2010년 외교 문서 봉인이 해제되며 영국의 비밀 문건이 공개되었는데, 여기에 한때 의열단의 비밀 조직원만 무려 2천여 명에 달했다는 내용이 기재되어 있다. 그만큼 규모와 위세가 당당했고 일본으로서는 조선을 통치하는 데 골치 아픈 상대였다.

그러나 거칠 것 없는 의열단에게도 고민이 있었으니 잦은 폭탄 불발 사고였다. 거사를 치를 때 결정적 순간의 불발은 단순히 임무가 실패로 끝나는 정도가 아니라 자신의 목숨, 나아가 조직의 운명에까지 직결되는 치명상이다. 1921년에 조선 총독부 폭탄 투척이 불발되었고, 1925년에 상해에서 일본 육군 대장 제거에 실패한 원인도 제때 터지지 않는 폭탄에 있었다. 상해에 있는 의열단 본부에서는 헝가리의 폭탄 제조 전문가를 불러서 따로 교육을 받는 등 보다 완성도 있는 폭탄을 만드는 데 심혈을 기울였다.

이토록 어렵게 만든 폭탄을 경성까지 안전하게 운반해 요인 암살이나 대규모 행사장에 폭탄 테러를 성공시키는 것이 영화 「밀정」의 이른바 메인 미션이다. 이 임무에 참여하는 사람은 의열단원의 핵심 멤버인 김우진(공유 분)과 이정출(송강호 분)이다. '과연 일본이 심어놓은 스파이일까, 아니면 의열단을 남몰래 돕는 이중 첩자일까? 누가 진짜 밀정인가?'를 놓고 영화는 2시간 넘게 팽팽한 긴장감을 끌고 간다.

「밀정」이 개봉되고 온라인상에 여러 논쟁이 벌어졌다. 역사를 소재로 만들어진 영화를 바라보는 관점을 어디에 둘지, 즉 어디까지 사실로, 무엇을 허구로 보아야 할지에 대한 것이었다. 영화가 시작되거나 끝날 때 흔히 볼 수 있는 자막으로 '역사적 내용을 소재로 하되, 줄거리와 인물은 허구이며 창작자의 상상에 의해 각색되었음을 밝힙니다'가 나온다. 제작자는 사실과 허구 사이의 논란에서 빠져나갈 구멍을 미리 만들어놓는 것이다.

어떤 평론가는 사극 영화에서 사실과 허구를 가르는 일은 의미가 없다고 주장한다. 사건의 모티브만 가져왔으므로, 영화에서 표현되는 구체적 사건과 인물의 캐릭터는 순전히 창작의 소산이며 사실과 다르다고 해서 비판하는 것은 온당하지 못하다는 것이다. 일면 수긍이 가는 점도 있다. 하지만 사실과 영화를 혼동해 역사적 팩트를 왜곡되게 이해하는 관객들은 누가 책임질 것인가.

독립이 되겠어?

논쟁에 대해서는 이쯤에서 접고, 다시 한일 합방이 있었던 1910년대로 돌아가보자.

일제 강점기는 10년 터울로 통치 방식이 크게 바뀐다. 합방 직후인 1910년대는 이른바 헌병 통치 시기로 강압적 공포 정치가 시행되었다. 식민지 조선인들을 효과적으로 통제하기 위해 초기에는 겁주기를 무척 심하게 했던 것이다. 학교에서 칼을 찬 교사가 수업을 했고, 태형령이라는 제도를 만들어 재판도 하지 않고 현장에서 순사가 즉결 심판을 내리기도 했다.

3·1 운동은 일본의 통치 방식에 일대 전환을 가져온다. 일본의 지식인들이 조선을 문화적으로 지배하라는 주장이 나왔고, 무엇보다 3·1 운동 때 보여준 우리 민족의 저항을 두려워하기 시작한 것이다.

'아, 이대로는 어렵겠구나. 뭔가 다른 세련된 통치 방식이 필요하겠구나.' 해서 나온 게 이른바 문화 통치다.

문화 통치기에는 조선에 친일파들이 대거 생겨난다. 일제가 우리나라를 지배한 지 10년이 넘어갔고, 3·1 운동 때 그 많은 사람이 다치고 죽으면서 대한 독립을 부르짖었지만 일본은 끄떡하지 않았다. 힘이 빠지기 시작한 조선 내부에서는 점차 자치론이 등장한다. '힘들게 독립할 필요 있어? 그냥 독립보다 대일본 제국에 빌붙어서 우리끼리 오손도손 살면 안 돼? 일본의 보호를 받으면서 말이야….'라는 게 자치론의 핵심이다. 심지어 민족의 지도자로 불린 이광수까지 일제의 자치론을 옹호한다.

일본의 민족 이간질도 자치론에 단단히 한몫한다. 친일파를 대거 양성해 조선 총독부의 하급 관리 등에 진출할 수 있게 허용하고, 조선의 지식층에게 어느 정도의 사회적 위치를 약속하는 회유 전술을 펼친다. 이런 사회적 분위기에 1920년대는 대내외적으로 독립의 기운이 잠시 소강 상태를 맞이한다. 안일해져가는 독립 의지에 이래서는 안 되겠다 해서 등장한 것이 의열단원들의 일제에 대한 응징이다.

나석주의 '동양 척식 주식회사 폭탄 투척'을 비롯해, 지금도 전설처럼 회자되어 영화 「밀정」의 첫 장면에서 오마주되었던 김상옥의 '종로 경찰서 습격 사건', 탄압의 심장부 조선 총독부에 폭탄을 던지고 유유히 사라졌다가 동지들 곁으로 살아 돌아오겠다고 한 약속을 정확히 지킨 김익상의 의거 등이 의열단의 눈부신 전과들이다. '의열'

의 전통은 임란의병에서 시작해 일제의 국권 침탈 시기의 의병으로 이어져 이후 민주화 투쟁으로 면면히 흘러왔다.

상해 임시 정부가 수립되고 봉오동전투나 청산리대첩 등에서 승리를 거두었다는 소식이 국내에 전해지자 3·1 운동의 여운이 남아 있던 국내에서는 금방이라도 독립이 될 것 같은 분위기가 형성되었다. 그러나 한 해가 다 가도록 독립의 가능성은 보이지 않았고 일본은 오히려 의기양양해졌다. 임시 정부도 초기에만 반짝하다가 시들해지는 모양새였다. 독립 운동의 방법론에도 여러 이견이 나왔다. 이승만은 외교를 통해서 뭔가 독립을 이루어보겠다는 생각인 반면, 안창호와 이동휘 등은 실력 배양 및 무장 투쟁을 통한 독립 달성을 내걸었다.

영화에서 이정출이 김우진에게 폐부를 깊숙이 찌르는 한마디를 한다.

"독립이 되겠어?"

아마도 이 한마디가 당시의 분위기를 집약적으로 보여주는 말이 아닐까.

이런 와중에 의열단은 무장 투쟁만이 조선의 독립을 쟁취하는 유일무이한 방법임을 만방에 선언한다. 일제를 공포에 떨게 한 의열단 김원봉의 현상금은 김구보다 훨씬 높았다고 한다. 물론 현상금으로 인물의 경중을 가릴 수 없지만 그만큼 김원봉은 일본의 입장에서 눈엣가시 같은 존재였다. 여담으로, 유튜브에서 김원봉의 실물을 볼 수 있는데 아주 잘생겼고 말솜씨도 유창하다.

독립 투쟁가들이 우리에게 준 조국

영화 이야기를 좀 더 해보자.

「밀정」에서 '진짜 밀정' 역할의 모티브가 된 황옥 경부는 실존 인물이다. 성명이 황옥이고 계급이 경부여서 황옥 경부 사건이라고 부르기도 하는데, 흥미로운 것은 아직도 황옥이 친일파였는지 아니면 독립군 편에 서서 밀정 역할을 정말 완벽하게 한 건지 아직도 정확히 밝혀지지 않았다는 점이다. 황옥의 실제 재판 기록을 보면 '경찰 관리로서 임무를 완수하기 위해 노력했고, 대대적인 성공을 거두면 경시로 승진도 시켜주리라 믿었다'고 되어 있다. 그러나 영화에서는 밀정이 일본 경찰을 완벽하게 속이기 위해 거짓 증언을 한 것으로 그려진다. 물론 진실은 황옥 본인만이 알고 있을 터다. 역설적이게도, 1983년 전두환 정부 시절 서울대에서 민주화 시위 중 도서관에서 추락해 숨진

황정하 군이 황옥 경부의 친손자임이 최근에 밝혀지기도 했다.

영화 「밀정」에서 또 한 명의 주인공은 정채산(이병헌 분)이다. 영화 「변호인」에서 어느 한군데에도 노무현이라는 말이 나오지 않지만 누구나 주인공 변호사가 노무현이라는 사실을 알고 있듯이, 「밀정」에서 정채산이 김원봉이라는 데 이의를 다는 사람은 없다.

해방 이후 미 군정이 득세하고 친일파가 활개를 칠 때 김원봉이 친일파 형사 출신 노덕술에게 끌려가 빨갱이 누명을 쓰고 사흘간 고문을 당했다는 일화는 유명하다. 경찰서에서 풀려난 김원봉은 동지들과 얼싸안고 땅을 치고 통곡했다. 광활한 만주 벌판을 누비며 독립 운동을 하던 천하의 김원봉이 해방된 조국에서 일본의 사냥개인 친일파 형사 나부랭이에게 고문까지 당했으니 피를 토하고도 남을 일이었다. 김원봉은 김구가 남북 회담을 위해 평양으로 건너갈 때 동행했고 이후 북한으로 넘어간다. 하지만 북한 정권의 고위직에 오른 것도 잠시 김일성에게 숙청당한다. 결과적으로 그는 남북 어디에서도 환영받지 못했다.

영화 「밀정」을 통해 사실과 허구를 가려보는 작업도 의미 있지만, 독립 투쟁에 나섰던 이들이 무엇을 위해 싸웠고, 어떤 조국을 우리에게 물려주기 위해 헌신했는지 되새기는 게 더 값진 작업이 아닌가 한다.

김원봉과 그의 부인 박차정이 주고받은, 사랑과 혁명을 꿈꾸던 헝가리의 민족 시인 페퇴피 산도르의 시 한 구절을 1920년대 독립 운동의 역사에 바친다.

사랑이여
그대를 위해서라면
내 목숨마저 바치리

그러나 사랑이여
조국의 자유를 위해서라면
내 그대마저 바치리

제11강

일제 강점기

(1930~40년대)

암살/동주/군함도

1917년	윤동주 출생하다
1931년	한인애국단 조직
1940년	대조선인 군함도 강제 징용
1941년	태평양 전쟁
1943년	윤동주, 일본 경찰에 체포되다
1945년	윤동주 사망하다
	해방되다
1974년	군함도 폐광되다

기억해야 할 핏빛 투쟁, 독립 운동

일본인 조선군 사령관과 친일파 부호 암살 작전이 실패로 돌아가고 안옥균(전지현 분)이 부상당한 몸을 추스리고 있을 때, 팽팽한 긴장감을 뚫고 하와이 피스톨(하정우 분)이 그녀에게 묻는다. 사람 두 명을 죽인다고 독립이 되느냐고 말이다. 거사에 다시 쓸 권총을 꼼꼼히 준비하던 안옥윤은 바쁜 손을 멈추고 천천히 답한다.

"우리 만주에선 지붕이 새거나 집이 부서져도 고치지 않아. 왜? 다시 고향으로 금방 돌아갈 거니까. 둘을 죽인다고 독립이 되냐고? 모르지. 그치만 알려줘야지. 우린 계속 싸우고 있다고. 누군가는 계속 싸워야 한다고."

영화 「암살」에서 가장 가슴 먹먹한 장면이다. 어떤 보장도 대가도 없다. 성공한다고 해도 최종 목적을 달성하기 위한 지난한 여정이 남아 있을 뿐이다. 실패하면 소중한 목숨은 그날로 끝이다. 다만, 기억해주길 희망한다. 누군가 끝까지 계속 투쟁했던 사람들이 있었다는 '기억'을 기억해주길 독립군 안옥윤은 간절히 소망한다.

한국 영화의 역대 흥행 기록을 보면 묘한 징크스가 있다. 일제 시대의 독립 운동을 다룬 영화치고 흥행에 크게 성공한 영화가 거의 없다. 영화적 스토리와 캐릭터가 무궁무진할 것 같은데 막상 영화로 만들면 관객 스코어가 썩 훌륭하지 않아 투자사는 적자에 허덕인다. 그 이유는 둘 중 하나다. 우리의 아픈 상처를 온전히 들여다보며 힘든 기억을 되살리기 싫거나, 그 아픔을 영상이나 스토리에 감동적으로 담아내지 못했거나.

그런데 영화 「암살」은 시대적 아픔부터 민족의 소명 의식, 흥미로운 스토리텔링 모두를 스크린에 담아내는 데 성공했다. 이 성공의 판단 여부는 천만 관객의 지지로 표현되었다.

우리는 일제 시대의 국민 모두가 독립 운동을 했으리라 착각한다. 그러나 독립 운동을 한 사람들은 극소수였다. 대부분은 일상을 살았다. 일본에 대한 반감이 있지만 먹고살아야 해서, 목숨은 부지해야 해서 독립 운동에 선뜻 나서지 못했을 터다. 억울하고 원통하지만 그냥 가슴을 치면서 살았을 것이다. 오히려 독립 운동은 고사하고 일신의 영달을 위해 친일 행각을 벌인 사람이 부지기수였을 것이다. 3·1 만세 운동 때도 마찬가지였다. 모두가 만세를 부르지는 않았다. 오히려 소요를 일으켜 사회를 혼란스럽게 한다고 시위를 막은 사람들도 꽤 있었다. 그렇기에 독립 운동은 모든 것을 걸지 않으면 안 되었고 다른 무엇을 바라지 않는 순교자적 행위였다.

「암살」 속 안옥윤의 이야기를 들으며 비슷한 체험을 했던 1980년대가 갑자기 떠올랐다. 당시에도 이런 말은 많았다.

"니가 데모를 하고 돌을 던진들 군사 독재가 없어지겠니? 바위에 계란 치기지…."

민주화 운동에 헌신했던 사람이 답한다.

"모르지. 바위에 흠집이라도 내다 보면 언젠가는 깨질 날도 있겠지…."

결과적으로 민주화 운동에 나섰던 많은 사람의 피와 땀과 헌신으로 태산같이 보였던 군사 독재가 종식되었고, 오늘날 민주주의를 누리고 있다. 수많은 계란이 박살 나서 바위에 흠집을 내고 그곳에 민주주의라는 조그만 싹을 틔운 덕분이다.

최근 역사 시간에 한 초등학생이 물었다고 한다.

"일본이 우릴 침략할 동안 어른들은 대체 뭘 하고 있었어요?"

가슴 아픈 이야기를 듣고만 있던 어린 학생이 답답한 마음에 질문을 던진 모양이다. 이제 우리는 여기에 답할 수 있어야 한다. 다시는 이런 역사를 반복하지 않아야 하고 보다 뚜렷이 기억해야 한다. 많은 청춘들이 목숨을 잃었고 극악한 일본 제국주의자들의 만행을 온몸으로 부딪쳐 겪어내지 않으면 안 되었던 이유를 피로써 기록해야 한다.

일본은 아베 정권부터 자위대의 무장을 합법화했다. 우리의 적은 북에도 있고 뒤통수에도 엄존한다. 역사는 반복된다는 평범한 경구가 갑자기 모골을 송연하게 만든다. 대비해야 한다. 역사는 분명히 기억하지 않는 민족에게 반복이라는 형벌을 내릴 것이다.

자, 이제 초등학생의 질문에 대답해보자. 우리는 왜 그때 그렇게 망가졌을까?

세도 정치가 막을 내리고 고종이 왕위에 오르지만 나이가 어려 아버지 대원군이 섭정을 하게 된다. 대원군은 철저한 쇄국 정책으로 외국의 통상 요구와 침탈을 막아낸다. 하지만 역사의 거센 물결을 혼자 힘으로 막기에는 역부족이다. 대원군의 하야 이후 조선은 빠른 속도로 통상과 개항의 물결에 합류한다. 일본과의 강화도 조약을 시작으로 개화 정책이 추진되는데, 조선인의 입장과 관점이 아닌 철저히 외세의 이해와 요구로 침탈이 가속화된다. 조선은 임오군란(1882)과 갑신정변(1884) 등을 거치면서 청나라의 속방이 되고, 일본과 러시아는 호시탐탐 조선을 침탈할 기회를 노린다.

1894년, 조선의 운명이 동양 역사의 손바닥에 놓이게 된다. 곪을 대로 곪아가다가 갑오년에 동학교도를 중심으로 농민들의 불만이 표출되기 시작한다. 동학군은 전봉준을 필두로 전주성을 함락한다. 그러나 일본과 청이 국내에 들어오자 동학군은 침략의 빌미를 제공해서는 안 된다는 판단하에 정부와 전주 화약을 맺고 자진 해산한다. 그런데 조선 조정이 동학 혁명을 진압하기 위해 부른 청나라와 이에 덩달아 군대를 이끌고 들어온 일본군 간에 전쟁의 불이 붙는다. 청일전쟁이다. 조선 땅에서 일본과 청나라 군대가 맞붙게 된 것이다. 동학군은 이 기막힌 소식에 외세의 무조건적인 철군을 요청하나 일본은 아랑곳하지 않고 경복궁을 점령한다. 이 사건은 2차 동학 농민 봉기의 발화점이 된다.

청일전쟁의 승기를 잡은 일본은 관군과 합세해 동학 농민에게로 총구를 놀린다. 이후 일본은 명성왕후 시해 등 거침없는 침략 본성을 드러낸다. 1904년 러일전쟁 이후 대한 제국을 병참 기지화하는 한일의정서를 시작으로, 일본은 1905년에 외교권을 박탈하는 을사늑약을 맺기에 이른다. 을사늑약을 맺은 시점에 일본은 조선을 넘보던 제국주의 열강들과 밀약을 맺는 치밀함을 보인다. 자기들끼리 적당히 식민지를 나누어 먹기 위해서다. 외교에 서툰 대한 제국의 고종은 헐버트를 통해 미국 대통령에게 조선의 독립을 도와달라는 밀지를 보내기도 하나, 이미 일본이 필리핀에 대한 미국의 선점권을 인정해주고 미국의 입막음을 한 후였다. 이후 조선 정부의 군사권이 박탈되는 정미7조약을 거쳐 1910년 한일 합방에 이르게 된다. 한일 합방이 되던 해에 민심은 오히려 조용했다.

우리는 그냥 가만히 당하고만 있었을까? 그렇지 않았다. 을미사변과 단발령에 저항해 을미의병을 일으키고, 을사늑약에 저항해 을사의병을 일으키고, 강제 군대 해산에 저항해 정미의병을 일으키는 등 끊임없는 저항과 투쟁이 한일 병탄 전까지 이어진다. 일제는 의병을 가만히 두었다가는 향후 안정적인 한반도 지배가 어렵다는 판단을 내린다. 그리하여 한일 합방 직전인 1909년 이른바 '남한 토벌 대작전'을 펼쳐 암중모색 중인 의병들의 근거지를 초토화시킨다. 이로 인해 대부분의 독립 운동가들이 만주와 연해주, 상해로 투쟁의 장을 옮겨야 했다.

이후 서간도와 북간도, 그리고 연해주 등에 독립 운동 전초 기지가 건설된다. 당시 이시영, 이회영 형제는 가산을 모두 정리하고(지금 돈으로 600억 정도로 추정) 삼원보에 독립 기지와 교육 시설 등을 만들어 장기적 투쟁의 터전을 만들기도 한다. 독립군 엘리트의 산실로서 영화 「암살」에서 속사포가 그토록 자랑했던 모교인 신흥 무관 학교가 바로 이시영 일가의 자금으로 만들어졌다.

1910년대는 독립 전쟁을 위한 전초 기지를 만들고 교육하는 기간이었다. 사람을 모으고 교육하고 군사 훈련을 하면서 생존해야 하는 10년이었다. 1919년 3·1 운동을 기점으로 독립 운동은 더욱더 활발해진다. 앞서 언급했듯 만세 운동의 첫 번째 성과물이 상해 임시 정부의 수립이다. 서울의 한성 정부와 연해주의 임시 정부를 통합해 외교전을 펼치기에 적당한 상해에 임시 정부를 두게 된 것이다.

1920년이 밝아오면서 본격적인 무장 독립 전쟁이 시작된다. 먼저 민족주의 단체 의열단의 활약이다. 영화 「암살」 초반에 항저우 임시 정부를 방문하며 등장하는 약산 김원봉이 의열단장이다. 이들은 각개격파식 게릴라 투쟁을 전개했다. 이는 힘이 약한 자의 가장 효과적인 전술이기도 했다. 토지 조사 사업을 통해 조선인의 토지 강탈에 앞장

섰던 동양 척식 주식회사에 폭탄을 투척한 나석주, 지금도 전설처럼 회자되는 종로 경찰서 습격 사건이나 1대 400의 총격전을 벌이고 마지막 한 발로 자결한 김상옥, 거사 전 동지들 앞에서 살아 돌아오겠다고 약속한 후 조선 총독부 심장부에 폭탄을 던지고 약속한 장소에 홀연히 나타난 김익상 등이 의열단의 단원들이다. 이들 모두 비록 개별적인 투쟁이나 우리 민속이 독립을 위해 쉼 없이 투생하고 있다는 사실을 세계 만방에 보여준 의거였다.

그러다 의열단의 단발적인 독립 투쟁이 그리 효과적이지 못하다고 판단한 김원봉은 스스로 황푸 군관 학교에 학생으로 입교한다. 이곳에서 체계적으로 군사 교육을 마친 김원봉은 조선 무관 학교를 설립하고 항일 운동의 힘을 배양해 1930년대 최초의 좌우 합작 기구인 '민족 혁명당'의 단초를 만든다.

1920년대에는 의열 투쟁뿐 아니라 조직적 무장 독립 투쟁도 활발해진다. 봉오동전투에서 대승을 거둔 대한 독립군이 일본이 조작한 훈춘 사건으로 일본군에게 쫓기는 신세가 된다. 이에 독립군의 대부분의 병력은 어쩔 수 없이 청산리로 이동한다. 이후 이곳에서 청산리대첩이 벌어지고 일본군 5만을 2,500의 병력으로 궤멸시킨다. 약이 바짝 오른 일본은 간도 참변이라는 끔찍한 만행을 저지른다. 간도에 있는 우리 동포들은 그동안 물심양면으로 독립군에 대한 지원을 해왔다. 이를 잘 알고 있던 일본은 자신들의 피해에 대한 복수심으로 3,700명 가량의 죄 없는 조선 민간인을 무참히 학살한다. 당시 이 사건을 취재한 한 외신 기자의 증언에 따르면, 일본군은 조선인이 사는 모든 마을에 불을 지르고 공포에 질려 집에서 뛰쳐나오는 사람들에게 무차별 사격을 가해 마을 전체를 궤멸시켰다. 피눈물 날 만큼 뼈아픈 우리 역사의 한 페이지가 아닐 수 없다.

조선인들의 도움을 받기 어렵게 된 독립군 부대들은 밀산에 집결했다가 조선의 독립을 지원해주겠다는 러시아 사회주의자들의 말을 믿고 러시아로 향하지만 말 그대로 믿는 도끼에 발등을 찍힌다. 자유시 참변이다. 이 사태 후 겨우 러시아에서 탈출한 독립군은 전열을 정비해서 서간도와 만주에 3부를 결성한다. 참의부를 시작으로 정의부, 신민부를 결성하고 각 부에 행정부와 군사 조직을 별도로 갖추어 일종의 작은 정부 조직을 구성한 셈이다.

1925년 독립군의 조직 재정비와 거점 확보를 두고만 볼 수 없었던 일본은 만주의 군벌 장쭤린과 조선의 독립군을 생포하거나 사살하면 두둑한 포상금을 주겠다는 미쓰야 협정을 맺는다. 이로 인해 만주에 자리 잡은 3부 독립군단은 극심한 고초와 어려움을 겪게 된다.

3부는 하나로 통합되고자 노력했지만 통합을 둘러싼 방법에 이견이 있어 북만주에는 국민부, 남만주에는 혁신 의회로 재편되는 데 그친다. 두 정부는 휘하에 정당과 무장 부대까지 거느리고 있었는데, 혁신 의회는 한국 독립당과 한국 독립군, 국민부는 조선 독립당과 조선 독립군을 두었다. 1931년에는 만주 사변을 일으킨 일제에 항거해 혁신 의회와 국민부가 중국 팔로군과 군사 연합 작전을 편다. 만주 사변

전만 하더라도 한반도의 상황을 강 건너 불구경하듯 보던 중국도 일제의 중국 침략에는 적극적인 응전으로 나설 수밖에 없었다. 한중 연합 작전은 나름의 성과를 거두지만, 승리에 대한 전리품 분배 문제를 두고 독립군과 중국군 사이에 의견 마찰이 생겨 사이가 벌어진다.

한편, 김원봉은 흩어진 독립 운동의 세력을 한데 모아 민족 혁명당을 건설한다. 김구를 제외한 모든 독립 세력의 규합을 이루어내는 데 성공한 것이다. 그러나 좌우 통합의 기쁨도 잠시, 우익 세력인 조소앙과 지청천이 민족 혁명당에서 분리해 나가고 김구와 함께 충칭에 한국 독립당을 만들면서 대한민국 임시 정부 충칭 시대가 열린다.

암살의 시대적 배경이 되는 1930년대

영화 「암살」의 배경인 1930년대는 일제 강점기 36년 중 가장 암울한 시기였다. 한일 합방 후 10년은 일제의 무단 통치 기간이었다. 학교 선생은 큰 칼을 차고 수업에 들어왔고, 일본 헌병이 직접 조선 백성들을 통치하며 명령을 어길 시 즉결 심판권이 주어졌다. 길거리에서 태형이 내려지기도 했다.

공포와 압제를 뚫고 일어난 3·1 운동으로 민족 해방 운동의 힘을 얻는가 싶었으나, 1920년대 중반에 접어들면서 국내에는 무력감과 패배감의 정서가 팽배해져갔다. 많은 사람들이 목숨을 걸고 만세 운동을 펼쳤건만 달라진 게 아무것도 없다고 느꼈기 때문이다. 아무리 만세를 외치고 무장 독립 운동을 한들 독립은 요원하기만 했다. 오히려 일본은 만주를 점령하고, 나날이 강해지고 잘나가고 있었다. 민족 세력 내부에서 '타협적 민족주의자'들의 발언이 커져갔고, 이대로 일제와 더불어 우리끼리 잘 살자는 '자치론'이 심심치 않게 등장했다. 희망이 보이지 않는 무기력함 속에 1930년대가 찾아왔다. 일제의 식민지 통치는 영원할 것만 같았다.

이때 등장한 게 바로 '한인 애국단'이었다. 영화 「암살」은 김구가 조직한 한인 애국단의 활약을 모티브로 한다. 주인공은 애국단 소속의 이봉창과 윤봉길이다. 두 사람의 의거는 침체된 독립 운동의 기운을 일거에 다시 일으켰다. 이봉창은 일본에서 잡역을 하면서 돈을 벌고자 했던 평범한 청년이었다. 그러나 이내 식민지 조선인으로서는 희망이 없다는 사실을 깨닫는다. 이봉창은 김구에게 이렇게 말했다.

"저는 일본에서 놀만치 놀면서 지상의 쾌락을 다 맛보았습니다. 이제 하나뿐인 목숨, 영원한 기쁨을 느끼는 일에 쓰고 싶습니다."

처음에 김구는 이봉창의 이런 모습이 썩 미덥지 못해서 몇 달간 곁에 두고 지켜보기만 했다. 그러다가 그의 진심을 알고는 독립 자금과 폭탄을 준비해주었다. 윤봉길은 상해 훙커우 공원에서 폭탄을 던져 일본인 장성 여럿을 즉사시키고 체포되어 사형을 당한다.

당시에 거사를 눈앞에 둔 독립 투사들은 마지막에 기념사진을 찍는 게 관례였다. 덕분에 우리는 이봉창과 윤봉길 의사의 거사 직전 얼굴들을 볼 수 있다. 이봉창은 환하게 웃고, 윤봉길은 다소 긴장했는지 얼굴에 엷은 미소만이 스친다. 그러나 모두 평화로운 얼굴이다. 이제 가면 다시는 돌아오지 못할 것임을 너무나 잘 알고 있음에도 불구하고 말이다. 이들은 역사와 조국을 위해 하나뿐인 목숨도 기꺼이 내놓았다.

영화 「암살」이 개봉하고 나서 배우 전지현이 연기한 여자 저격수 안옥윤이 실존 인물이냐는 질문이 많았다. 안옥윤은 가장 실존에 가까운 인물로 남자현이라는 독립 운동가다. 그녀는 의병으로 나섰던 남편이 죽자 직접 독립 투쟁에 가담한다. 당시의 나이가 오십에 가까웠으니 전지현처럼 젊은 여인은 아니었다. 남자현은 두 번이나 요인 암살 작전에 참여하지만 아쉽게도 성공하지 못한다. 그녀는 나중에 일본군에 잡혀 혹독한 고문으로 감옥에서 순국한다.

해방,
그 후

영화 「암살」에서 일본의 항복 조인식을 지켜보던 독립군들은 드디어 집에 가게 되었다며 환호한다. 과연 그들은 꿈에 그리던 고향에서 환대를 받았을까?

해방 후 조선 총독부에 게양되어 있던 일장기가 내려지고 대신 미국 성조기가 올라가는 모습은 향후 대한민국의 앞길이 어떻게 펼쳐질지 짐작하게 한 상징적인 장면이었다. 미 군정은 38선 이남의 어떤 단체나 조직도 인정하지 않았다. 김구를 비롯한 독립 운동가들은 대한민국 임시 정부의 수반과 각료임에도 불구하고 해방되고 몇 달이 지나서야 그것도 개인 자격으로 한국에 입국할 수 있었다. 결정적으로 미 군정은 행정에 익숙하다는 이유로 친일파들을 그대로 그 자리에 쓴다. 1948년 5월 10일 남한 단독으로 선거가 치러지고 7월 17일 제헌 국회가 만들어진다. 제헌 국회에서 맨 처음 한 일은 '반민족 처벌자에 관한 특례법'을 제정하고 반민족 행위 특별 조사 위원회(이하 반민 특위)가 친일 행각을 벌인 친일파에 대한 검거와 수사 활동을 본격적으로 벌일 수 있게 한 것이다. 쉽게 말해, 영화 「암살」에서 친일 스파이 노릇을 하던 염석진 같은 사람을 처벌하려고 만든 법이다.

그러나 대한민국은 '역사 바로 세우기'의 첫 번째 임무에 실패한다. 이승만 정부가 반민 특위 위원들을 빨갱이로 덧칠하고 조기 해산시켰기 때문이다. 염석진의 경우처럼 증거 불충분으로 무죄가 된 사람도 상당수였다. 무엇보다 복장 터지는 사실은 해방이 되고 나라를 다시 찾았는데 독립군을 체포, 고문했던 노덕술 같은 친일파가 김원봉을 불법으로 체포, 구금해 종로 경찰서에서 사흘간 고문했던 일이다. 단지 빨갱이로 의심된다는 이유 하나로 말이다. 만주 벌판을 누비며 독립 운동의 선봉에 선 천하의 김원봉이 해방된 조국 땅에서 일개 친일파 형사에게 고문을 당하다니 어느 누가 상상이나 할 수 있었을까. 김원봉은 1948년 남북 협상 때 북으로 올라가서 돌아오지 않았다. 김원봉은 북에서도 환영받지 못했다. 그는 김일성이 유일 주체 사상을 강화하면서 숙청된 것으로 알려진다. 남북 모두에게 외면당한 김원봉의 운명은 우리 역사의 비극과 아이러니를 단적으로 보여준다.

영화에서만이라도 우리에게 카타르시스와 쾌감을 느껴보라는 최동훈 감독의 배려였을까? 통쾌하면서 가슴 후련했던 장면이 있다. 해방 후에도 호가호위하며 잘 살던 염석진과 맞닥뜨린 안옥윤은 김구가 내린 명령을 16년 만에 완수하기 위해 염석진에게 총구를 들이댄다. 혹시나 또 실패하면 어쩌나, 하는 걱정이 무색하게 안옥윤은 한 치의 망설임 없이 깔끔하게 염석진을 처단한다. 아, 우리의 친일파 처단도 이렇게 이루어졌다면, 하는 아쉬움이 밀려온다. 그랬다면 지금의 대한민국은 훨씬 건강한 국가가 되었을 텐데. 두고두고 아쉬운 근현대사의 한 대목이다.

영화의 말미에 김원봉과 김구가 마주 앉아 있다. 해방이 되었다는 소식에 모두가 들떠 있을 때 김원봉은 조그만 방으로 들어가 촛불을 하나씩 켠다. 독립을 위해서 목숨을 바친 넋들을 위로하는 장면이다. 비록 외세에 의해 얻어진 해방이지만 이들의 투쟁이 결코 헛되지 않았다는 걸 두 사람은 너무나 잘 알고 있다. 물론 이후에 펼쳐질 신산스런 조국의 운명에 대한 걱정이 그들의 어깨를 무겁게 누르고 있었지만 말이다. 그 후 90여 년이 지났다. 가슴속으로 조용히 물어본다. 우리는 그들이 세우고 싶었던 조국을 만들어가고 있는 걸까? 우리는 그들이 정녕 바라던 것을 추구하고 있는 걸까?

일본은 과연 부끄러움을 모르는가

나이가 좀 있는 독자들은 영화 「러브 스토리」를 기억할 것이다. 하버드대 교정을 배경으로 백만장자의 아들 올리버와 백혈병에 걸리게 되는 가난한 학생 제니의 슬픈 사랑 이야기다. 영화의 첫 장면에서 올리버는 스산한 겨울 교정에 앉아 이렇게 읊조린다.

"25세에 죽은 한 여인에 대해 어떻게 생각하시나요? 아름답고 총명했으며 모차르트와 바하, 비틀스를 사랑했고… 저를 사랑했습니다."

영화 「동주」를 보고 나서 나는 이렇게 묻고 답한다.

"스물여덟 해에 죽은 한 청년에게 우리는 어떤 위로의 말을 던질 수 있을까요? 착하고 잘생겼으며 하늘과 바람과 별과 시를 사랑했습니다. 그리고 조국을 너무 사랑했습니다."

시인 윤동주는 조건 반사적으로 나에게 눈 덮인 하얀 교정을 떠올리게 한다.

영화 「동주」를 주제로 강의를 하고 있었다. 한 학생이 손을 번쩍 들고 묻는다.

"선생님, 우리나라가 일본하고 축구나 야구로 붙으면 비등비등하잖아요? 근데 왜 그때는 그렇게 무기력하게 당하기만 했나요?"

피눈물 나는 독립 운동의 역사를 듣다가 참다못해 질문을 던진 것이다. 쥐어 터지기만 한 못난 조상이 원망스러웠을까? 우리는 이 질문에 냉정하게 대답할 필요가 있다.

중국이라는 거대한 국가를 머리맡에 둔 조선의 입장에서 중국과의 사대 외교는 어쩌면 생존 본능이나 다름없었을 터다. 반만년 역사에 남의 나라에게 직접적인 통치를 받았던 시기는 일본 제국주의의 강제 점령 시대뿐이다. 잔인하기로 소문난 몽골 대제국도 우리를 간섭(고려시대 원나라 간섭기)은 했을지언정 정벌하진 못했다. 대체 우리 역사는 어디에서부터 망가지기 시작한 걸까?

일본은 이른바 메이지 유신을 통해 부국강병의 기틀을 만들어냈다. 이들은 산업 혁명을 거친 영국을 모델로 삼아 급속도로 산업을 일으켰다. 국방력이 괄목상대해졌으며 개화의 깃발 아래 사회 전반에 서구적 개혁 정책들을 펼쳐나갔다. 무섭도록 국력이 성장했다. 이때 우리는 무엇을 하고 있었을까?

1800년에 정조가 급작스럽게 승하한 후 60년간 이른바 세도 정치가 이어진다. 노론과 소론 등 당파적 입장을 명분 삼아 버티던 조선 정치판은 안동 김씨냐 풍양 조씨냐, 하는 천박한 수준의 가문 정치 지배 구조가 고착화된다. 관료는 썩을 대로 썩었고 백성은 핍박받았으며 개혁적 지식인은 무시당했다. 이웃 일본을 왜라 하며 여전히 한 수 아래로 보았고, 문제가 생기면 청나라의 보호 아래로 들어가면 된다는 안일한 사고방식이 당시 조선의 지배층 마인드였으니 망하지 않는 게 이상할 정도였다.

조선사에서 아쉬운 지점을 찾으라면 주저하지 않고 임란 이후 권력의 손 바뀜을 이루어내지 못한 점을 들 것이다. 조선은 임란 이후 망했어야 했다. 이씨 조선을 끝내고 새로운 국가 권력이 건설되었어야 했다. 명나라도 일본도 임란 이후 정권이 바뀌었다. 노쇠하고 무능한 국가 권력은 국민에게 엄청난 해만 줄 뿐이다. 그런데 조선은 어떻게 된 일인지 임란과 호란을 거치고도 끄떡하지 않았다. 지배 이념인 성리학은 양반 기득권을 위한 통치 이념으로 변질되었으며 피지배층은 더 이상 양반을 존경하지 않았다.

대원군의 쇄국 정치는 잃어버린 10년을 만들었고, 고종의 친정 시기에는 황제권을 지키기 위한 정치만이 행해졌다. 청나라와 일본은 남의 땅에서 전쟁을 일으켰고 숨죽여 힘을 키운 일본이 청나라를 제압하더니, 1904년 러일전쟁에서 러시아까지 물리치며 전 세계를 놀라게 했다. 당시 일본의 육군 병력은 100만에 육박했으나 대한 제국 고종 황제의 군대 병력은 왕실을 호위하기 위한 인원 1만여 명에 불과했다.

그렇게 조선은 망했다. 그리고 조선의 청년들은 피를 토하며 싸웠고 피를 찍어 시를 썼다.

하늘을 우러러 한 점 부끄럼이 없기를

「동주」는 윤동주를 소재로 이준익 감독이 만든 영화다. 주인공은 윤동주와 송몽규, 두 사람이다. 영화 「동주」의 서사를 끌어가기 위해 동주 외에 누군가가 필요했고, 그가 바로 윤동주의 사촌 몽규였다. 몽규는 동주가 가고자 하는 목표점에 이미 도달해 있는 인물이었다. 동아일보 신춘문예에 당선되고, 동주는 낙방한 일본의 교토대에 합격하고, 그리고 무엇보다 용기 있게 실천하는 지식인이었다. 동주는 그런 몽규를 어떤 마음으로 바라보았을까? 동주도 보통의 우리처럼 똑같이 열등감을 느끼지 않았을까?

영화에는 윤동주의 시가 자주 인서트된다. 윤동주의 시로 이야기의 흐름을 잇고자 하는 감독의 의도다. 이는 억지스럽지 않고 자연스럽다. 극의 전개상 필요하다면 팩트를 다소 변형한다. 예를 들면, 「참

회록」은 영화에서처럼 몽규가 일본 경찰에 체포된 시기가 아니라 일본 유학 때 창씨개명을 하고 난 직후에 쓰여졌다. 히라노마 도주가 윤동주의 일본 이름이다.

> 파란 녹이 낀 구리 거울 속에
> 내 얼굴이 남아 있는 것은
> 어느 왕조의 유물이기에
> 이다지도 욕될까.

윤동주의 시는 영화의 서사를 완성하는 데 큰 역할을 한다. 일전에 김광석 뮤지컬에 그의 노래 '일어나'를 부인이 화장실에서 변비로 고생하는 남편에다 대고 불러서 실소를 터트리게 했던 억지스런 구성과 대비된다.

우리는 이육사나 윤동주를 저항 시인의 원조로 알고 있다. 그러나 윤동주의 시 어느 구석에도 '일본 놈들을 갈아 마시자' 같은 거친 구호와 생경한 언어는 보이지 않는다. 윤동주는 섬세한 감성과 인간애를 바탕으로 그냥 그 자리에서 시를 썼을 뿐이다. 단, 일제의 만행으로 볼 때 동주의 시는 저항이었다. 야만의 식민 시대에서 동주의 시는 불온이었다. 그는 저항을 서정으로 승화시킨 천상 시인이었다.

잘생긴 윤동주 시인의 일대기를 일별해보았을 때 감독이 약간 고민한 지점이 있다. 그에게 로맨스가 있을 법한데 실제로 다룰 만한 일화가 없는 것이다. 영화에서는 연희 전문 시절 여학생과 잠깐 '썸'을 타고, 일본에서 동주를 좋아하는 문학 소녀가 등장하는 게 전부다.

종로구 수성동에 있는 윤동주 문학관 기념비석에는 '서시'가 쓰여 있다.

죽는 날까지 하늘을 우러러
한 점 부끄럼이 없기를
잎새에 이는 바람에도
나는 괴로워했다.

–'서시' 중에서

시가 담아낼 수 있는 서정성과 시인만이 견지할 수 있는 도덕성이 완벽한 일치를 보이는 첫 문장이다. 살면서 어떻게 죽는 날까지 한 점 부끄럼 없이 살 수 있을까? 많은 사람들은 첫 문장에서 좌절감을 맛본다. 윤동주는 이미 도달하기 어려운 지점에서 우리에게 부끄러움을 선사한다. 부끄러움, 바로 이것이다. 윤동주의 시, 그리고 영화 「동주」가 담고 있는 메시지를 한마디로 담아낸다면 '부끄러움을 알고 부끄럽다고 느끼라는 것'이다. 그러나 부끄러운 줄 알라는 말이 결코 질책이나 훈계로 다가오지 않는다. '나는 부끄럽다. 너도 그렇지 않니?' 하는 동의를 구하는 호소다.

윤동주는 평생을 부끄러움에서 자유롭지 못했다. 윤동주는 생전에 시집을 한 권도 발간하지 못한다. 아직도 윤동주와 송몽규의 죽음은 미스터리로 남아 있다. 혈액이 부족했던 일제가 조선인들을 상대로 생체 실험을 벌였는데 후쿠오카 형무소에서 두 사람도 식염수 주사를 맞은 것으로 추정된다. 그들은 해방을 불과 몇 달 앞둔 채 낯선 이국에서 죽어갔다.

동주가 지금의 대한민국을 본다면 어떤 시를 쓸 수 있을까? 우리는 어쩌면 부끄러움이라는 감정을 상실했거나 부끄러움이 거세된 시대에 살고 있는지 모른다. 온갖 추문과 사건 사고로 뉴스를 더럽히는 사람들에게 동주의 부끄러움을 십 분의 일, 만 분의 일이라도 기대하는 것은 연목구어일 것이다.

군함도,
일명 지옥도

영화 「군함도」를 보는 내내 숨이 막혔다. 나는 가벼운 폐소 공포증이 있어 영화를 보는 게 고통스러웠다. 지하 천 미터 아래로 땅을 파고 들어가 채굴하는 장면에서는 몇 번이나 영화관을 나오고 싶은 충동을 느꼈다. 허리를 곧게 세울 수도 없었고 자칫 잘못하면 낭떠러지로 떨어져 한 많은 목숨을 잃을 수 있었다. 일명 지옥도라 불러도 전혀 과장되지 않은 작명이다.

나카사키현에서 10분 정도 배를 타고 들어가면 나오는 군함처럼 생긴 모양의 섬이 하시마섬, 즉 군함도다. 하시마섬의 면적은 야구장 2개 정도의 규모로 상당히 작다. 19세기 초 석탄이 발견되어 일본 기업 미쓰비시가 섬을 매입했고, 이후 1890년부터 본격적으로 석탄을 채굴했는데 질이 좋기로 소문이 자자했단다. 일본 정부는 하시마에서

지은 아파트가 일본 최초의 철근 콘크리트 건물이라 자랑하기도 한다.

일본은 1941년 태평양전쟁을 일으키며 한반도 전역에 국가 총동원령을 내린다. 이들은 집 안의 숟가락까지도 징발했다. 1943년에서 1945년 사이에 약 800여 명의 한국인들이 강제로, 혹은 많은 돈을 준다는 꾀임에 빠져 군함도에 간다.

하시마의 작업 환경은 극도로 열악했다. 지하 깊숙히 파내려가 양질의 석탄을 캐야 했는데 늘 가스 폭발의 위험성이 도사리고 있었다. 내부 온도는 40도에 육박했고 갱도의 공간이 매우 좁아 어린아이들을 동원해야 했다. 그야말로 막장이었다. 먹을 거라곤 콩깻묵과 현미밥에, 정어리를 덩어리째 삶아 부순 반찬뿐이었다. 지금도 갱 내부 벽에 '늘 배가 고프다'는 글귀를 볼 수 있다. 다다미 한 장 넓이에 5~6명이 겹쳐서 자야 했고, 아파서 일하러 가지 않으면 죽도록 맞았다. 이곳에서 탈출하는 일은 불가능했다. 하시마섬과 나가사키 해협은 늘 조류가 심하게 요동치고 있었고, 탈출을 시도하다 잡혀서 맞아 죽는 사람도 부지기수였다.

심지어 1945년에는 나가사키에 원폭이 투여되자 군함도의 조선인들을 보호 장비 하나 없이 현장에 대거 투입시켜 많은 사람들이 핵폭탄 후유증으로 사망했다.

일본은 군함도를 유네스코에 등재시키기 위해 꼼수를 부렸다. 군함도의 유적을 1850년에서 1910년으로 한정해 신청한 것이다. 군함도에 식민지 시기 사람들을 강제 동원했다는 사실을 교묘히 은폐하기 위해서다. 그들의 논리대로라면 1910년까지의 유적은 하시마 해안을 보호하기 위해 만든 작은 돌벽뿐이다. 유네스코는 군함도를 세계 문화유산에 등재하는 데 다음과 같은 조건을 달았다.

> 첫째, 군함도 전체 시기의 역사를 말해야 한다.
>
> 둘째, 강제 징용의 역사가 있음을 밝혀야 한다.
>
> 셋째, 약속 이행과 관련된 경과 보고서를 2017년 12월까지 세계 문화유산 위원회에 제출해야 한다.

2015년 사토쿠니 유네스코 일본 대사는 '1940년대에 일부 시설에서 수많은 한국인과 여타 국민이 의사에 반해 동원되어 가혹한 조건하에서 노역을 했으며, 제2차 세계대전 당시 일본 정부가 징용 정책을 시행했다는 사실을 이해시킬 수 있도록 조치를 취할 준비가 되어 있다'고 발언하며 유네스코의 조건 이행을 약속했다. 그러나 실제로는 그리하지 않았다.

한편, 영화 이전에 소설가 한수산의 『군함도』가 있었다. 한수산은 일본의 한 고서점에서 『원폭과 조선인』이란 책을 읽고 군함도의 존재와 그 섬에서 벌어진 일을 알게 되어 소설을 집필했다. 이 책은 군함도에서 생활하던 조선인들의 삶을 자세하게 그림으로써 우리가 처음으로 군함도의 존재를 인식하게 만들어주었다.

영화 「군함도」는 나가사키와 군함도를 오가는 선박을 이용해 조선인들이 지옥도 탈출을 시도하는 '군함도 엑소더스' 이야기가 큰 줄기다. 그런데 막상 영화가 개봉되자 여러 논란에 휩싸인다. 우선, 스크린 독점 이슈인데 여기서는 생략하기로 한다. 그보다 인터넷을 뜨겁게 달군 것은 역사적 팩트에 대한 논쟁이다. 이는 역사 영화에 대한 몰이해에서 빚어진 소동이었다. 영화는 다큐가 아니며 역사적 소재를 바탕으로 해서 작가의 상상력으로 빚어진 또 하나의 작품일 뿐이다. 실제와 어떻게 다른지 따져볼 수는 있겠지만 사실과 다르다고 해서 영화가 역사를 왜곡했다고 몰아붙이는 것은 넌센스다. 명확히 할 부분은 따로 있다. 바로 일본 정부가 강제 동원이 없었다고 주장하고 있는 점이다. 물론 돈을 벌기 위해서 무작정 하시마섬으로 간 조선인도 있을 터다. 영화 도입부에서 하시마 탄광으로 들어오는 조선인들의 모습 위로 일본 책임자의 목소리가 깔린다.

"회사는 기숙사를 제공한다. 다만 그 비용은 매월 지급되는 임금에서 공제한다…. 회사는 노동자들이 탄광까지 오는 모든 이동 경비와 숙박 비용을 제공한다. 다만 그 비용은 매월 지급되는 임금에서 공제한다…."

듣기에 따라서는 정당한 근로 계약을 맺은 것 같다. 그러나 대부분은 속아서 간 것이고, 탄광 현장에서 비인도적이며 야만적인 대우를 받고 억울하게 죽어간 조선인이 상당수라는 게 명백한 사실이다. 나가사키 인권 모임은 『원폭과 조선인』을 발간하고 강제 동원의 물증을 확보해 일본의 뻔뻔한 발뺌을 저지하기 위해 힘쓰고 있다.

지금부터는 영화를 따라가며 진실을 살펴보자.

조선인과 중국인들이 강제로, 혹은 돈을 많이 벌 수 있다는 꾐에 빠져 군함도로 간다. 그러나 그곳에는 인간이 견디기 힘든 강제 노역과 열악한 환경이 기다리고 있다. 여기에 경성 반도 호텔 악단장 강옥(황정민 분)과 그의 외동딸 소희(김수안 분), 종로 일대를 주름잡던 주먹 칠성(소지섭 분), 일제 치하에서 온갖 고초를 겪은 말년(이정현 분) 등 각기 다른 사연을 품은 조선인들이 군함도로 모인다. 그들은 살아서 다시 고향 땅에 갈 꿈을 꾸며 하루하루를 버틴다. 한편, 이곳에는 거물급 독립 운동가가 숨어 지내고 있다. 광복군 소속 OSS 요원 박무영(송중기 분)은 본부로부터 요인 구출을 지시받고 이곳에 잠입한다. 이 부분은 픽션이나, 어쨌든 군함도의 모습은 현실에 가깝게 재현해냈다.

영화의 기본 뼈대인 조선인 집단 탈출은 실제로는 일어나지 않았지만, 간헐적으로 조선인들의 탈옥 기도는 있어왔고 그 과정에서 많은 사람이 죽은 것은 사실이다. 관객들 사이에 가장 논란이 되었던 부분은 조선인과 일본인 간의 갈등이 아니라 조선인들 사이에서 벌어지는 폭력과 암투였다. 왜 조선인끼리 악다구니하며 싸우고 죽이게 했느냐는 것이다. 그러나 역사적으로 자신의 이익과 이해를 위해 조국과 민족을 버린 사람은 많다. 3·1 운동 당시에도 만세 운동을 반대하는 조선 사람은 있었고, 가깝게는 1980년대 6·10 항쟁 당시에 장사가 안 된다며 데모를 막아서는 상인들도 많았다. 역사는 거시적으로 보아야 한다. 어떤 쪽이 역사적으로 올바르게 갔는지를 잘 보고 큰 흐름을 포착해야지 일부의 모습만 보고 자괴감에 빠지면 안 된다.

또 다른 논란은 이른바 '국뽕 영화'의 오글거림이 눈에 거슬렸다는 것이다. 박무영이 변절한 독립 운동 지도자를 처단하면서 "민족의 적과 내통한 죄, 인민들의 피를 빨아 사리사욕을 채운 죄, 지도자 행세를 민중을 기만한 죄를 물어 너의 반민족 행위를 조선의 이름으로 처단한다."라는 대사를 외칠 때 특히 그러했단다. 그러나 이 역시 일제 강점기의 독립 운동을 그리면서 극적 장치로 애국심을 활용할 필요가 있는 설정에서 비롯되었다고 생각한다.

오히려 아쉬운 점은 다른 데 있었다. 영화에서 류승완 감독의 연출의 장점이 크게 발휘되지 못했기 때문이다. 「부당거래」, 「베를린」, 「베테랑」에서 보여준 재기 발랄함과 적절한 긴장감을 끌고 가는 힘이 극 전반을 지배하지 못했다. 또한 캐스팅이 적절했는지도 의문이다. 송중기의 캐릭터 소화력이 다소 부족했고, 소지섭과 이정현의 러브 라인에 감정 이입하는 데 무리수가 따랐다. 영화의 하이라이트라 할 수 있는 대규모 탈출 씬 역시 가슴 깊은 곳에서 분노와 울컥함을 이끌어 내기에 역부족이었다.

감독은 '실제 군함도를 촬영한 항공 사진을 보고 스토리를 떠올려 영화를 만들기 시작했다. 이 영화를 보고 나면 마치 온몸을 맞은 듯 얼얼한 느낌을 주고 싶었다'고 언론 인터뷰에서 밝혔다. 말도 많고 탈도 많았던 영화 「군함도」는 천만 관객에 육박하는 흥행 호조를 보였다. 사실 이 영화의 미덕은 따로 있다. 군함도의 존재조차 모르던 대부분의 한국인들에게 아픈 역사를 다시 한 번 들추어내 그때의 상처를 환기하고 역사적 재평가를 받도록 했다는 점이다. 이것이 다른 어떤 점보다 이 영화가 주는 큰 미덕이다.

한편, 유네스코 세계 유산 위원회는 2015년 등재 이후 2018, 2021, 2023년에 걸쳐 일본이 강제 동원 역사를 설명하겠다는 약속을 충실히 이행하지 않고 있는 것에 대해 강하게 유감을 표명하는 결정문을 반복해서 채택했다.

제12강

해방정국

태백산맥

1948년	제주 4 · 3항쟁
1949년	반민특위 발족
	빨치산 동계 토벌 작전
1950년	토지 개혁 시행령

그때 우리는 어디로 가야 했을까?

아껴 보고 싶은 책이 있다. 페이지를 한 장 한 장 넘길 때마다 한숨이 나온다. 분량이 얼마 남지 않아서다. 나에게는 그런 책이 『태백산맥』이다. 1990년대 서울대 신입생들이 가장 감명 깊게 읽은 책으로 꼽았고, 소위 86세대(80년대 학번 60년대 출생)의 열화 같은 지지와 애정을 받은 조정래 작가의 작품이다.

소설 『태백산맥』을 영상이나 영화로 제작하고 싶다는 꿈을 가진 이들이 많았다. 그러나 그 작업은 아무나 할 수 있는 일이 아니었다. 일단 『태백산맥』은 10권으로 이루어진 대하소설이다. 무엇보다 판매 금지 처분을 둘러싼 법정 공방이 끊이지 않을 정도로 사상과 이념 대립이 첨예한 문학 작품이다. 그러니 선뜻 엄두를 내기 힘들다. 더군다나 작품의 완성도나 우수함을 훼손하지 않아야 한다. 잘해야 본전이라는 말도 있었다. 수십 명의 등장인물이 가진 개성을 두 시간 남짓한 영화 속에 스며들게 하기에는 너무나 벅차 보였다. 역시 임권택 말고는 대안이 없었다.

대작이 영화가 되려면

한국 영화계의 대표 감독으로 거장의 반열에 오른 임권택 감독은 지금까지 100여 편의 작품을 연출한 한국 영화사의 산증인이다. 작품의 개수뿐만 아니라 국제 영화제에서의 다수의 수상 경력을 통해 그 완성도도 인정받았다. 전라도 판소리에 깃든 한을 담아내며 당시 최다 관객을 동원한 「서편제」, 상업적으로 큰 성공을 거둔 「장군의 아들」을 만들고 난 임권택 감독이 어떤 작품을 선택할지 귀추가 주목되었다.

마침내 차기작으로 「태백산맥」을 결정했다고 하자 '결국'이라는 반응과 함께 어느 누구도 딴지를 걸지 못했다. 촬영은 정일성 감독이 맡았고, 안성기, 김명곤, 김갑수, 오정해 등 소설 속 캐릭터와 유사한 이미지를 지닌 배우들로 라인업이 꾸려졌다. 그다음부터는 과연 시대의 큰 벽화인 소설 『태백산맥』을 어떻게 스크린에 투영할 것인지가 관건이었다.

소설 『태백산맥』은 좌익과 우익, 혹은 진보와 보수 사이에서 치열한 논쟁 거리가 되었다. 그도 그럴 것이 소설 속에 그려진 내용의 진위, 역사적 팩트에 대한 가치 판단은 양 진영의 존망에 그대로 귀결될 정도로 중요했기 때문이다. 도덕적 명분과 역사의 주도권을 누가 쥐고 가느냐의 싸움이었다.

먼저 소설 『태백산맥』부터 들여다보자. 소설은 해방 후 여순 반란 사건을 중심으로 호남의 벌교 지방에서 다양한 군상들이 펼쳐내는 이야기를 담고 있다. 반란 사건의 주동자인 좌익 세력과 추종 세력, 중도적 입장에서 민간인의 희생을 줄이고자 애쓴 중간 사람들, 그리고 반란 사건을 토벌하기 위해 나선 우익 세력들, 이렇게 세 무리로 등장인물을 나눌 수 있다. 문학 평론가 권영민 교수는 『태백산맥 다시 읽기』에서 이같이 평했다.

> 소설 『태백산맥』은 우리들에게 하나의 충격이다. 민족 분단의 상황 속에서 이념의 요구에 의해 은폐될 수밖에 없었던 역사의 한 장면이, 방대한 규모의 소설적 형식을 통해 비로소 객관화될 수 있게 되었다는 사실이 또한 충격을 던져준다. (중략) 그러나 무엇보다도 충격인 것은 이 같은 방대한 규모의 소설을, 이 같은 문제적인 주제 내용을 이제 우리의 현대 문학사가 충분히 감당

해낼 수 있을 정도로 그 관점과 폭이 넓어지고 있다는 사실이다.

권 교수는 일단 충격이라 표현했고 우리 사회가 조금은 열린 사회로 가고 있음에 희망을 걸었다. 그러나 문학계에서는 관점의 폭이 넓어졌다 판단했는지 모르지만, 우리 사회는 여전히 닫힌 사회였다. 다음은 한 일간지의 기사다.

> 대검은 10일 조정래 씨의 장편 소설 『태백산맥』이 민중 봉기를 미화하는 등 이적성이 있다고 판단, 운동권 학생이나 노동자들이 이 소설을 의식화 학습 도서 자료로 사용할 경우 국가 보안법상 이적 표현물 탐독 등 혐의로 사법 처리하기로 했다. (중략) 검찰 관계자는 이 소설의 후반부로 갈수록 좌경 색채가 농후해진다는 분석에 따라 사회주의 사상을 담은 일반 서적과 마찬가지로 탐독 의도에 따라 처벌 여부를 결정하기로 했다고 말했다.
>
> -「중앙일보」(1991. 4.)

코웃음이 나온다. 탐독 의도를 무엇으로 알 수 있다는 말일까? 검찰이 사람의 마음까지 들여다볼 수 있나? 당시 『태백산맥』의 인기와 비례한 논쟁의 열기는 대한민국 전역을 달구었고 주요 관심사가 되었다. 소설 하나가 온 나라를 들쑤셔놓은 셈이다.

영화로 만들어진다고 하자 우익들의 반발은 더욱 거셌다. 책이야 그렇다 치더라도 보다 더 많은 감성과 대중적 접점을 가지고 있는 매체인 영화로 만들어진다면 좌익 빨갱이 사상이 어린 청소년부터 일반 대중에까지 급속도로 확산될 우려가 있다는 게 보수 우익들의 반대 논리였다. 영화는 우여곡절 끝에 제작되어 상영되었다. 내용은 소설과 다르게 만들어졌다.

중요한 것은 땅이다

일단 영화의 줄거리를 보자. 때는 해방 직후다. 미소 공동 위원회가 결렬되고, 유엔에서 결의한 '선거 가능한 지역에서 먼저 투표를 시행함'으로써 반쪽 정부라도 만들고자 하는 미 군정과 이승만 세력이 정국을 주도하고 있었다. 영화의 첫 장면에는 다음과 같은 자막이 나온다.

> 미, 소의 냉전 구조는 한국 민족 내부의 이기적 갈등을 조장했고 두 개의 정부로 갈라선 남과 북은 적대의 이빨을 들이댄 채 서로 다른 이념의 골짜기를 가고 있었다.

민족 내부의 이기적 갈등이란 무엇일까? 바로 토지 소유에 관한 문제다. 당시 국민의 80퍼센트가 농사를 지었고, 이념이나 사상보다 먹고살기 위한 생존의 문제, 즉 땅의 소유 문제를 어떻게 할 것인가가 그들의 유일한 관심이자 우선순위였다.

잠시 소설로 돌아가보자. 다음은 작중 인물인 안창민이라는 사람의 생각이다. 그는 공산주의자다.

> 오만을 헤아리는 읍민들 중에 구 할이 농민이었고, 그 농민들 중에서 팔 할이 넘게 소작인인 그들이 인민 위원회에 바라는 것이 무엇인지는 너무나 분명하고 확실하다. 신속한 토지 문제의 해결이었다. 그 요구와 공산주의 혁명과는 한 치의 빈틈없이 맞아떨어졌다.
>
> -『태백산맥』 제1권

영화 「태백산맥」도 토지 문제로 빚어지는 갈등과 투쟁을 크게 다루고 있다. 당시의 민중들은 자기가 농사짓는 땅을 자기가 소유하는 게 평생의 꿈이자 소망이었다. 그것만 충족된다면 사실 그들에게는 좌익이든 우익이든 그리 중요하지 않았다. 남한의 입장에서 정말 다행인 것은 남한의 토지 개혁 시행에 관한 법률 공포가 한국전쟁 이전에 발효된 점이다. 남한 농민들의 기대에는 미치지 못했지만 유상 매수, 유상 분배라는 형태로 어느 정도 소작인들에게 희망을 안겨주었기 때문이다. 만약 이 시행령이 전쟁 전에 발효되지 않았다면 북한의 선무 공작에 대부분의 남한 농민들은 북측 편에 섰을 가능성이 농후하다.

1948년에는 한국 근현대사에 기록될 굵직한 사건들이 많았다. 먼저 제주 4·3 항쟁이다. 5월 10일로 결정된 최초의 국회 의원 총선거일이 가까워지자 단독 정부를 반대하는 좌익을 중심으로 대규모 시위가 일어난다. 제주에서도 좌익의 선동으로 시위가 벌어지는데, 정부와 우익 단체인 서북 청년단 등이 무자비하게 시위를 신압한다. 진압 과정에서 무고한 양민이 학살되는 참극이 빚어지고 이에 대한 저항으로 일어난 제주도민의 봉기가 바로 '4·3 제주 항쟁'이다. 봉기를 진압하기 위해 전라도 지역에 있던 여수, 순천 계엄군이 제주로 급파되고, 여순 지역의 좌익 세력을 중심으로 군사 항명 소요가 발생한다.

영화 「태백산맥」은 이렇게 혼란의 중심이었던 전라도 벌교 지방에서 시작한다. '봉기군'은 순천을 점령하고 벌교까지 쳐들어온다. 그래서 영화 속에서 벌교로 들어온 '봉기군'은 모두 국방군 군복을 입고 있다. 이들이 벌교에 들어와 맨 먼저 한 일은 악질 지주의 처형과 무상 몰수, 무상 분배를 내용으로 하는 토지 개혁이었고, 이를 통해 농민들을 공산주의의 편에 서도록 하는 선무 작업이었다. 그러나 이내 국군의 진압군이 순천을 탈환하고, '14연대 봉기군'들은 지리산으로 숨어들어간다. 일명 지리산 빨치산은 이렇게 해서 생겨났다. 여기에 두 명의 인물이 맞부딪힌다. 빨치산 대장 염상진과 우익 청년단장 염상구가 그들이다. 피를 나눈 형제이지만 생각도 생김새도 전혀 다르다. 이들은 각 진영의 대표답게 시종일관 치열한 파열과 마찰을 빚어낸다.

여기에 지식인이면서 어느 편에도 서기를 거부하는 김범우가 있다. 이 세 사람이 영화 「태백산맥」의 중심인물로 자리 잡는다.

농민 앞에
벌어진 일들

『태백산맥』에 메마른 이념의 충돌만 있는 것은 아니다. 당시 민초들의 삶과 애환, 전라도 농민이 가지고 있는 한과 정서를 문학적으로 성취해냈다. 전라도 사투리에 투박한 남녀 간의 애정 묘사도 빠질 수 없다. 염상구와 외서댁의 살냄새 나는 정분이 '벌교 꼬막 같은 맛'으로 곱살스럽게 표현되어 당시 대학생들 사이에 유행어가 되기도 했다.

또 하나 빼놓을 수 없는 가슴 아픈 비극적 사건은 이른바 보도 연맹에서 빚어진 비극이다. 보도 연맹은 한때 좌익 활동을 했다가 전향한 사람들로 구성된 단체로 남한 정부가 강제로 만든 조직이다. 여기에는 잠시 좌익 활동을 했거나 피치 못할 사정으로 공산주의자들 편에 섰던 애매한 사람들이 상당수 존재했다. 이들은 관제 데모를 통해 자신의 과오를 반성하고 '공산주의자들을 박멸하자'는 구호를 거리에서 줄지어 외치고 다녀야 했다. 이들 대부분은 한국전쟁이 터지자 국군이 후퇴하면서 사살된다. 북한 공산당과 동조할 가능성이 있다는 잠재적 추측만으로 수많은 무고한 목숨이 죽어간 것이다.

당시 벌교 등 지리산에 인접한 마을에서는 웃지 못할 촌극이 벌어졌다. 마을 주인이 하루 걸러 남측과 북측으로 바뀔 정도로 빈번한 손바뀜이 있었다. 낮에는 대한민국 만세를 외치다가 밤이 되어 빨치산의 세상이 되면 조선 민주주의 인민 공화국이 주관하는 인민재판에서 자아비판을 했다. 그러다 보니 이웃 주민들이 서로를 고자질하는 일이 벌어지고 허물없는 이웃이 원수지간이 된다. 이웃을 믿지 못해 고발하고 총칼을 겨누는 것, 이는 한국 동란의 예견된 전초전이었다.

격동의 1948년이 지나고 1949년 들어 국회에서 역사적인 반민 특위를 발족한다. 이승만 정부는 점차 안정을 찾아갔고 여수 · 순천 10 · 19 사건의 주역인 남로당 전남도당은 진압군에 의해 거의 궤멸 상태에 이른다. 계엄 사령부가 벌교에 주둔하고 그 책임자로 심재우 중위가 부임한다. 심재우 역시 눈여겨볼 만한 인물이다. 그는 군인답지 않게 차분한 성격과 태도로 합리적인 업무를 진행하면서 김범우(안성기 분)와 가깝게 지낸다. 비록 보수의 입장에 서기는 하나 공평무사한 업무 처리로 주민들의 신뢰를 얻어간다. 그러다 벌교에 '땅의 전쟁'이 시작된다. 지주와 소작인의 갈등은 식민지 현실에서 예고되었던 친일 지주와 수탈당하는 농민 사이의 예정된 수순이었다.

그해 6월에 김구가 암살당한다. 민족주의 우파는 지도자를 잃었다. 영화에서는 김범우와 공산당 여맹 활동을 하던 이지숙 선생 간의 계급과 민족을 놓고 설전이 벌어진다. 김범우는 사실상 소설 『태백산맥』의 주인공이라 볼 수 있고, 정치적으로 민족주의 우파의 성향을 띤다. 어떨 때는 회색의 나약한 지식인의 모습을 보이기도 한다. 그는 시종일관 민족의 단결과 통합을 주장한다. 남쪽과 북쪽이 힘을 합쳐 외세에 대항하고 우리 민족끼리 살 방향을 모색해야 한다면서 말이다. 이지숙은 이런 김범우에게 일침을 놓는다. 민족인지, 계급인지 선택하라고 다그친다. 어설픈 민족적 감상주의에 빠지지 말고 역사의 대세인 노동자, 농민 기층 민중을 위한 당을 건설해 사회주의 혁명을 완수하자고 한다. 김범우는 이지숙에게 아무 말도 하지 않는다. 그도 무엇이 정답인지 알 수 없었기 때문이다.

농지 개혁에 대한 농민의 시각도 영화 속 대사에서 잘 드러난다.

"평생 소원이 내 땅 내 논마지기에서 농사짓는 거였구만이라…. 헌데 북쪽에서는 지주들 땅 다 무상으로 몰수해다가 다 무상으로 소작인들에게 나눠준다고 합디다…. 참말일까라?"

"그렇다고 칩시다. 헌데 농사를 짓고 수확한 쌀을 다 배급한다고 하면 어떨까요?"

"아이고, 그럼 뭐라고 쎄빠지게 농사짓는다요. 내가 농삿일해서 내가 벌어먹는 재민데…."

공산당의 무상 몰수, 무상 분배 주장의 허구성을 김범우가 한 농민에게 지적한 것이다. 어차피 무상으로 나누어준들 공동 소유의 이름으로 다시 거두어들일 것이 뻔하기 때문이다.

1949년 겨울 대대적인 빨치산 동계 토벌 작전이 감행된다. 지리산의 빨치산들은 대개 얼어 죽거나 동상에 걸려 악전고투 중이었다. 이때 거의 90퍼센트의 빨치산 조직이 궤멸되었다. 1950년 4월 6일 남한에서 토지 개혁 시행령이 실시되면서 유상 몰수, 유상 분배가 이루어진다. 한국전쟁이 터지기 한 달 전이었다. 이 법안의 시행으로 긴가민가했던 남한 농민 대다수가 대한민국을 지지하게 되고 공산당에 대한 민심이 급속도로 식어갔다.

지극히 인간적인 것, 한국적 휴머니즘

영화 「태백산맥」에 등장하는 인물들에 대해 간략히 살펴보자. 전체적인 흐름은 김범우와 염상진이 끌고 간다. 염상진은 광주 사범 학교를 나온 엘리트이지만 소부르주아적인 삶인 교직을 내려놓고 공산혁명 운동에 투신한다. 기득권이자 지배 계층으로 편입할 수 있었지만 이를 과감히 버리고 소작민을 위한 투쟁에 뛰어든 것이다. 해방 후에는 벌교 지역 좌익 세력의 주도적 위치에 서다가 결국 지리산으로 숨어들어간다. 빨치산들은 한국전쟁이 터졌다는 소식조차 알지 못한 채 굶주리다가, 농가에 내려가 먹을 것을 구하던 차에 농부에게서 전쟁 소식을 듣게 된다. 그들은 "드디어 우리 세상이 왔구나." 하고 환호한다. 그러나 북에서 내려온 '인민 해방군'은 그들의 생각과는 많이 달랐다. 목숨을 걸고 혁명 투쟁을 했건만 사상적 검증이 필요하다는 질책을 듣고 염상진은 처음으로 혁명에 회의가 든다.

염상진의 동생 염상구는 전형적인 우익 행동 대장이다. 그는 어려서부터 형 염상진에 대해 질투와 원망으로 똘똘 뭉쳐 있다. 그러다 인민군이 벌교를 점령했을 때 형 염상진이 다락에 숨어 있던 염상구의 탈출을 돕고 그에게 총과 실탄까지 건넨다. 철천지원수였던 두 사람이지만 그에 앞서 둘은 피를 나눈 형제이고 피는 물보다, 아니 이념보다 진하다는 점을 감독은 보여주고 싶었던 것이다. 마지막 장면에서 염상구는 염상진의 처참한 주검을 손수 거둔다. "살아서나 빨갱이제, 죽어서도 빨갱이여." 하며 울먹인다.

김범우는 작가의 분신 같은 인물이다. 조정래 역시 실천적인 지식인이라기보다 주로 글을 통해 1980년대 군부 독재에 저항하는 작가였다. 투쟁의 전면에 섰던 전위 부대가 보기에는 좀 실망스러울 수도 있다. 그러나 작가는 김범우 같은 인물을 매개로 끊임없이 하나의 통합된 길을 모색한다. 좌도 우도 아닌 새로운 통합의 모색을 말이다. 이는 결국 민족주의로 귀결된다. 작가는 우리 운명을 우리 손으로 결정하자는 주체적 인물로 김범우를 내세우고 그에게 자신의 신념을 투사시킨다. 김범우는 작가의 페르소나 같은 존재인 것이다.

소설과 영화에서 보여지는 김범우의 모습은 사뭇 다르다. 소설의 김범우는 한국전쟁 이후 강제로 미군 통역관으로 일하다가 미군의 비인간적인 행태에 실망을 느껴 인민군에 자원 입대하고 나중에 포로수용소까지 가게 된다. 반면, 영화는 인천 상륙 작전에서 서두르듯 이야기를 끝맺는다. 김범우의 좌익 활동에 대한 언급이 빠져 있다. 어쩌면 임권택 감독 역시 김범우의 좌익 활동에 부담을 느꼈는지 모른다. 이렇게 유능한 영화 각색가도 김범우를 좌우를 아울러 고민하는 지식인 정도로만 표현했다. 영화라는 대중 매체를 감안한 자기 검열일 수도 있다. 다른 관점에서 보자면, 임권택 감독의 작품에 스며 있는 인본주의적 관점에서 소설 『태백산맥』이 재해석되었다고 볼 수도 있다.

임 감독의 작품을 관통하는 주제는 한마디로 '한국적 휴머니즘의 발현'이다. 개인적으로 임 감독 최고의 작품으로 꼽는 「만다라」만 보더라도 그가 추구하는 인간의 세계란 조화로운 우주관임을 알 수 있다. 영화 「태백산맥」은 이념을 탈색하고 인간성을 회복하자는 임 감독의 작가적 견지에서 본 또 다른 결과물로 보아야 할 것이다.

▲ 태백산맥 캡션 누락

제13강

한국전쟁

태극기 휘날리며 / 인천 상륙 작전 /
웰컴 투 동막골

1949년 주한미군이 철수하다

1950년 미국의 애치슨 선언

한국전쟁이 일어나다

인천상륙작전

1951년 1·4후퇴

휴전협상

1953년 휴전협정 체결

허리가 잘려버린 한반도

대한민국 현대사에서 가장 비극적인 사건은, 아마도 동족끼리 총구를 겨누고 민간인 사상자만 100만 명이 넘었던 내전이자 강대국의 대리전이기도 했던 한국전쟁이 아닐까.

한국전쟁은 6 · 25 사변이라 부르기도 한다. 북한은 한국전쟁을 '민족 해방 전쟁'이라 칭한다. 미국에 억압된 한반도 민중들을 해방시키기 위한 전쟁으로 보기 때문이다. 이 전쟁에 관해 가장 객관성을 담보한 이름은 아직까지는 '한국전쟁(Korean War)'이다. 가치 판단을 유보한 명명은 역사 연구의 기본이다.

해방 후 한반도는 남북으로 분단되고 북한의 김일성은 소련의 전투력을 끌어들여 1950년 6월 25일에 기습적으로 남침을 감행한다. 국지전이 아닌 전면전이었고, 북한의 치밀한 준비로 시작된 민족의 비극적 전쟁이었다.

사실 한국전쟁 개전에 대한 책임을 두고 얼마 전까지도 학계에 여러 주장이 있어왔다. 첫째는 북한의 남침설, 둘째는 남한의 북침설, 셋째는 남한의 남침 유도설이 그것이다. 이 중 미군이 전쟁 발발 1년 전에 한반도에서 전면 철수하고 남한의 사회·정치적 불안이 심화되자 전쟁을 통해 정부를 강화시키고자 남침을 유도했다는 세 번째 주장이 좌파를 중심으로 꽤 설득력 있게 퍼진 적이 있었다. 그러나 이는 일면만을 바라본 잘못된 주장이다.

미군은 왜 한국에서 철수했을까? 여러 이유가 있겠지만 가장 큰 것은 더 이상 한반도에 주둔할 명분이 없어졌다는 점이다. 미군의 주둔 목적은 일본군의 무장 해제와 신탁 통치를 실시할 바탕을 만드는 것이었는데, 우여곡절 끝에 남한이 단독 정부를 세웠으므로 더 이상 머무를 대외 명분이 사라진 것이다.

또 하나는 전쟁을 이용한 남한 정부 강화론이다. 물론 정부 수립 초기에는 여수·순천 10·19 사건 등 크고 작은 홍수를 겪은 게 사실이다. 그러나 한국전쟁 발발 당시에는 오히려 안정기에 접어들었다. 군대 내 공산주의자 색출도 마무리되었고 경제 위기도 점차 수그러지기 시작했다는 게 여러 경제 지표를 통해서 확인되었다. 따라서 남한의 남침 유도설은 허구라는것이 지금까지의 연구 결과다.

그동안 한국전쟁에 대한 역사적 해석과 논쟁은 쉬지 않고 이어져 왔다. 시카고 대학의 브루스 커밍스 교수는 저서 『한국전쟁의 기원』

에서 좌파 진영이 주장하는 내재론적 남침 유도설로 한국전쟁의 시작을 바라보는 의견을 피력했다. 이를 근거로 일부 극좌파에서 북침을 주장해 한때 사회적 파장을 일으키기도 했다. 그러나 북한의 사전 계획에 의한 남침이라는 것이 여러 역사적 자료와 실체적 증언을 통해 정설로 자리 잡게 되었고, 더 이상의 소모적 논쟁에 종지부를 찍었다.

한국전쟁을 다룬 영화는 많다. 그러나 영화 「태극기 휘날리며」는 영상과 기술 수준이 기존의 한국전쟁을 배경으로 한 영화들과 차원이 달랐다. 「태극기 휘날리며」는 「은행나무 침대」, 「쉬리」의 강제규 감독이 메가폰을 잡고 쇼박스가 제작한 이른바 한국형 블록버스터다. 일단 음향과 시각적 효과 측면에서 전쟁을 실감 나게 담아낼 수 있는 여건은 충분하게 만들어진 셈이다.

오히려 강제규 감독의 고심은 우리 현대사에 여전히 짙게 드리워진 그늘 같은 한국전쟁을 어떤 시각으로 어떻게 담아낼 것인가였다. 결국 감독은 사상적 스펙트럼이나 이념적 잣대보다 휴머니즘이란 도구를 사용해 영화를 조각했다. 꽃미남 배우 장동건과 원빈을 투톱으로 하고 형제애를 전면에 깔아 남북의 아픔을 보여주며 화해를 모색하려 한 것이다.

때는 1950년 6월 전쟁 직전이다. 종로에서 어렵게 살고 있는 한 가족이 있다. 진태(장동건 분)와 진석(원빈 분)은 생활은 힘들지만 열심히 살아가는 우애 좋은 형제다. 진태에게는 사랑하는 약혼자도 있고 모셔야 할 어머니도 있다. 진태는 생계를 위해 구두 통을 짊어져야 하지만 동생 진석의 뒷바라지를 하는 데 보람을 느끼며 산다. 평화로운 서울에 거친 사이렌 소리가 들리기 시작한 순간 이들의 일상은 해체된다. 대구역에서 강제 징집된 동생을 위해 형은 대대장을 만나러 직접 전장에 뛰어든다. 형의 유일한 목표는 동생의 목숨을 구하는 것이다. 전쟁의 아수라장에서 동생을 구출하려는 형의 모습은 스필버그 감독의 「라이언 일병 구하기」보다 더 애잔하다. "너 공부시키려고 학교 관두고 구두 통 메고 다녀도 한 번도 후회한 적 없어. 어머닌 시장통에서 허리 한번 못 펴고 국수 팔아도 너 땜에 힘든 줄 모르고 살아."라고 진태는 진석에게 절규한다.

전쟁통에 진태는 북한 인민군의 포로가 되고, 급기야 인민군 군복을 입고 전투에 나선다. 얄궂게도 진태와 진석은 인민군과 국군의 백병전에서 적군이 되어 눈물로 조우한다. 그러다 진태가 큰 부상을 당하고 정신을 잃는다. 진석은 진태를 부둥켜안고 오열한다.

"형, 우리 지금 가야 돼. 어서 일어나. 제발 좀… 엄마한테 가야 될 거 아냐. 누나 산소도 가야지. 나 대학 가는 것도 봐야 될 거 아냐…."

진태는 가까스로 입을 뗀다.

"형 니 구두 만들기 전에 안 죽어…. 너부터 가."

그러면서 품속에서 만년필 하나를 꺼내 다시 만나면 그때 달라면서 건네지만 진석은 받지 않는다. 진석은 "꼭 돌아와야 해."라는 말을 끝으로 떨어지지 않는 발걸음을 떼며 후퇴한다.

진태는 인민군에게 총구를 돌려 사격을 가한다. 이 순간 무엇보다 더 중요한 것은 진석의 안전한 후퇴이기 때문이다. 그는 그저 진석만 무사하길 바란다. 전쟁의 승자도 전투의 승리도 안중에 없다. 누구를 위한 전쟁이며 무엇 때문에 하는 전투인지 모르지만 그저 내 가족만을 지키겠다는 일념 하나뿐이다. 진태는 그 자리에서 숨을 거둔다.

50년 후 진석은 진태가 자신을 엄호해주다가 전사한 그 자리에서 진태의 유골과 만나고, 유품으로 발굴된 만년필을 만지작거린다. 영화 「타이타닉」의 첫 장면에서 옛 애인을 회상하는 할머니의 모습과 오버랩되는 장면이다. 그러나 먼 나라 이야기로 느껴지는 타이타닉호의 비극과 달리, 현재 우리의 아픔과 직접적으로 맞닿아 있는 이야기이기에 더욱 가슴이 저려온다.

백발의 노인이 된 진석은 왜 형이 만년필을 직접 전해주지 않았냐며 진태의 유골 앞에서 뚝뚝 눈물을 흘린다. 그러면서 그때 같이 내려왔어야 하는데, 하는 한 많은 후회를 토로한다. 많은 관객의 눈시울을 붉힌 이 장면은 우리 역사만이 만들어낼 수 있는 비극적 씬이다.

이념도 사상도 없이 오직 동생의 안위만을 살폈던 진태의 모습은 어찌 보면 그 시대를 힘들게 살아왔던 우리 아버지와 형들의 모습일지 모른다. 거칠게 흘러가는 한국 근현대사의 파고 속에서 얕게 숨 쉬고 밥 한 술이라도 뜨기 위해 일단 눈앞의 암초를 피해가야 했던 세대들의 아픔인 것이다.

이 모든 것은 분단으로 빚어진 결과였다. 분단은 어디에서 왔을까?

분단국가를 초래한 상황들

러시아는 1920년대에 공산주의 혁명을 완수해낸다. 이후 세계 적화 야욕이라는 목표를 설정하는데, 그 첫 번째 타깃이 한반도였다. 2차 세계 대전 끝 무렵 뒤늦게 전쟁에 뛰어든 소련은 연합국의 일원으로 한반도 해방 무드에 편승한다. 미국은 소련에게 한반도 북쪽의 일본을 진압해줄 것을 요구한다. 그런데 미국의 예상과 다르게 소련은 빠른 속도로 일본을 무너뜨리면서 한반도 남쪽으로 내려오기 시작한다. 이에 당황한 미국은 38도선을 긋고 더 이상의 남하를 허락하지 않는다. 자연스럽게 38선이 그어진 것이다. 이후 미소 간의 한반도 임시정부 논의는 소강 상태에 접어든다. 선거 가능한 지역에서의 정부 수립이라는 유엔의 정책과 남한 내의 독자 정부 수립론이 나오더니, 결국 설마설마했던 일이 현실이 된다. 어느 누구도 원하지 않은 분단이 된 것이다.

남한은 1948년 8월 15일에 대한민국 정부가 수립되고 초대 대통령에 이승만, 부통령에 이시영이 당선된다. 남한의 정부 수립을 기다렸다는 듯 북한 역시 9월 9일에 조선 민주주의 인민 공화국을 수립한다. 이로써 본격적으로 돌이킬 수 없는 분단 상태가 고착된다.

전쟁은 이때부터 예고되어 있었는지 모른다. 북은 민족 해방 전쟁을 수시로 부르짖었고 남한은 북진 통일을 이야기했다. 전면전을 준비한 쪽은 북한이었다. 이후 김일성과 소련은 차근차근 남침 준비를 진행한다. 1949년 미군은 한반도에서 전면 철수했고 미 국무부의 에치슨 선언으로 북한이 남침하기 좋은 상황이라 판단했다. 전쟁이 시작된 지 단 3일 만에 대한민국의 수도 서울이 함락된다. 당시 이승만 정부는 방송으로는 서울을 지키겠다고 호언해놓고, 실제로는 한강 철교를 폭발시켜 수많은 피난민의 목숨을 앗아가게 만들었다. 그러고는 가장 먼저 서울을 버리고 도망간다.

한양을 버리고 의주로 도망갔던 선조와 국민들을 기만한 이승만 정부, 이 둘은 다를 바가 없어 보인다. 임진란 당시 분노한 백성들은 경복궁을 불태워버렸다. 백성을 버리고 도망간 왕 따위는 필요하지 않다는 표현이었다. 그런데 이승만 대통령은 오히려 전쟁이 끝난 후 종신 임기의 대통령이 되고자 한다.

후퇴를 거듭하던 국군에게 이제 낙동강이 최후의 마지노선이 되어버렸다. 그러다 당초 전쟁에 개입하지 않을 거라는 북한의 예상을 깨고 미국을 포함한 16개국 유엔 연합군이 한국전에 참전한다. 부산마저 함락되면 전쟁이 북한의 적화로 끝날지 모를 절체절명의 시기에 연합군의 맥아더 총사령관이 신의 한 수를 보여준다. 이것이 인천 상륙 작전이다.

오천분의 일 성공확률, 오퍼레이션 크로마이트

「인천 상륙 작전」은 제목 그대로 인천 상륙 작전에 관한 영화다. 1982년 인천 상륙 작전을 소재로 한 「오, 인천」이라는 영화가 이미 있었다. 이 영화는 당시 할리우드 자본으로 제작되었는데, 흥행에서 참패를 거두고 소리 소문 없이 사라졌다. 「인천 상륙 작전」에는 한국 유명 배우와 할리우드 스타 리암 니슨이 출연했다.

한국전쟁이 발발한 지 75년이 넘었다. 아득한 옛일 같지만, 다른 시각에서 보면 동족을 죽이고 나라가 잿더미가 된 지 100년도 채 못 되는 세월이다. 역사라는 긴 호흡을 통해서 보자면 아주 짧은 시간이 흐른 것이다. 그동안 상전벽해가 무색할 만큼의 외형 변화가 있었지만, 그럼에도 변하지 않은 건 아직도 적대적인 두 체제가 언제든 전쟁을 시작해도 이상하지 않은 휴전 상태라는 것이다. 따라서 한국전쟁은 현재형이라 말할 수밖에 없다.

한국전쟁은 우리가 승리한 전쟁일까? 오바마 전 대통령이 한국을 방문했을 때 주한 미군들과 어울린 자리에서 '한국전쟁이 무승부였다는 데 동의할 수 없다. 자유에 대한 신념을 지켜냈고 지금 눈부시게 발전한 한국을 보면 분명 승리한 전쟁이다'라고 언급한 적이 있다. 한국전쟁에 대한 미국인들의 긍지와 자부심을 엿볼 수 있는 대목이다.

몇 해 전 한국의 청소년 700명을 대상으로 6·25 전쟁이 북침인가 남침인가를 물어보았을 때 67퍼센트가 북침이었다고 답변한 것으로 나와 크게 이슈가 되었다. 그런데 내막을 들여다보니 북침과 남침의 개념을 혼동했을 가능성이 높았단다. 즉, 북침을 '북한의 침략'으로 이해한 청소년들이 많았다는 것이다. 이를 두고 진중권은 역사의 문제가 아니라 국어의 문제라고 꼬집기도 했다.

한국전쟁은 우리 민족이 공동의 문화 공동체를 형성한 이래 동족 간에 처음 피를 본 사건이다. 또한 자칫 적화될 수 있었던 전쟁이다. 새벽의 기습 남침으로 사흘 만에 서울이 함락되고 최후의 방어선인 낙동강 전선으로 밀려난 긴박한 순간이 있었고, 대통령이 비밀리에 일본으로 정부를 옮기는 문제를 미국 정부와 협의할 정도로 위태로운 시간을 맞기도 했다.

이 위기를 역전으로 이끈 게 바로 인천 상륙 작전(작전명 'Operation Chromite')이었다. 작전은 연합군의 총사령관 더글러스 맥아더 장군이 진두지휘했다. 낙동강 방어선을 마지노선으로 삼고 필사적으로 저항하던 유엔군과 국군은 이 작전으로 한 방에 전세를 역전시켰고, 서울을 수복하고 압록강까지 밀고 나갈 수 있었다. 가히 전쟁사에 남을 기념비적 전투라 하지 않을 수 없다. 아마도 이런 부분이 영화화되는 데 매력적인 요소로 작용했을 것이리라.

영화에서 리암 니슨이 맥아더 장군 역을 맡아 높은 싱크로율을 보여주었고, 이정재, 이범수 등이 각각 국군과 인민군 역할로 등장했다.

맥아더 원수에 대한 평가는 이념의 잣대에 따라 극과 극이다. 맥아더를 '전쟁광'이나 '분단의 원흉'이라 부르며 인천에 있는 맥아더 동상의 철거를 시도한 단체가 있는 반면, 대부분은 맥아더를 '민족을 구한 영웅'으로 대접한다.

필자에게는 맥아더에 2002 월드컵의 영웅이었던 히딩크 감독이 오버랩된다. 히딩크는 대한민국 축구팀에게 승리를 안겼고, 좌고우면하지 않고 목표를 추구했다. 그러고 나서 만족할 만한 결과를 얻고는 조용히 떠났다. 맥아더 장군 역시 전쟁의 프로였고 오직 전쟁에서 승리하기 위해 유엔 사령관으로 차출된 용병이었다. 그 역시 전쟁의 승리를 위해 최선을 다했고 할 만큼 하고 떠났다.

전쟁은 일단 이기고 보아야 하는 게임이라고 한면, 그에 대한 평가를 너무 야박하게 할 필요는 없지 않을까. 전쟁 중에 지도자가 한발 떨어져 한반도를 살피고, 역발상으로 전황과 전술을 펴서 모두가 반대한 작전을 용기 있게 밀어붙여 성공시키는 건 그리 쉬운 일이 아니다.

인천 상륙 작전은 자칫하면 부산까지 무너질 긴박한 상황에서 기획되었다. 낙동강 전투가 한창일 때 맥아더는 북한군의 보급로가 길어진 것을 간파한다. 그래서 후면을 치면서 보급로를 끊고 낙동강에서 치고 올라간다는 기본 전략을 수립한다. 원산, 남포, 해주 등 몇 군데 후보지가 있었지만 북한마저도 간과했던 곳, 바로 인천을 공격 지점으로 전격 결정한다.

피실이격허(避實而擊虛), 즉 적이 방심하고 있는 곳을 치자는 게 맥아더의 생각이었지만 모든 참모들이 결사반대한다. 인천은 수로가 좁아 군함 이동이 어렵고, 조수 간만의 차가 심해 작전이 조금만 늦어져도 물이 빠져 낭패를 본다는 이유에서다. 맥아더는 전략적, 심리적, 정치적 이유를 들어 서울을 신속하게 탈환하려 했으며 그 최적의 장소로 인천을 찍었다. 그러고는 5000분의 1이라는 성공 확률을 뚝심으로 밀고 나간다.

그는 인천 상륙 작전 시 교란 작전을 펴기 위해 포항 옆 장사라는 곳에 상륙대를 선발대로 보낸다. 9월 14일 장사 상륙 작전에 참가한 군인 대부분은 대구, 경북 지역의 학도병이었다. 학도병은 중학생부터 열여덟 살까지 어린 학생들로 구성된 부대다. 772명의 학도병을 태운 LST 전함은 인천 상륙 작전 개시 하루 전 장사항에서 북한군과 치열한 교전을 벌였고, 북한 인민군의 시선을 장사항에 묶어두었다. 이 틈을 타 9월 15일 밤 10시 인천에 75,000명의 연합군과 261척의 함정을 투입해 인천을 함락한다. 장사항의 학도병은 전원 전사했다. 그들의 희생은 인천 상륙 작전을 성공으로 이끄는 데 큰 힘이 되었다.

영화를 만든 이재한 감독은 「내 머릿속의 지우개」, 「제3의 사랑」을 연출했다. 그는 「인천 상륙 작전」 연출 직전에 학도병의 장사 상륙 작전을 소재로 한 영화 「포화 속으로」를 만들었다. 한국전쟁 3부작을 완성하고자 한 감독의 의도가 엿보이는 부분이다. 다만, 영화 「인천 상륙 작전」에서 노르망디 상륙 작전을 그린 「라이언 일병 구하기」나 전쟁 드라마의 전설 「밴드 오브 브라더스」만큼의 완성도를 기대하기는 어렵다.

앞의 한국전쟁 영화들과 결이 다른 작품이 하나 있다. 바로 2005년에 개봉한 박광현 감독의 장편 데뷔작 「웰컴 투 동막골」이다. 한국전쟁을 배경으로 휴머니즘적 분위기를 바탕에 깔고 전개되는 영화인데, 동명의 연극을 원작으로 했다. 이 작품은 코미디, 휴먼 드라마, 전쟁 영화의 장르적 요소를 절묘하게 결합해 2005년 한국 영화계에 큰 반향을 불러일으켰다. 개봉 당시 전국 관객 800만 명가량을 동원하며 흥행에 성공했고, 작품성과 대중성을 동시에 인정받아 청룡 영화상, 대종상, 대한민국 영화 대상 등 다수의 영화상을 수상했다.

1950년 초 치열한 전쟁의 포화가 한창인 시기에 남과 북, 그리고 미군, 세 진영의 병사들이 우연히 깊은 산속의 작은 마을 '동막골'에 모이게 된다. 동막골은 세상과 단절된 이상향과 같은 공간으로 주민들은 전쟁이 벌어진 사실조차 모른 채 평화롭게 살아간다. 영화는 전쟁의 광기와 폭력을 정면으로 다루기보다 그 속에서 피어나는 인간애와 화해의 가능성을 보여준다. 서로 적대 관계였던 인물들이 점차 경계심을 풀고 함께 마을을 지키기 위해 힘을 합치는 과정은 전쟁의 부조리함을 더욱 부각시킨다.

남북 병사들은 처음에는 서로를 죽이려 하지만, 마을 사람들의 천진난만한 행동과 순수한 삶의 방식에 점차 동화되면서 인간성을 회복한다. 영화 후반부에 이들은 마을을 지키기 위해 자발적으로 희생을 선택한다. 이 장면은 전쟁의 비극 속에서도 인간이 서로를 이해하고 연대할 수 있다는 가능성을 보여주며 깊은 울림을 남긴다. 또한 동막골은 한국 사회에서 분단과 전쟁의 상처를 넘어 평화와 통일을 갈망하는 이상향으로 해석되기도 한다.

마을 소녀 여일(강혜정 분)의 "싸우지 마요. 친구 하라니까."라는 말은 영화 전체의 주제를 압축적으로 드러낸다. 마지막 장면에서 미군 파일럿 스미스가 하늘을 바라보며 눈물을 흘리는 장면은 전쟁의 폭력과 희생이 결코 헛되지 않았음을, 그리고 인간애가 끝내 승리한다는 믿음을 상징한다.

「웰컴 투 동막골」은 한국전쟁이라는 비극적 시대를 배경으로 하지만, 그 안에서 웃음과 눈물을 모두 선사하며 관객에게 깊은 성찰을 안겨주는 영화다. 전쟁 영화임에도 불구하고 전투 장면보다 인간관계와 감정에 초점을 맞추고, 적대적 구도를 넘어선 연대와 평화를 이야기한다. 이 작품은 우리에게 묻는다.

"정말 싸워야만 하는가?"

한국전쟁은 여전히 '휴전 협정' 상태다. 우리 민족의 미래는 남한과 북한이 어떤 방식과 내용으로 합의해 공동체의 테두리로 다시 들어오느냐에 달려 있다. 통일 역시 이런 관점에서 바라보아야 한다.

몇 년 전 유명 사진작가 열 분과 휴전선 155마일 답사를 다녀온 적이 있다. 우리는 밤마다 통일에 대한 열띤 토론을 벌였다. 통일에 대한 당위성의 이유는 제각각이었다. 그중 이제는 경제적 이익 관점에서 통일을 바라보아야 한다는 주장이 꽤 설득력 있게 나가왔다. 같은 핏줄이라는 민족의 통일도 의미 있지만 치열한 국제 사회에서 살아남기 위해서라도 하나된 조국의 파워가 필요하지 않을까. 시장 확대와 자원 확보, 인력 수급 면에서 분명 엄청난 잠재력이 있을 것이다. 학자들은 지구상에 마지막으로 남아 있는 엘도라도의 땅이 북한이라고 전망한다. 극히 현실적인 이유에서라도 통일을 향해 한 발자국씩 내딛고 가야 할 숙명이 우리 앞에 엄숙히 놓여 있다.

▲ 국군과 인민군이 서로 껴안고 있는 '형제상'

제14강

산업화

국제 시장/아름다운 청년 전태일

1950년	흥남부두 철수
1951년	1·4후퇴
1963년	박정희, 대통령 당선
	경제 개발 시작하다
1963년 이후	서독으로 광부, 간호사 파견 시작
1964년 이후	베트남전 병력 파병 시작
1970년	전태일이 분신 자살하다
1985년	이산가족 상봉 생방송

아부지, 나 이만하면 참 잘 살았지예?

이런 영화 한 편쯤은 나올 줄 알았다. 우리의 현대사만큼 이야깃거리가 많은 역사가 어디 흔한가. 「국제 시장」은 우리네 아버지들 이야기다. 영화에는 온갖 고초와 고통을 감내하면서 오직 가족을 위해 희생하고 시대적 곡절까지 고스란히 떠안았던 세대, 그래서 지금의 대한민국이 배 곯지 않고 번듯한 나라가 될 수 있게 만든 장본인들이 등장한다. 「국제 시장」은 할리우드 영화 「포레스트 검프」에 견줄 만하다. 포레스트 검프 역할을 맡은 톰 행크스가 미국 현대사를 관통하는 스토리의 주역으로 주목받았다면, 이 영화에는 한국판 포레스트 검프, 덕수의 스토리가 펼쳐진다.

눈보라가 휘날리는 바람 찬 흥남 부두에

영화는 1950년 겨울 흥남 부두 철수에서 시작된다. 정부 수립 후 2년이 채 지나기도 전에 북한은 남조선 해방 전쟁이라는 미명 아래 1950년 6월 25일 38 휴전선을 넘어 전면적인 남침을 감행한다. 기습 공격 사흘 만에 수도 서울이 함락되고 남한은 순식간에 낙동강 전선까지 밀렸다. 이대로 한반도 전역이 적화될 것인가, 하는 기로에 서 있을 때 16개국 유엔군이 참전하고 총사령관 맥아더 원수의 인천 상륙 작전이 성공함으로써 대한민국은 기사회생한다.

9월 28일에 마침내 한국이 서울을 다시 수복하고 압록강까지 진격한다. 그렇게 북진 통일의 기쁨을 만끽하려는 순간 중공군이 전격적으로 전선에 개입한다. 중공군의 인해전술은 끔찍했다. 낮에는 동굴에 있다가 밤에는 피리를 불며 진격해왔다. 죽여도 죽여도 끝이 없었고, 쏘아도 쏘아도 밀려오는 중공군에 유엔 연합군과 한국군은 두려움을 느꼈다. 1951년 1월 4일 다시 서울이 함락당하고 일사 후퇴가 이루어진다.

영화 「국제 시장」은 흥남 부두에서 대규모 중공군의 개입으로 미군이 철수하는 아수라장에서 출발한다. 북한군을 피해 배를 타야 목숨을 부지할 수 있었기에 사람들은 필사적으로 피란하는 배에 올라타야 했다. 그야말로 아비규환의 현장이었다. 심지어 미군 10만 명이 군수 물자 35만 톤을 싣고 탈출해야 하는 상황까지 벌어졌다. 피란민의 수도 거의 10만 명에 육박했다. 그러나 부두를 탈출하는 마지막 배인 메러디스 빅토리호는 군수품을 싣는 배였기 때문에 사람은 60명밖에 탑승할 수 없었다. 이미 승무원만 47명에 다다른 상황에서 당시 미군 통역을 맡은 현봉학 박사가 선장에게 눈물로 호소한다. 이 사람들을 버리고 가면 그들은 죄다 적들에게 죽임을 당할 수밖에 없으니 제발 이 사람들을 살려달라고 하면서 말이다. 미군 선장은 결단을 내린다. 배에 실은 군수품의 대부분을 버리거나 폭파시켜 25만 톤을 줄이고 대신 피란민을 배에 태운다. 전쟁의 참상에서도 인간의 생명을 우선시한 위대한 결단이었다. 이 배는 가장 많은 구조 인원으로 기네스북에 등재되기도 했다. 배는 거제도를 거쳐 부산으로 향했고, 그사이 다섯 명의 아이가 배에서 태어났다. 부산 피난민 시절 전 국민이 애창했던 노래 '굳세어라 금순아'의 가사는 그때의 현장을 생생하게 전달해준다.

눈보라가 휘날리는 바람 찬 흥남 부두에
목을 놓아 불러봤다 찾아를 봤다
금순아 어디로 가고 길을 잃고 헤매었던가
피눈물을 흘리면서 일사 이후 나 홀로 왔다

일가친척 없는 몸이 지금은 무엇을 하나
이 내 몸은 국제 시장 장사치기다
금순아 보고 싶구나 고향 꿈도 그리워진다
영도 다리 난간 위에 초생달만 외로이 떴다

덕수네 가족도 그곳에 있었다. 덕수 아버지는 피난길의 혼란 속에 놓쳐버린 딸을 찾기 위해 배에서 내렸다가 다시 타지 못한다. 그는 덕수에게 말한다.

"이제 니가 가장이다. 가장이니 가족들 잘 보살펴야 한다."

이것이 아버지의 마지막 말이었다. 덕수의 눈물겨운 가장 인생은 그렇게 시작되었다. 덕수네 가족은 부산의 고모 집에서 눈칫밥을 먹으며 간신히 터전을 잡는다.

이후 전쟁은 휴전선을 사이에 두고 소강 상태로 접어든다. 1951년 6월부터 휴전 협상이 시작되었으나 포로 문제와 국경선 문제 등으로 입씨름만 반복한다. 여기에 이승만 대통령의 북진 통일 주장까지 더해져 상당한 시간이 허비되었다. 그러는 동안에도 38선에서는 고지

쟁탈전이 치열하게 벌어졌다. 하루가 멀다 하고 능선과 고지의 주인이 바뀔 정도로 격렬한 전투였다. 1953년 7월 휴전 협정이 조인될 때까지, 한 뼘이라도 더 많은 땅을 확보하려는 양측의 교전으로 말미암아 수많은 꽃다운 젊은이들이 목숨을 잃는다.

가난한 나라의 무기와 굴욕적인 외교

전쟁이 끝난 대한민국에는 폐허만이 남았다. 한국은 전 세계에서 가장 가난한 나라가 되었고, 미국의 원조로 겨우겨우 버텨냈다. 이 틈에도 이승만 정부는 연임 제한 철폐를 위해 사사오입 개헌을 자행하더니 급기야 부통령 이기붕을 당선시키기 위해 대대적인 3 · 15 부정 선거를 저지른다. 국민의 분노는 하늘을 찔렀다. 그 결과로 4 · 19 의거가 일어나 이승만은 미국으로 망명했고 장면 정부가 들어선다. 내각 책임제 정부 구성을 마친 장면 정부는 1년이 채 되지 않아 5 · 16 군사 쿠데타로 쫓겨난다. 공화당을 출범시킨 군사 정권은 1963년에 박정희 대통령을 당선시키고, 이에 박정희 정권이 출범한다. 박정희 정권은 무엇보다 우리 민족의 오랜 세월의 숙원이었던 '고깃국에 흰쌀밥'을 배부르게 먹어보자는 표어를 내걸고 경제 개발 5개년 계획을 추진한다. 먼저 소비재 중심의 경제 발전을 시작한다. 하지만 우리는 기술도 자본도 자원도 없었다. 그렇다면 대체 무엇으로 먹고살아야 할까?

당시 미국은 일본과 한국이 소련의 적화 야욕을 막아내기 위해서라도 두 나라의 국교가 정상화되기를 희망했다. 미국 정부는 일본 정부에 압력을 가해 한국과 정식 수교를 맺게 한다. 일본은 일제 강점기 36년에 대해 사과할 뜻이나 의지가 전혀 없었다(아직까지도 한국 정부에 단 한마디의 사과도 하지 않고 있다). 반대로, 한국 정부는 한 푼이라도 아쉬운 상황이었기에 청구권이라는 이름의 경제 협력 자금(무상 3억 달러, 차관 2억 달러. 장면 정부의 민주당은 최소 10억 달러의 배상을 요청한 바 있다)을 받는 대가로 굴욕적인 수교를 맺는다. 이에 항거한 한일 회담 반대 시위가 있었지만, 김종필과 오히라의 비밀 협약으로 결국 말도 안 되는 배상 금액에 일제 강점기에 대한 모든 배상과 보상을 퉁치고 만다.

박정희 정권은 곧이어 수출 주도형 정책이라는 비장의 무기를 꺼낸다. 수출 드라이브 정책은 한마디로 최대한 수출을 많이 해서 먹고살아야 하는 산업 구조를 말한다. 그러기 위해서는 상품의 가격이 낮아야 하는데 제품을 만드는 공임을 최대한 낮추어야만 경쟁력이 있다. 그동안 정부는 공장 노동자들이 먹고살 수 있는 싼 쌀값을 유지해야 한다. 이런 공장 노동자와 농민들의 희생은 한국의 초기 경제 발전의 기초가 되었다.

한편, 외화 획득의 역군도 빠질 수 없다. 영화 「국제 시장」에 이 외화벌이를 나선 파독 광부와 간호사 이야기가 나온다. 이들의 이야기에는 눈물 없인 들을 수 없는 고초와 고생담이 담겨 있다. 당시 위로차 현장을 방문했던 박정희 대통령마저 광부, 간호사를 얼싸안고 울었을 정도였단다. 그 정도로 애환이 서려 있다는 의미일 터다. 당시 한국의 국민 소득이 연 70달러인데, 광부와 간호사가 1년에 한국으로 보낸 외화는 1,200달러였으니 그들이 끼친 공을 짐작할 수 있다.

왜 우리 국민들이 서독까지 가야 했을까? 종잣돈이 있어야 국가 경제를 부흥시킬 수 있는데 당시 정부의 외환 보유고는 텅텅 비어 있었다. 박정희는 외자를 유치하기 위해 총력을 쏟았다. 문제는 대한민국의 국제 신임도가 매우 낮아서 돈을 빌려줄 나라가 마땅치 않았다는 점이다. 일본으로부터 받은 배상금으로는 턱도 없었다. 그래서 눈을 돌린 곳이 서독이다. 당시 서독은 분단국가였고, 전후 폐허를 딛고 라인강의 기적을 이루기 시작한 시점이었다. 하지만 서독이 한국의 무엇을 믿고 차관을 제공해주려 할까? 이 대목에서 묘수가 나온다. '우리 근로자를 서독에서 가장 필요로 하는 인력인 광부와 간호사로 보내줄 테니 이들의 임금을 담보로 우리에게 차관을 제공해달라'고 한 것이다. 5천 명의 광부를 모집하는 데 4만 명이 지원하고, 2천 명의 간호사를 모집하는 데 2만 명이 응시한 것만 보아도 대단한 인기였음을 실감할 수 있다. 이들 가운데 광부 덕수와 이후 덕수의 처가 되는 간호사 영자도 포함되어 있었다.

잘사는 나라로 가는 험난한 길

1960년대 중반까지 경공업을 중심으로 경제 기반을 잡아나가던 정부는 베트남전쟁이라는 특수를 맞는다. 미국의 전투병 요청(브라운 각서)으로 백마 부대 등을 파월하고 상당한 외화 획득에 성공한다. 그러나 '명분 없는 전쟁'이란 오명을 피할 수는 없었다. 미국이 베트남에게 패하고 물러간 후 우리 언론은 월남이 망했다고 대대적으로 보도했지만 베트남은 건재했다. 그들은 조국을 스스로 선택하고 새롭게 건설했다.

사실상 월남전은 남의 나라 전쟁에 우리나라 젊은이들의 목숨을 바친 격이나 다름없었다. 미국의 강력한 요청을 뿌리치기 힘들기도 했거니와 외화 획득이라는 실질적인 이득을 보기도 했지만, 우리 젊은이들이 용병으로 가야 했던 가슴 아픈 역사의 한 페이지임은 분명하다. 우리 군의 베트남 파병으로 인한 전쟁 특수는 경제 성장을 이룩하는 데 큰 도움이 되었다. 1964년부터 1973년까지 약 5만여 명의 병력을 베트남전에 파견했고 그 가운데 약 5천여 명의 사상자가 발생했다. 거기에는 덕수가 있었고, 덕수 같은 젊은이들이 많았다. 베트남전으로 발생한 부상자 1만여 명과 고엽제 피해자 2만여 명은 아직까지도 고통 속에서 신음하고 있다.

1970년대 산업 역군을 논할 때 도시 노동자들을 빼놓을 수 없다. 이들은 저임금, 고강도 노동으로 가난한 한국을 수출 주도국으로 변화시키는 데 혁혁한 공을 세웠으나 가장 큰 희생을 치렀다.

우리가 반드시 기억해야 할 인물 전태일 이야기를 잠시 해보자. 청계 피복 노동자였던 전태일은 노동 환경 개선과 인간답게 살 권리를 주장하며 분신한다. 당시 엘리트주의, 관념적 민중주의에 갇혀 있던 젊은 지식인들은 큰 충격을 받았다. '단 한 명이라도 대학생 친구가 있다면 얼마나 좋을까'를 입버릇처럼 되뇌었던 전태일은 정치 체제에 대한 저항 운동에만 몰두했던 지식인들을 대거 공장 현장에 위장 취업하게 만든다. 이는 진보 세력이 노동 운동에 관심을 가지게 만든 계기가 된다.

『전태일 평전』은 대학생들의 필독서가 되었고, 전태일의 일대기를 그린 영화가 1995년 사회파 감독 박광수에 의해 「아름다운 청년 전태일」이라는 제목으로 개봉했다. 이 영화의 제작비를 조달하기 위해 시민들이 모금 운동을 벌이기도 했다. 「아름다운 청년 전태일」은 숨 가

뻐게 돌아가던 한국 현대사가 한 호흡 고를 수 있게 하고, 소외되고 고통받는 계층을 기억하게 해주었다.

다음은 전태일이 남긴 유서다.

> 사랑하는 친우여, 받아 읽어주게.
> 친구여, 나를 아는 모든 나여.
> 나를 모르는 모든 나여.
> 부탁이 있네. 나를, 지금 이 순간의 나를 잊지 말아주게.
> 그리고 바라네. 그대들 소중한 추억의 서재에 간직하여주게.
> 뇌성 번개가 이 작은 육신을 태우고 꺾어버린다고 해도,
> 하늘이 나에게만 꺼져 내려온다 해도,
> 그대 소중한 추억에 간직된 나는 조금도 두렵지 않을걸세.
> (하략)

1970년대를 거쳐 어느 정도 먹고살 만해진 1980년대 초에 KBS가 특집 방송을 제작한다. 바로 이산가족 찾기 생방송이다. 나 역시 TV를 보며 많이 울었다. '왜 그 세월까지 기다려야 했을까? 왜 미리 적극적으로 찾지 못했을까?' 하는 의문이 들었지만 1960~70년대는 제 몸 하나 건사하기에도 바빴다. 잃어버린 가족을 찾아 헤매기에는 시간도 돈도 부족했던 시절이었다. 그러던 차에 공영 방송 KBS가 드디어 국민의 세금으로 마땅히 해야 할 일을 하나 해낸 것이다.

덕수는 방송을 통해 당시 흥남 부두에서 잃어버린 동생을 찾는다. 영화로 보아도 뭉클한 이 장면은 우리 민족만의 가슴 아픈 현실이다. 그 어떤 슬픈 드라마보다 더 극적이고 서러운 조국의 아픔이다. 나는 이 장면을 보면서 울었다. 어린 시절에 KBS 방송을 보면서 울었던 이유와는 조금 달랐다. '아, 이 좋은 소재를 윤제균 감독이 결국 써먹는구나. 이건 그냥 틀어만 놔도 울음바다가 될 소재인데, 국제 시장에서 기막히게 써먹는구나.' 하며 조금 억울해서 찔끔 눈물을 흘렸다.

「국제 시장」은 대한민국 현대사의 굴곡진 곳에서 만나는 유명인들을 시나리오에 잘 끼워놓았다. 실제 월남에 참전했던 가수 남진 역을 동방신기의 유노윤호(목포 출신이다)가 연기했고, 이산가족 생방송을 진행한 김동건 아나운서와 흡사한 인물을 섭외했다. 또 씨름 선수 이만기와 고 정주영 현대그룹 회장, 앙드레김 등이 적절한 장면에서 영화에 등장해 재미를 더한다.

영화의 마지막에 덕수의 자식들이 장성해 온 가족이 함께 모이는 행복한 모습이 나온다. 덕수는 힘든 세월에 태어나 모진 풍파를 헤쳐 나간 게 자식들이 아니라 본인들이라 다행이라고 말한다. 그러고는 흥남에서 마지막으로 헤어진 아버지의 사진을 보며 말한다.

"아부지 내 약속 잘 지켰지예? 이만하면… 내 잘 살았지예?"

제15강

급변하는 권력과 독재

남산의 부장들 / 서울의 봄 /
택시운전사 / 화려한 휴가

1972년	박정희, 유신헌법을 선포하다
1975년	육영수, 암살되다
1979년 10월 15일	부마항쟁
1979년 10월 26일	김재규, 박정희를 암살하다
1979년 12월 12일	신군부, 군사 쿠데타를 일으키다
1980년 5월 18일	광주민주화운동

박정희 사망, 전두환 군부 대두, 그리고 광주

1970년대 후반 대한민국은 독재 체제의 말기적 증상을 드러내고 있었다. 1972년 박정희 대통령은 '유신 헌법'을 선포하며 사실상 종신 집권을 위한 체제를 완성했다. 유신 헌법은 대통령에게 대통령 간선제, 긴급 조치권, 국회의 해산권 등을 부여함으로써 권력의 삼권 분립을 무력화했고, 대통령의 권한을 절대적 수준으로 끌어올렸다. 특히 긴급 조치권은 헌법 위에 군림하는 통치 수단으로서 국가 안보와 질서 유지를 이유로 반정부 시위나 비판적 언론, 학계의 의견 표출을 억눌렀다.

통제와 억압이 일상화된 유신 정국 아래에서 정치적 긴장감은 날로 고조되었다. 1970년대 중반부터 경제 성장의 동력마저 둔화되었고, 1979년에 YH 무역 사건과 부마 항쟁이 연이어 터지면서 민심은 급속히 이반했다. 특히 YH 무역 여공들의 신민당사 점거 사태에서 벌어진 경찰의 강제 진압과 이로 인해 한 명의 노동자가 사망한 사건은 사회적으로 큰 충격을 안겼다. 이를 비판한 김영삼 신민당 총재가 국회에서 제명되자 전국 대학가와 도시를 중심으로 대규모 시위가 들불처럼 번졌다. 박정희 정권의 대응은 더욱 강경해졌고, 정치적 긴장감은 극한으로 치달았다.

이런 상황에서 가장 민감한 정치 권력의 내부 기관이 바로 중앙 정보부였다. 중앙 정보부는 본래 국가 안보와 대공 수사를 위한 기관이었지만, 유신 정국하에서 정치 공작, 사찰, 고문, 선거 개입 등 전방위적인 권력 유지를 위한 도구로 전락했다. 특히 '3김(김영삼, 김대중, 김종필)' 같은 정치 거물들에 대한 감시, 언론 통제, 야당 분열 공작 등이 중정의 주요 활동이었다.

그런데 이 권력의 심장부 안에서 균열이 시작되었다. 박정희 대통령과 중앙 정보부장 김재규 사이의 미묘한 갈등과 불신, 청와대를 중심으로 한 경호실장 차지철의 부상과 중정의 위상 약화 등 권력 내 갈등이 표면화되기 시작한 것이다. 김재규는 스스로를 '구국의 신념'의 소유자라 여기며 유신 체제가 자신들이 세운 '혁명 정부'를 망치고 있다고 생각했다. 게다가 박정희 대통령은 차지철 같은 강경파의 조언에만 귀를 기울이며 김재규를 점점 더 소외시켰다. 이 모든 정치적 긴장과 불안, 내부 권력 암투는 결국 1979년 10월 26일 중앙 정보부장 김재규의 총구로 귀결된다.

영화 「남산의 부장들」은 격동의 유신 말기, 10 · 26 직전의 시대적 혼란과 권력 내부의 갈등을 배경으로 한다. 영화는 18년 박통의 권위주의 체제 붕괴 과정이 단 한순간에 이루어졌음을 적나라하게 보여준다. 「남산의 부장들」은 10 · 26 사건까지의 약 2년간, 특히 박정희 정권의 말기적 불안정성과 권력 내부의 긴장을 압축적으로 묘사한다. 영화는 당시의 시대적 상황을 충실하게 재현하면서 캐릭터에 깊이를 더하고 이야기에 상상력을 덧붙였다.

영화는 1979년 박용각(곽도원 분) 전 중앙 정보부장이 미국에서 코리아 게이트 청문회에 출석해 박정희 정권의 비리를 폭로하는 장면으로 시작한다. 이 장면은 실제로 1977~78년 미 의회에서 열린 코리아 게이트 청문회에 김형욱이 증언한 내용을 기반으로 했고, 유신 정권의 불안한 국제적 입지를 보여준다. 박용각은 박통의 정치적 탄압과 중정의 폐해를 고발하며 정의로운 내부 고발자가 되기를 희망하나, 실상 그는 유신 독재에 앞장섰던 자신의 죄과를 희석하고 스스로의 안위만을 우선시한, 퇴락한 배신자에 지나지 않았다.

영화 전반은 김규평(이병헌 분) 중정부장이 박대통령의 신임을 잃어가고, 그 공백을 곽상천(이희준 분) 경호실장이 채워가며 권력의 축이 이동하는 과정에 초점을 맞춘다. 김재규는 1979년 초부터 박정희의 지시를 맹종하고 무조건적인 충성을 보이는 차지철과 충돌했다. 이들의 갈등은 1975년 영부인 육영수를 잃고 마음 둘 곳 없던 박정희가 차지철에게 더 의존하게 되면서부터 깊어지고 있었다. 김재규는 고립되어가며 절대 권력에 안온하게 머물 것인가 아니면 박정희에 대한 배신을 통해 자신의 정치적 욕망을 채울 것인가(혹은 민주주의자의 신념이라고 보는 이도 있다), 하는 사이에서 갈등한다. 이 내면의 고뇌는 김재규의 재판 진술서 및 옥중 기록의 일부와 부분적으로 일치한다.

김재규 역할을 맡은 이병헌은 김재규의 외형뿐 아니라 말투, 눈빛, 태도까지 매우 섬세하게 재현했다. 실제 김재규는 경남, 육사 2기 출신으로 박정희의 심복이었다. 그는 중앙 정보부장으로 있으면서 유신체제의 문제점을 내심 우려하는 동시에, 자신이 권력의 중심에서 서서히 밀려나는 것을 참을 수 없었다. 그는 거창한 민주주의 회복을 명분 삼아 박정희를 제거할 결심을 한다. 이병헌의 연기는 여기서도 압권이다. 이병헌은 냉철한 이성과 흔들리는 감정을 균형감 있게 잘 잡았고, 권력의 내부자로서 느끼는 갈등과 단절을 입체적으로 표현했다. 머리를 자주 쓸어올리는 모습은 김재규의 버릇을 모사한 듯하다.

박정희 역을 맡은 이성민은 외모에서의 싱크로율도 높지만 말투, 억양, 권위적인 태도도 매우 흡사하다. 특히 박정희 특유의 낮고 건조한 말투, 군더더기 없는 의상, 독백하듯 내뱉는 담담한 어투에서 캐릭터에 대한 심층적 연구를 했음이 드러난다. 영화는 박정희를 단순한 철권 통치자가 아닌 자기 세계에 갇힌 고립된 인물로 묘사하며, 주변 인물들에 통제되고 있으나 이를 눈치채지 못하는 말년의 히스테리컬한 독재자로 그려냈다.

이희준이 연기한 곽상천은 실존 인물 차지철을 모티브로 했다. 차지철은 박정희의 경호실장으로 강경 보수 성향을 지닌 인물이며, 극단적인 충성심으로 유신 체제를 끝까지 수호하려 했다. "저기 어디야? 캄보디아에서는! 어?! 3백만 명도 희생시켰는데! 우리가 뭐 백만, 2백만, 탱크로 밀어버린다고 큰일 나겠어요?"라는 대사는 실제 차지철이 했던 발언이다. 그는 권력을 향한 집착과 비이성적인 충성, 그리고 김규평과의 라이벌 의식, 열등감으로 시종일관 노골적인 불만을 감추지 않는다.

극중 박용각은 당시 미국 정가를 들썩이게 했던 코리아 게이트의 장본인이다. 박용각은 중정의 공포 정치와 박정희의 은밀한 지시에 충실했던 과거를 자백하면서 유신 정권의 도덕적 위선을 까발린다. 배우 곽도원은 자기 목숨만을 위해 독재 정권과 거래를 하는 박용각의 비열하면서도 비극적인 모습을 연기했다.

「남산의 부장들」은 정치극이자 심리극으로, 인물들의 대사 하나하나에 당대의 긴장감과 권력의 민낯이 고스란히 담겨 있다. 단순한 액션이나 사건 전개보다 '말'이 곧 '총'처럼 기능하는 영화이기에 대사들은 그 자체로 상징성과 무게를 지닌다. 실제 역사적 인물들이 사용했을 법한 언어와 정서를 대사에 녹였고, 현실과 픽션 사이를 오가며 정교한 균형을 보여준다.

가장 인상적인 대사 중 하나는 "각하, 지금 이 나라가 미쳐 돌아가고 있습니다."라는 김규평의 대사다. 이 대사는 단순한 감정 토로가 아니라, 유신 체제가 얼마나 왜곡된 권력 위에 세워져 있는지를 상징적으로 드러낸다. 실제 김재규가 재판 당시 언급한 '내가 쏜 것은 사람의 가슴이 아니라 유신의 심장'이라는 진술과도 일맥상통하는 이 대사는, 암살의 동기를 단순한 개인적 충돌이 아닌 체제에 대한 문제의식으로 끌어올림으로써 역사의 죗값을 경감하고자 하는 고도의 정치적 의도로 읽힌다.

곽상천이 김규평에게 한 "우린 각하를 위해 총을 쏘는 사람들 아닙니까?"라는 대사도 매우 강렬하다. 이 말은 권력의 하수인이자 기계가 되어버린 권력 추종자들의 무감각한 충성심을 날카롭게 드러낸다. 차지철은 '충성'이라는 단어를 방패 삼아 권력의 폭주를 합리화했다. 특히 그가 (영화든 실제든) 박정희의 생명이 위태로운 순간 자신의 목숨만을 추하게 지키려 한 모습에서는 실소를 금치 못하게 된다.

영화에는 등장하지 않지만 박정희가 평소에 자주 했던 '내가 없으면 유신도 없다'는 말 역시 주목할 만하다. 유신 체제를 곧 국가 자체로 동일시한 박정희의 오만함이 집약된 말로, 실제 그의 국정 철학이 반영되어 있기도 하다. 이는 '국가는 곧 지도자'라는 전체주의적 사고를 드러내며, 그로 인해 발생한 한국 사회의 긴장과 고통을 상상할 수 있다.

영화의 전개에 있어 이러한 대사들은 플롯을 위한 장치가 아니라, 당시 한국 사회가 처한 역사적 딜레마를 함축하는 장치로 기능한다. 이처럼 「남산의 부장들」은 말의 정치, 언어의 무게를 깊이 있게 활용한 작품이다.

이제 영화 속 또 하나의 중요한 맥락, 바로 '코리아 게이트'와 김형욱의 존재에 대한 이야기로 넘어가보자. 1970년대 후반 대한민국 현대사에서 코리아 게이트는 우발적 외교 스캔들이 아니라, 유신 체제의 한계를 전 세계에 노출시킨 사건이었다.

김형욱은 중앙 정보부 초대 부장으로 박정희의 최측근이자 가장 강력한 권력자 중 한 명이었다. 하지만 그는 1969년 박정희의 3선 개헌 추진에 반기를 들면서 사실상 권력에서 밀려난다. 이후 미국으로 건너간 김형욱은 박정희 정권의 비자금 조성 과정, 야당 탄압 공작, 언론 통제의 실태 등을 담은 증언을 미국 의회에 제출하며 코리아 게이트를 촉발했다.

코리아 게이트의 핵심은 박정희 정권이 미국 내에서 로비스트들을 활용해 미국 정치인들에게 뇌물을 제공하고 친한파 정서를 유도하려 했다는 의혹이었다. 이 사건에는 박동선, 김동조 등의 인물이 관련되어 있었으며, 이 사건으로 말미암아 미국 정치권에 큰 반향이 일었다. 특히 김형욱의 폭로는 박정희 정권의 국제적 위신을 크게 떨어뜨렸고, 미국 내에서 한국의 인권 탄압과 독재 정치에 대한 비판 여론을 고조시켰다.

김형욱은 그 대가로 의문의 실종을 당한다. 그가 회의 참석차 프랑스 파리에 갔다가 실종 처리되고 이후 국내에서 제거되었다는 게 지금까지 정설처럼 받아들여진다. 김형욱 제거 사건은 아직까지도 미제이며, 대한민국 현대사에서 가장 미스터리한 정치적 실종 사건 중 하나로 남아 있다. 영화 「남산의 부장들」은 김형욱의 존재를 망령처럼 다루면서 정권에 빌붙어 살았던 인물들의 공포와 위기의식을 가감 없이 드러낸다.

김규평(김재규)의 내면 묘사는 상당 부분 상상력에 기대고 있다. 실제로 그가 암살 직전까지 어떤 생각을 했는지, 박정희를 죽일 때 어떤 감정이었는지 명확히 알 수 없다. 그러나 영화는 그를 단순한 권력 투쟁의 패자가 아니라 체제를 향한 문제의식과 내부 갈등 속에서 행동한 인물로 묘사함으로써, 역사적 평가를 둘러싼 새로운 시선을 요구한다.

이 밖에도 영화 속 청와대 내부 장면, 특히 만찬 장면이나 술자리 장면 등은 박정희의 내밀한 사생활까지 보여준다. 박정희의 여가 시간, 여자 가수 동반 회식, 총애하는 측근들 자리 구성 등은 여러 회고록과 증언을 바탕으로 재구성한 것이어서 마치 다큐멘터리의 한 장면을 보는 듯 정교하다.

「남산의 부장들」이 다루는 10·26 사건의 전야는 단순한 하루, 이틀의 문제가 아니라 점증적으로 고조되어온 민심의 분노가 절정에 이르렀을 때였다. 1979년 10월 부산과 마산에서 시작된 시민들의 분노는 곧 전국으로 퍼졌고, 유신 체제를 더 이상 참을 수 없다는 민심의 폭발로 이어졌다. 이른바 부마 항쟁이라 불리는 이 사건은 유신 정권의 마지막 균열을 상징한다.

부마 항쟁은 10월 16일 부산대 학생들의 시위를 시작으로, 18일 마산까지 확산되며 본격적인 대규모 도심 시위로 발전했다. 학생들은 '유신 철폐, 독재 타도, 김영삼 복권' 등을 외치며 거리로 나섰고, 시민들은 이에 적극 호응했다. 당시 부산은 김영삼의 정치적 기반이자, 유신에 반대하는 정서가 깊게 깔려 있던 지역이었다. 유신 체제를 정면으로 부정한 이 항쟁은 전국적인 확산 가능성으로 인해 박정희에게 큰 위협이었다.

이에 대한 정권의 대응은 극단적이었다. 시위에 계엄군을 투입해 진압시키는 데 급급했고, 부산 지역에는 계엄령을 선포했다. 이 과정에서 김영삼 신민당 총재의 국회 제명이라는 초유의 사태까지 벌어졌다. 여당인 공화당이 국회에서 반대파 야당 정치인을 다수결로 제명해버리는 초법적 조치를 단행한 것이다. 이 사건은 정권 내부에서도 논란이었으며, 김재규는 이와 같은 사태에 격렬하게 반감을 표했다. 그는 김영삼 축출은 정치적 폭거이며, 이것이 사태를 걷잡을 수 없이 악화시킬 것이라 판단한 듯하다.

이때부터 김재규는 더 이상 중정의 수장으로만 남을 수 없다는 결론에 다다른다. 유신 체제를 내부에서 개혁할 수 없다는 인식, 차지철의 독주에 대한 위기감, 그리고 자신이 권력을 잡을 수도 있겠다는 망상이 겹쳐지면서 점차 극단적인 선택으로 기울게 된다. 이 모든 흐름은 영화 속에서도 긴장감 있게 전개되며, 관객으로 하여금 '왜 김재규가 총을 들었는가'라는 질문에 스스로 답을 찾게 만든다.

그러나 김재규의 판단이 옳았는가에 대해서는 여전히 논쟁적이다. 영화는 그의 암살 이후 곧바로 체제 전복이나 민주화가 이어지지 않았다는 점을 냉정하게 응시한다. 실제로 김재규는 박정희를 암살한 뒤 남산의 중앙 정보부로 가지 않고, 육군 본부(육본)로 향했다. 이는 그가 정권 장악을 위한 계획을 구체적으로 준비하지 못했거나, 심리적으로 냉정함을 잃었다는 방증이다. 영화는 결국 김재규의 전략적 오판과 만용을 부각시키며 끝을 맺는다.

여기서 하나 더 눈여겨볼 만한 영화가 추창민 감독의 「행복의 나라」다. 이 작품은 10·26 사건에 가담한 군인 박태주(이선균 분)와 그의 변호를 맡게 된 변호사 정인후(조정석 분)의 이야기를 중심으로 전개된다. 김재규와 운명을 같이할 수밖에 없었고 상명하복의 틀을 깰 수 없었던 김재규의 직속 부하 박흥주 대령이 실제 주인공이다. 16일 만에 졸속으로 재판이 진행되어 사형을 언도받은 기구한(?) 그의 사연은, 이후에 여러 언론 및 시사 잡지에서 상세히 다루어지기도 했다. 과연 어느 누가 박흥주 대령에게 돌을 던질 수 있겠는가. 수석으로 육사를 졸업하고 평범한 가장으로 성실히 국가 공무원직을 수행하던 그가, 한 순간의 어쩔 수 없는 선택으로 인해 형장의 이슬로 사라져야 할 이유는 무엇이었을까? 그는 같은 상황이 온다고 해도 똑같이 총을 들었을 거라며 거대한 역사의 물결에 휩쓸린 '늙은 군인의 노래'를 읊조린다.

「행복의 나라」는 이선균의 마지막 유작으로 화제가 되었다. 공교롭게도 그의 영화 속 마지막 대사는 "잘 지내."였다.

한국 현대사에서 갈등과 균열에 홀로 서 있던 박정희에 대해 좀 더

들어가보자. 그는 역사적 평가가 가장 엇갈리는 인물 중 한 사람이다. 산업화의 주역, 한강의 기적을 이룬 지도자로 불리면서도, 한편으로는 민주주의를 유린한 독재자로 규정된다. 그의 성격은 냉철하면서도 감정적이었고, 원칙적이면서도 변덕스러웠으며, 오랜 독재자가 흔히 가지게 되는 고립과 불안의 그림자에 사로잡혀 있었다. 박정희는 순수한 민족주의적 열망과 '하면 된다'라는 군인 정신이 결합된 리더십을 지녔다. 5·16 군사 쿠데타를 통해 권력을 잡은 후 '조국 근대화'와 '수출입 국가 건설'이라는 대의 아래 강력한 통치를 이어갔지만, 시간이 지나며 그의 통치는 점점 더 폐쇄적이고 주변의 조언을 듣지 않는 독단적 체제로 변모해갔다. 유신 체제는 그러한 성향의 극단을 보여준다고 할 수 있다.

박정희의 애창곡 '황성 옛터'는 그의 내면을 상징적으로 보여준다. 황성은 한때 번성했지만 지금은 폐허가 된 도시로, 가사는 황성의 쇠락과 허무함을 노래한다. 박정희가 이 곡을 즐겨 부른 것은 단순한 향수나 취향의 문제가 아니다. 그는 권력의 중심에 있으면서도 늘 불안했고, 언젠가는 자신도 무너질 수 있다는 두려움을 느끼지 않을 수 없었을 터다. '황성 옛터'를 처연하게 부르는 그의 모습은 유신 체제를 만든 독재자의 모습인 동시에 시대의 흐름을 역행한 왕조 말기의 군주와도 겹쳐진다.

「남산의 부장들」은 박정희를 우상도 악마도 아닌 '인간'으로 묘사한다. 그는 외로웠고, 스스로 만든 권력의 구조 안에 갇혀 있었으며,

신뢰할 수 있는 사람을 점점 잃어갔다. 그가 가장 가까이 둔 사람에게 암살당했다는 사실은, 그의 통치 방식이 초래한 비극의 완결판이라 할 수 있다.

'서울의 봄'은 오지 않았다

영화는 제목과 다르게 서울의 봄에 대해 다루지 않는다. 서울에 결코 봄 따위는 오지 않았다. 오히려 1979년 12월 유난히 추웠던 겨울, 서울 한복판에서 벌어진 끔찍한 군사 쿠데타를 복기한다. 진정한 '서울의 봄'이 오기까지 수많은 시민, 학생들의 목숨과 피가 민주주의의 제단에 바쳐져야 했다.

영화 「서울의 봄」은 천만이 넘는 관객을 동원했다. 많은 영화 관계자들은 영화가 이렇게까지 터지리라고 예상하지 못했다. 아직 민감한 정치적 사건인 데다 대한민국에는 여전히 보수라는 이름으로 위장한 극우 세력이 상존하고 있기 때문이다.

영화의 이야기는 '서울의 봄(1980년 봄)'이라는 제목과 극심한 온도차를 드러낸다. 우여곡절 끝에 1980년 5월에 진정한 서울의 봄을 맞는가 했지만 광주의 유혈 참극으로 실낱같은 꽃가지가 무참히 꺾이고 만다.

1979년 12월 12일 하루 동안 한국 현대사의 분기점이자 소용돌이 같은 사건이 어떻게 전개되고 우리에게 무엇을 남겼는지 하나하나 짚어보자.

1979년 10월 26일 중앙 정보부장 김재규에 의해 박정희 대통령이 피살되며 제4공화국 유신 체제가 급격하게 무너진다. 박정희 사망 이후 헌법상 대통령 권한 대행이 최규하 국무총리에게 넘어갔다. 박정희 장기 집권하에서 나라가 '박정희 1인 체제'로 운영되었기에 국정 전반은 큰 혼란에 빠질 수밖에 없었다.

사회는 급속히 요동쳤다. 학생 운동과 노동 운동은 유신 붕괴를 계기로 다시금 숨통이 트였고, 정치권 역시 재편을 모색하며 다양한 움직임을 보였다. 척박한 대한민국에 금방이라도 민주주의 봄날이 도래할 거라는 섣부른 희망이 넘실거렸다. 그러나 분위기는 민중들이 바라는 대로 흘러가지 않았다. 박정희 사망 직후 계엄이 확대되고 군부 중심의 합동 수사본부(본부장 전두환)가 꾸려졌으며, 정승화 육군 참모 총장 겸 계엄 사령관이 군 내 실세로 떠오른다. 그는 그나마 비교적 온건한 성향으로, 정권의 민간 이양과 군의 정치 중립화를 꾀했다. 이러한 시도는 전두환을 비롯한 일부 군 내 강경파, 특히 하나회 중심 세력에게 위기감으로 작용했다. 그들은 군의 실권을 놓지 않기 위해 12·12를 기획한다.

그렇다면 하나회란 무엇인가? 하나회(하나의 뜻을 가진 모임)는 육군 사관 학교 11기생(1955년 입학)을 중심으로 결성된 군 내 비공식 사조직이다. 군 내에서는 사조직을 엄격하게 금했음에도 사조직은 버젓이 만들어져 활개를 쳤다. 창설자는 차지철(박정희의 경호실장)로 그는 박정희의 비호 아래 성장했다. 하나회는 군 인사권을 독점하고 파벌을 형성해 조직적 충성 체계를 유지했고 향후 군의 주도권을 장악하는 데 있어 핵심 기반이 되었다. 주된 구성원은 전두환, 노태우, 정호용, 황영시 등으로, 모두 12·12와 제5공화국의 핵심 인물들이다.

이 조직은 권력과 인사에 대한 강한 집착, 철저한 상명하복, 군 내부의 인사 장악을 통한 세력 확산을 특징으로 한다. 결국 하나회는 군을 장악하고 정권을 탈취하며 제5공화국의 근간이 된다. 그러다 1993년 김영삼 정부 때 전격 해체된다.

당시 하나회의 실질적인 리더는 전두환이었다. 평소 호탕하고 부하를 잘 챙기는 전두환은 군 내 선배와 후배로부터 신임을 얻었고, 장차 한자리 할 사람으로 평가받았다. 그는 육군 사관 학교 11기 출신으로, 군 내에서 다양한 보직을 거쳐 성장하며 출세 가도를 달렸다.

전두환은 보안 사령관으로 취임하고 박정희 피살 사건 수사를 주도하는 합동 수사본부장을 겸임하면서 권력의 핵심으로 부상한다. 이 과정에서 정승화 총장의 견제와 수사 개입에 반발하며 12·12를 결행해 자신의 직속 상관에게 총부리를 겨누는 하극상을 저지른다.

「서울의 봄」은 1979년 12월 12일 전두환 일파가 정승화 총장을 불법으로 연행하면서 벌어지는 군사 반란을 그린 영화다. 주인공은 수도 방위 사령관 이태신(정우성 분), 그리고 반란의 주동자인 보안 사령관 전두광(황정민 분)이다. 전두광은 실질적 군권을 장악하려 육군 참모 총장을 체포하고 쿠데타를 실행에 옮긴다. 이에 이태신은 헌정을 지키기 위해 반란군과 맞서 싸우지만 고립되고 결국 패배한다는 게 영화의 내용이다. 영화는 실시간 전개 방식으로 긴장감 있게 12·12 당일을 재현하며 감정의 밀도를 높인다. 황정민은 냉혹하고 전략적인 전두광을, 정우성은 신념과 인간미를 가진 군인을 설득력 있게 연기한다.

영화는 실제 12·12사건을 바탕으로 하되, 인물 이름과 장면 일부를 허구화했다. 전두광은 전두환, 이태신은 장태완(수경 사령관) 정상호는 정승화(육군 참모 총장)로 불린다. 물론 영화는 실제 사건과 다소 차이가 있다. 총격전과 물리적 충돌은 실제보다 과장되었다. 실제로 12·12 당일 서울 시내에서 대규모 교전은 발생하지 않았다. 또 전두광과 이태신의 일대일 대결은 극적인 허구인데, 각각 쿠데타 세력과 헌정 수호 세력을 대표하는 인물로 등장한다. 정승화 총장의 체포 장면은 영화와 매우 유사하게 진행되었지만, 체포 이후의 대응은 영화보다 소극적이었다. 그럼에도 영화는 12·12가 단순한 군 내 갈등이 아니라 정치군인들의 헌정 질서를 향한 정면 도전이었음을 명확히 드러낸다.

영화 속에서 이태신은 고군분투한다. 도와주겠다는 장성들도 하나씩 슬그머니 돌아서고 결국 혼자만 남는다. 비록 픽션이긴 하지만 그가 혼자 행주대교에 서서 5공수 부대를 막아내려는 장면은 그래서 더욱 상징적이다. 5공수는 다리에서 회군해 쿠데타에 반대했던 특전사(육군 특수전 사령부) 정병주 사령관 휘하의 9공수를 습격한다. 정병주 사령관(정만식 분)이 총격을 받는 장면과 그의 부관 오소령(김오랑 소령, 정해인 분)이 사살되는 장면은 실제와 흡사하다. 9공수의 방어가 실패하고 정병주가 체포됨으로써 이태신과 수도 경비 사령부는 고립무원이 되고 만다.

영화는 극적인 역사의 한 장면을 다룬 무게만큼 명대사가 많았다. 특히 "눈앞에서 내 조국이 반란군에게 무너지고 있는데 끝까지 항전하는 군인 하나 없다면 그게 군대냐?"라는 이태신 장군의 분노는 군인의 본분과 책임을 강조한 장면이기에 관객들의 가슴을 먹먹하게 한다. 전두광의 '실패하면 반역이고, 성공하면 혁명'이라는 대사는 오랜 시간이 지나 전두환, 노태우의 재판 과정에서 변호인이 한 말을 그대로 영화에서 차용한 것이다. 한편, 경복궁에서 이태신과 전두광이 맞닥뜨렸을 때, 이태신은 대화로 하자는 전두광을 향해 '대화는 사람끼리 하는 것'이라고 냉정하게 자르며 어떠한 타협도 거부한다. 위헌 불법적인 군사력에 저항하는 그의 신념이 마지막까지 발현되는 장면이다.

영화에서 설마 이 정도까지 엉망이었을까, 했던 인물이 있었을 것이다. 당시 국방부 장관 노재현(김의성 분)의 처신과 행동은 기함할 정도다. 노재현은 대한민국 초대 대통령 이승만의 사위로도 알려져 있다. 그는 유신 말기 국방 장관으로 재직하며 10·26과 12·12라는 격랑 속에서 우유부단한 태도로 일관했다는 평가를 받는다. 그는 12·12 당일에도 전두환 일파의 반란 움직임을 명확히 제어하지 못했고, 정승화 체포를 막을 법적, 행정적 조치를 취하지 않았다. 오히려 일부 상황에서는 묵인에 가까운 태도를 취했다는 증언도 존재한다. 전두환 정권이 수립된 후에도 정치적으로 큰 저항을 하지 않아 '책임 없는 침묵' 혹은 '소극적 동조자'라는 세간의 평가를 받았다.

이제 12·12 하루의 흐름을 사실 중심으로 정리해보자.

정승화는 통상적인 군무를 수행하고 있었다. 전두환은 정승화가 자신과 하나회를 주요 보직에서 제외시켜 영향력을 축소시키려는 것을 간파하고, '박정희 피살 관련 수사' 명분으로 정승화 체포 계획을 짜 합동 수사본부 차원에서 은밀히 추진하고 있었다. 전두환은 12월 12일을 정승화 체포의 디데이로 잡았다. 전두환은 출근하면서 부인 이순자에게 오늘 들어오지 못할 수도 있다고 말한다. 그 자신도 목숨을 걸었다는 이야기다. 결국 오후 6시경 특전사 병력을 동원해 정승화 육군 참모 총장을 강제로 체포한다. 오후 9시경 수도 경비 사령관 장태완은 반란을 인지하고 급히 병력을 소집한다. 그러나 전두환은 이미 7공수, 9공수 등을 동원해 서울 요지를 점령한 상태였다. 청와대는 전혀 상황 파악을 하지 못했고 최규하 권한 대행은 전두환의 정승화 체포 재가 결제 서류에 사인을 하지 않고 장관이 먼저 확인해야 한다며 버텼다(결국 마지못해 '사후 재가'라는 꼬리표를 달고 사인한다). 이 장면에서 최규하에 대한 평가는 엇갈린다. 통일 주체 국민 회의에서 대통령에 당선된 최규하로서는 차기 대통령에 대한 욕심이 없다면 거짓말이 아닐까? 우리는 최근까지 대통령이라는 권력이 눈앞에 보이면 이성을 잃게 되는 경우를 목도하지 않았던가! 최규하 입장에서는 총 들고 설치는 전두환을 제어하고 싶었지만, 물리력을 가지지 못한 그로서는 강짜라도 부려보고 싶은 심정으로 재가를 미룬 게 아닐까? 어쨌든 운명의 12일 자정이 지나고 다음 날 동이 트자 군 지휘 계통은 사실상 마비되고 전두환, 노태우 라인이 군 실권을 장악한다.

1980년으로 접어들면서 신군부는 완전한 권력 장악을 위해 거칠게 밀어붙힌다. 전두환은 1월에 중앙 정보부장 서리로 임명되어 정보기관까지 통제했다. 보안사 · 합수부 · 중앙 정보부를 겸직하고 조직을 장악함으로써 군사 · 정보 권력이 한 사람에게 집중되었다. 동시에 군 내부에서는 하나회 출신 장교들이 요직을 차지하면서 신군부의 기반이 더욱 공고해졌다.

그러나 이런 움직임과는 별개로 대한민국 사회에 민주화의 기운이 퍼지고 있었다. 최규하 정부는 유신 체제를 청산하고 헌정 질서를 복원하겠다고 공언하는가 하면, 대학가와 재야 단체, 정치권에서는 '민주적 헌정 회복과 질서'를 강하게 요구했다. 언론의 자유가 부분적으로 확대되고 야당 활동이 활발해지면서 시민들은 새로운 시대가 열릴 것이라는 기대감을 품었다. 이 시기를 사가들은 '서울의 봄'이라고 불렀다.

민주화 움직임은 신군부에게 위협이자 도전이었다. 특히 김영삼·김대중 등 야권 지도자들이 대중적 지지를 얻고 대학가에서 시위가 대규모로 확산되자, 신군부는 정국이 자신들의 손아귀에서 벗어날 수 있다고 판단했다. 결국 그들은 '질서 확립'과 '국가 안보'를 명분으로 다시금 군사적 개입을 감행한다. 1980년 5월 17일 신군부는 비상계엄을 전국으로 확대했다. 이 조치로 국회가 마비되고, 주요 정치 지도자들이 체포·연금되며, 언론은 다시 철저히 통제되었다. 최규하 대통령은 실권이 없는 허수아비로 전락했고, 신군부가 국가 권력을 완전히 장악하는 국면으로 들어섰다.

민주화의 봄을 갈망하던 시민들의 기대는 좌절로 바뀌었고, 억압된 저항은 광주에서 폭발했다. 광주 시민들은 신군부의 군사 통치에 항거하며 거리로 나섰고, 이는 1980년 5·18 광주 민주화 운동으로 이어졌다.

김성수 감독은 1979년 12·12 군사 반란 당시 고등학생이었다. 당시 한남동에 살며 육교에서 직접 총성을 들었을 만큼 그 사건은 그의 삶에 지울 수 없는 깊은 기억으로 남아 있었다 한다. 그는 오랫동안 '왜 이런 일이 일어났을까'라는 의문을 품었고, 감독으로 데뷔한 이후에도 그날의 진실을 찾는 내밀한 작업을 이어왔다.

2019년 김원국 하이브미디어코프 대표로부터 「서울의 봄」의 시나리오를 전달받았을 때 감독은 운명을 느꼈다. 그리고 2020년 여름 작품에 참여하게 된 순간 '이건 내가 거부할 수 있는 문제가 아니다'라는 생각을 가졌다고 고백했다. 영화는 사실을 기반으로 하되, 몰입감을 극대화하기 위해 영화적 상상과 긴장감에 주력했다. 초기에는 사실적 재현을 염두에 두면서도 점차 관객을 빠르게 끌어들이는 전개 방식에 집중했다. 특히 반란이 시작된 순간부터 9시간 동안 긴박하게 현장을 기록하는 르포르타주적 연출 방식을 채택했는데 이 방법은 대체로 적중했다. 감독은 역사를 소재로 하는 영화는 난시 역사적 사건을 전달하는 차원을 넘어서 관객에게 어떠한 메시지를 전달해야 한다고 보았다. 이 영화에서는 책임 있는 위치에 있는 이들은 중요한 순간에 무책임한 결정을 내려서는 안 된다는 메시지를 관객들에게 전달하고자 했음을 강조했다. 또한 젊은 세대에게 이 영화를 통해 역사에 대한 관심을 불러일으키고, 불법적이고 폭력적인 집단이 어떻게 공동체를 파괴하고 인간성을 말살하는지에 대한 공감대를 형성하게 되기를 바랐다고 밝혔다.

「서울의 봄」은 역사적 진실을 다시 기억하게 하는 강력한 서사를 가지고 있다. 영화의 극적인 요소와 상상력이 드러내는 본질은 명확하다. 12·12는 하나회의 조직된 쿠데타였고, 민주주의에 대한 군의 도전이었다. 전두환의 출세와 하나회의 존재, 노재현의 태도 등은 군부 독재가 어떻게 시작되었고 왜 쉽게 막지 못했는지를 상징적으로 보여준다. 영화는 단지 과거를 되새기게 하는 것이 아니라, 현재 우리가 무엇을 지켜야 하는가에 대한 질문을 던진다. 그것이 바로 「서울의 봄」이 가진 현재적 의미다.

유난히 여운이 남는 클로징 노래 '전선야곡'은 매우 인상 깊다. 한 국가를 책임지는 참군인의 모습은 어때야 하고 어떤 길을 걸어야 하는지를 강하게 암시하기 때문이다.

높은 산 깊은 골 적막한 산하
눈 내린 전선을 우리는 간다

젊은 넋 숨져간 그때 그 자리
상처 입은 노송은 말을 잊었네

전우여 들리는가 그 성난 목소리
전우여 보이는가 한 맺힌 눈동자

높은 산 깊은 골 적막한 산하
눈 내린 전선을 우리는 간다

젊은 넋 숨져간 그때 그 자리
상처 입은 노송은 말을 잊었네

전우여 들리는가 그 성난 목소리
전우여 보이는가 한 맺힌 눈동자

광주를 극복하지 않고는 한 발자국도 전진할 수 없다

2017년 5월 18일 광주 망월동 묘역에서 10년 만에 대통령이 참석하는 광주 민주 항쟁 기념식이 열렸다. 식순에 따라 한 여성이 5·18 유족 대표로 나와 슬픔을 억누르며 추모사를 낭독했다. 당시 광주에서 억울하게 목숨을 잃은 분의 딸이었다. 눈물을 훔치며 겨우 추모사를 마무리하고 돌아서는데 문재인 대통령이 갑자기 자리에서 일어나 그녀를 안아주었다. 그녀는 대통령의 품에 안겨 겨우 참았던 눈물을 터뜨렸다. 대통령은 그녀에게 식이 끝난 후 아버지의 묘역에 같이 갈 것을 제안했다. 이 장면은 전국에 생중계되었고 국민 모두의 눈시울을 붉힌 감동적인 장면이 연출되었다. 망월동에 묻힌 광주 영령도 아마 그날만은 충분한 위로를 받았으리라 믿고 싶다.

벌써 45년 전의 일이다. 그때 광주에선 무슨 일이 왜, 어떻게 일어난 것일까?

1980년 5월 광주에 사태가 일어났다. 오랫동안 이 일은 '광주 사태'로 불렸다. 산사태도, 눈사태도 아닌데 사태라는 애매모호한 단어가 쓰였다. 심지어 광주라는 도시명이 입에 오르내리는 것조차 한동안 불온시되었다. 오랜 시간이 지나 그 봉인이 해제되었다. 남도의 빛고을에서 일어난 비극은 우회적으로, 혹은 직접적으로 그려지기 시작했다. 2007년, 즉 27년이라는 세월이 흐르고 나서야 그간 간헐적이고 파편화된 형태로만 보여졌던 '광주 사태'가 리얼한 영상에 담겨 본격 상업 영화로서 관객에게 공개된 것이다.

영화는 당시 '광주 사태'를 진압하러 들어온 계엄군에게 하달된 작전명 '화려한 휴가'를 제목으로 썼다. 군사 독재 통치 시대에는 광주가 이토록 생생한 영화로 만들어질 것이라 상상할 수 없었다. 지금은 돌비 서라운드 입체 음향과 선명한 화질의 스크린으로 당시를 생생하게 재연하지만 말이다.

영화가 끝난 후 젊은 학생들은 어떻게 이게 실화인지, 문명화된 나라에서 이런 일이 실제로 일어날 수 있는지 의아해했다. 조선 왕조도 아니고 민주주의를 표방하는 나라에서 군인이 민간인을 조준 사격해 학살하는 사건이 무려 1980년대에 일어났다는 사실을 도무지 믿지 못했다. 불과 3, 40년 전 일이었으니 그럴 만도 하다.

조금은 아쉽게 지나가던 광주 이야기는 2017년 새 정부 들어 처음 맞이한 기념식의 감동과 함께, 뒤이어 개봉한 영화 「택시운전사」를 통해 재등장해 가슴속 깊이 꼭꼭 묻어두었던 눈물샘을 터트렸다. 「택시운전사」는 평범한 택시운전사와 푸른 눈의 외신 기자가 광주의 진실을 세상에 알리기 위해 목숨을 걸고 고군분투하는 영화다. 그러면서 「화려한 휴가」에서 못내 아쉬웠던 10프로를 오롯이 담아냈다.

영화 이야기를 하기 전에 개인사를 먼저 털어본다. '광주 사태'가 일어나고 몇 년이 흘러 서울로 올라와 대학을 다니고 있을 무렵이었다. 나는 광주의 참상을 담은 사진집을 어렵게 구해 누가 볼세라 자취방에서 숨죽여 펼쳐보았다. 머릿속으로만 알고 있던 사실들이 선명한 컬러 사진과 함께 펼쳐지자 벌렁거리는 심장을 주체할 수 없었다. 나는 '광주 사태' 당시에 광주 인근의 소도시 목포에서 학교를 다니고 있었고, '사태'의 여파로 일주일간 휴교령이 내려져 학교에 가지 못했다.

1979년에 18년 철권 통치를 이어가던 박정희가 그의 심복 김재규 중앙 정보부장에 의해 피살된다. 당시 합동 수사본부장 전두환은 박정희 시해 사건의 모든 수사권을 쥐게 된다. 그의 수사 발표 현장은 모든 공중파 뉴스에 첫머리로 보도되었다. 딱딱한 어투에 벗어진 머리, 강렬한 인상은 그가 왠지 일을 저지를 것 같은 느낌을 주었다.

아니나 다를까 그를 위시한 신군부는 그해 12월 12일에 정승화 육군 참모 총장을 공관에서 강제로 체포한다. 신군부는 자신의 권력 찬탈에 방해되는 요소를 하나하나 제거한다. 목표는 명확했다. 전두환을 대통령의 권좌에 오르게 하는 것이다.

그리고 새해가 밝았다. 서울의 봄이다. 정치 해금으로 꽁꽁 묶여 있던 3김들이 다시 정치 활동을 재개했다. 김영삼, 김대중, 김종필의 행보는 점점 빨라졌다. 민주 단체와 조직들은 이합집산, 합종연횡했고 최규하 정부에게 정치 일정을 명확히 하고 빠르게 개혁들을 추진할 것을 주문했다. 그런데 어찌된 일인지 최규하는 미적거리기만 했다.

그러던 1980년 5월 17일 계엄 사령부가 느닷없이 제주도까지 확대된 계엄령을 선포했다. 전국이 들끓기 시작했다. 서울의 봄은 일장춘몽이었고 민주화를 기대하는 많은 국민들은 충격에 빠졌다.

거리에 나와 있는 사람 전원 체포하라

「화려한 휴가」부터 살펴보자. 영화는 아래와 같은 자막으로 시작한다.

> 1979년 10월 26일을 계기로 유신 독재가 끝나고 억눌렸던 국민들은 민주화의 '봄'이 올 것을 열망하였으나, 신군부 세력은 12·12 쿠데타를 통해 권력을 장악한다. 80년 봄, 전국적으로 민주화의 요구가 거세어지자 '비상계엄령 전국 확대'를 선포하고 전국의 주요 도시 및 대학에 계엄군을 주둔시킨다.

계엄령이 떨어지자 서울의 학생 지도부는 피신하기 시작했다. 동시에 김대중의 체포 소식은 그에게 절대적 지지를 보내던 전라도와 광주 시민들에게 충격적인 뉴스였다. 그동안 무심하게 시위를 바라보던 광주 시민들이 계엄군의 거친 진압에 더 이상 참지 못하게 된 것도 이런 연유에서다.

영화 「화려한 휴가」의 첫 장면은 평화로운 가로수 길을 운전하는 택시 기사 민우(김상경 분)의 얼굴이 나온다. 부모를 일찍 여의였지만 민우는 말 잘 듣고 공부 잘하는 동생과 나름 행복하게 살고 있다. 민우는 성당에서 만난 간호사 신애(이요원 분)를 사랑하게 된다. 벼르고 벼르던 그녀와의 첫 번째 데이트에 영화를 보러 간다. 그런데 상영이 한창일 때 일단의 청년들이 극장 안에 들어오면서 이들의 평화가 일순간에 깨진다. 뒤이어 들이닥친 공수 부대원들은 사람들을 닥치는 대로 연행하고 폭력을 자행한다. 그리고 학생같이 보이거나 나이가 젊으면 무조건 연행해서 끌고 간다. 끌려간 이들은 바지와 웃옷이 벗겨진 채 속옷 바람으로 트럭에 올려지고 어디론가 실려간다.

진실은 무엇일까? 5월 18일 오후 4시 정각부터 계엄군은 무차별적으로 시민을 연행하기 시작했다. 진압이 아닌 연행이었다. 계엄군의 탑차에서 흘러나오는 소리라고는 "거리에 나와 있는 시민 여러분, 빨리 집으로 돌아가십시오. 돌아가십시오."라는 경고 방송 두어 차례뿐이었다. 그러고는 횡단보도에 도열해 있는 군인들에게 '거리에 나와 있는 사람 전원 체포하라'는 명령이 내려졌다. 계엄군은 시위대를 해산시키라는 체포 명령과 발포 명령에 따라야 했다.

황석영은 자신의 책에 이렇게 썼다.

그곳에서 멀지 않은 터미널 뒷골목까지 달아난 고등학생이 붙잡혔다. 학생은 자지러지게 무릎을 꿇으며 살려달라고 애원했다. 자기 집 대문에서 이 광경을 지켜보던 60대 노인이 보다 못해 몸으로 가로막으며 놔주라고 타이르자 공수 부대원은 진압봉으로 그 노인을 내리쳤다. 노인은 피를 토하며 쓰러졌다. 그리고 학생의 온몸을 진압봉으로 후려치고 대검으로 찔러 실신케 한 후 끌고 갔다.

진상 규명 보고서에 따르면, 사망자 207명, 부상자 2392명, 기타 희생자가 987명으로 집계되었다. 하지만 이는 추정치이며 정확한 집계는 지금까지도 모호한 상태다. 기타 희생자는 주로 행방불명된 사람들로, 당시 트럭에 실려갔거나 무차별로 연행되었다. 재야 단체에는 2천여 명이 이런 식으로 희생되었다고 주장한다.

민우는 천신만고 끝에 트럭에서 탈출한다. 계엄사 소속 부대가 광주로 급파된다. 군인들에게는 광주에서 내란이 일어났다고 한다. 진압 수위를 묻는 장병에게 군 지휘관은 "폭도들에게 진압 수위가 따로 있겠나."라고 말한다. 피의 살육을 예고하는 장면이자 왜 광주 진압 작전명이 '화려한 휴가'인지 알 수 있게 해주는 장면이다. 대부분의 군 장병들은 전쟁이 일어난 줄 알았으나, 트럭의 방향이 남쪽으로 향하고 있다는 사실을 눈치채고는 어쩌면 가슴이 철렁했을지 모른다.

민우는 신부님에게 대체 이게 무슨 일인지 묻는다. 왜 국군이 무고

한 시민을 해치는지 평범한 소시민인 민우로서는 도저히 이해할 수 없었기 때문이다.

5월 18일 전남대에서 시작된 평화적 시위에 공수 특전단의 폭력적이고 야만적인 살상과 진압이 가해졌다. 화려한 휴가 작전에 47개 대대 소속의 장교 4727명, 사병 15590명 등 총 2만 명의 대한민국 국군이 동원되었다. 또한 대간첩 작전에 준하는 각종 탄약을 휴대해 정부의 발포 허가를 받고 실제로 사용했고, 항공기(무장 헬기 포함) 30대, 전차 7대, 장갑차 17대 등도 진압 작전에 투입되었다. 이 모든 게 비무장한 시민과 학생을 진압하기 위한 인원과 장비였다.

이들에게는 시위 진압을 위한 어떠한 원칙도 없었다. 연행되면 일단 군홧발과 몽둥이로 사람을 짓이겼다. 맞고 짓밟힌 사람들은 머리와 코와 입에서 피를 흘렸다. 학생과 일부 시민에게만 폭력이 자행된 것이 아니었다. 신혼여행지로 떠나는 신혼부부의 택시를 가로막고 이들을 내리게 해서 두들겨 팼다.

한 증인의 얘기를 그대로 옮겨본다.

> 택시에서 끌려나오자마자 신랑은 몽둥이와 장작개비로 두들겨 맞고 군홧발길질을 수도 없이 받았다. 이유도 없었다…. 얼마나 맞고 채였는지 '눈알이 빠져버렸다'고 아우성이었다. 신부도 군홧발로 채였는지 치마저고리가 갈기갈기 찢겨져 있었다. 신부는 자신의 몰골은 돌아보지도 않은 채 땅바닥에서 뒹굴고 있

는 신랑을 붙잡고 엉엉 울며 "사람 살려. 사람 살려."라며 절망적으로 울부짖었다…. (후략)

경찰 아저씨, 최루탄을 쏘지 마십시오

그들은 왜 이렇게 광주 시민을 무참하게 진압하고 학살했을까? 전두환, 노태우, 정호영, 박준병, 이희성 등의 신군부 세력은 민주화 세력이 더 커지기 전에 권력을 잡아야 했다. 양 김씨를 비롯한 재야 민주 세력이 더 시끄러워지기 전에 신군부가 짜놓은 일정대로 밀어붙여야 했다.

전국에 계엄령을 선포하고 첫 번째 타깃이 된 곳이 광주였다. 그러니까 일종의 본보기였다. 더구나 광주는 가장 과격한 야당 지도자로 평가받던 김대중의 정치적 본거지이기도 했다. 이곳을 초토화시켜 반대 세력을 무력화하고 이를 명분 삼아 정국을 주도하겠다는 게 신군부의 시커먼 복심이었다. 그러나 광주 애국 시민과 학생들은 눈앞에 생생히 펼쳐지는 말도 안 되는 상황에 그저 넋 놓고 있지만은 않았다.

그리하여 거센 저항이 시작되었다. 스스로를 지켜야 했기 때문이다.

영화에서는 퇴역한 고위 간부 출신 군인 홍수(안성기 분)를 중심으로 시민군이 결성된다. 무조건 당하고만 있지는 않겠다는 것이다. 무기고를 털고 자체적으로 무장을 한 것은 자신의 가족과 사랑하는 사람을 지키기 위한 마지막 수단이었다. 달리 방법이 있겠는가.

광주는 철저히 고립된다. 방송국이 기능이 마비되고 언론이 막히면서 광주와 다른 도시 간의 소통이 차단된다. 광주 시민들은 신군부의 폭력 앞에 온전히 발가벗겨졌다. 민족의 십자가를 대신 진 광주의 한과 아픔이 시작된다.

영화에서는 간호사인 신애가 스피커가 달린 지프차를 타고 헌혈을 호소하는 장면이 나온다. 실제로 한 젊은 여성이 광주 항쟁 기간 동안에 용달차에 매달린 스피커를 통해 격렬하면서도 호소력 있게 방송을 하고 다녔다. 내용은 대략 이러했다.

> 계엄군 아저씨, 당신들은 피도 눈물도 없습니까? 도대체 어느 나라 군대입니까?
> 경찰 아저씨, 당신들은 우리 편입니다. 제발 우리를 도와주십시오.
> 도청 광장을 조금만 비켜주면 우리는 평화적으로 시위를 하고 물러나겠습니다.
> 경찰 아저씨, 최루탄을 쏘지 마십시오. 우리는 맨주먹입니다.
> 그러나 우리는 꼭 이깁니다.

시민 여러분, 모두 힘을 합칩시다. 끝까지 물러서지 말고 광주를 지킵시다!

고립되어 타 지역과 연대가 끊어진 광주 시민들은 여인의 목소리에 위로와 위안을 받았다. 계엄군은 이 여자가 고정 간첩이라는 썰을 퍼뜨렸지만, 그녀는 그저 평범한 32살의 대한민국 국민이었다.

5월 21일 새벽에 무장한 시민군이 도청을 에워쌌다. 시위 군중들은 광주 KBS와 MBC에 불을 질렀다. 10일간의 광주 항쟁 기간 동안 공공건물 방화 사건은 딱 3건 벌어졌다. 방송국 두 곳과 광주 세무서가 그것이다. 방송국은 거짓말만 늘어놓고 국민이 낸 세금으로 만들어진 국군이 민간을 확살하는 상황이 광주 시민을 분노하게 한 결과였다. 슈퍼나 은행을 터는 일은 없었다.

금남로 광장에서 시민군과 계엄군의 대치가 계속되었다. 그러다 어떤 연유인지 알 수 없지만 오후 1시에 광장 스피커를 통해 애국가 반주곡이 흘러나오자마자 총소리가 터지기 시작한다. 애국가가 사살 명령의 신호였을까? 그동안 간헐적이고 산발적인 총격은 있었지만 한꺼번에 발포된 것은 처음이었다. 갑자기 시민을 정조준하고 발사하는 국면으로 전환된 것이다. 시민군도 응사했고 광주는 시가전을 방불케 하는 전투 지역이 되었다.

그러다 오후가 되자 계엄군이 도청을 버리고 철수하기 시작한다. 영화에도 나오는 장면이다. 시민군은 환호하며 승리자가 된 기분을 만끽하지만, 시민군의 지도자인 홍수는 어딘가 미심쩍기만 하다. 역시나 신군부의 계략으로 물러나는 척하는 전략상의 후퇴였다. 결국 다음 날로 예정되어 있던 협상이 결렬되고 최후의 결전이 벌어진다.

5월 27일 마지막 전투를 벌이며 홍수와 민우는 계엄군에 맞서 끝까지 저항한다. 홍수는 민우에게 딸 신애를 부탁한다. 그러나 민우 역시 홍수의 부탁을 지키지 못하고 사살당한다. 계엄군과 대치한 민우는 '폭도는 무기를 버리고 투항하라'는 말에 '나는 폭도가 아니다, 이 개새끼들아' 하고 울부짖으며 총알 세례를 받는다. 도청 사수 작전에 남은 시민군 모두가 한마디씩 남긴다. 우리를 기억해달라고, 우리는 폭도가 아니며 그저 사랑하는 가족과 친구들을 지키기 위해 총을 든 것뿐임을 알아달라고 한다.

시민군들이 마지막 항전지였던 도청에 남은 사람들은 대개가 사회적으로 하층 계급에 속하는 사람들이었다. 도시 노동자, 일용 잡부, 중국집 배달원 등이 도청을 빠져나가지 않고 끝까지 계엄군에 맞서 싸우다 죽음을 택했다. 광주 항쟁에서 죽음 앞에 비겁해지지 않고 목숨을 버릴 수 있었던 이들은 보통 민중들이었고, 이는 광주 항쟁에서도 증명되었다.

마지막 밤을 뜬눈으로 지새운 시민군들은 어떤 마음이었을까? 다음 날이면 틀림없이 중무장한 헬기와 탱크로 자신들을 몰아붙일 계엄군을 앞에 두고 무슨 생각을 했을까? 아마도 역사라는 거창한 개념까지 의식하지는 못했겠지만, 적어도 자신의 싸움을 헛되이 여기지는 않았으리라. 먼 훗날 돌아보았을 때 자신들이 승리자일 것이라는 확신을 가진 채 그들의 마지막 밤이 조금은 덜 외로웠기를 바랄 뿐이다.

기자라는 것들이 말이여, 그랑께 신문에 기사 한 줄이 안 나오는 거 아니여

이 지경이 되도록 언론은 무엇을 했고 무엇을 국민들에게 알린 걸까? 불행히도 모든 언론은 침묵을 지키고 있었다. 1980년 5월 19일 계엄 사령부는 모든 언론에 보도 지침을 시달했다. 5·18이 터지면서 보도 통제는 더욱 강화되었다. 국민들은 광주에서 벌어지는 일들을 알 수 없었다. 눈과 귀를 다 막아버린 상황이었다. 5월 20일이 되어서야 광주와 관련된 보도가 나오기 시작한다. 그마저도 전남북 계엄 분소장의 보도문과 계엄 사령관의 대국민 담화문 겸 경고문을 게재한 것이 전부다. 가장 빈번하게 사용된 단어는 '폭도'와 '불온 세력에 의해 조정되는 폭동'이었다.

결국 MBC 문화 방송과 KBS 광주 총국은 시민들에 의해 불태워졌고 광주 지역 신문들은 자진해서 발행을 중단해야 했다. 국내 언론 보도는 철저히 통제된 반면, 외신 기자들은 19일부터 비교적 자유로운 취재가 허용되었다. 일부 해외 언론의 취재와 보도가 나오면서 국제적인 관심과 이슈를 모으는 데 성공했다.

독일 외신 기자 힌츠페터의 이야기를 극화한 것이 바로 영화 「택시운전사」다. 1980년 만섭은 서울에서 개인택시를 몰며 하나밖에 없는 딸을 건사하면서 열심히 살아간다. 딸만 집에 두고 운전대를 잡아야 하는 만섭의 머릿속에는 늘 돈 벌 궁리만 가득하다. 5월의 서울 거리는 데모대로 꽉 막힌다.

"호강에 겨워 저러는 것들은 싸그리 잡아다가 사우디로 보내야 한다니까. 지들이 펄펄 끓는 모래사막에서 죽도록 고생을 해봐야 아, 우리나라가 참 살기 좋은 나라구나, 하고 정신을 차리지."

그러다 귀에 쏙 들어오는 고급 정보를 얻는다. 전라도 광주에 외국인을 태워 갔다가 자정 전에 돌아오면 10만 원을 받는다는 것이다. 만섭은 엿들은 정보로 잽싸게 선수를 쳐 외국인을 태운다. 그가 태운 사람은 광주 항쟁 취재차 한국에 온 독일 기자 게르트(힌츠페터)였다. 당시 10만 원이면 웬만한 회사의 신입 사원 월급이었다. 만섭은 얼른 광주 출장을 뛰고 거금을 쥘 생각에 콧바람이 절로 나왔다. 그런데 만섭과 게르트가 광주로 향한 날은 '광주 사태'가 터진 다음 날인 5월 19일이었다.

광주는 계엄군의 통제로 마음대로 들어갈 수도, 빠져나올 수도 없는 상황이다. 샛길 인근 도로로 간신히 들어간 광주는 마치 전쟁터를 방불케 한다. 게르트는 외신 기자라 시위대와 학생들의 환대를 받지만 국내 기자는 냉대를 받는다. 광주에서 택시를 모는 황 기사는 "나가 으제도 봉께, 기자라는 것들이 말이여, 죄다 군인들 옆에 서갖고 즈그들끼리 히히덕거리기나 하고 말이여. 그랑께 신문에 기사 한 줄이 안 나오는거 아니여. 기자들이 기사를 안 쓴디 기사들도 기자는 안 태워분다 이거요!"라고 한다. 당시 광주 언론 보도 상황을 적나라하게 보여주는 장면이다.

만섭은 게르트를 태우고 울며 겨자 먹기로 광주 시내를 운전했다. 시위대 중에서 영어가 좀 되는 대학생 재식이 게르트와 동승했다.

"이봐, 학생 부모님은 학생 이러고 다니는 거 아셔?"

대학 가요제를 준비하고 있다는 재식은 자기는 데모 같은 거 할 학생이 아니라고 하면서, "아저씨 같으면 집에 강도가 들었는디… 몽둥이에 총까지 들고 쳐들어와서, 사람을 패불고 조사뿔고, 그게 강도가 아니면 뭐다요?"라고 한다. 시위대의 성격을 한마디로 정리한 장면이다.

만섭은 게르트, 재식, 그리고 광주 사람들과 시간을 보내면서 점차 그들에게 동화되기 시작한다. 결국 만섭은 차마 광주에서 등을 돌리고 갈 수 없어 결단을 내린다.

뻔히 서울에서 온 택시인 줄 알고도 검문에서 모른 척 통과시켜준 계엄군 상사, 목숨을 걸고 길을 내어준 광주의 황 기사, 그토록 나가고 싶었던 대학 가요제를 뒤로하고 항쟁에 참여해 게르트를 돕다가 처참하게 숨져간 재식. 이들이 아니었다면 광주의 실상은 알려지지 않았을지도 모른다. 외부 불온 세력이 일으킨 폭동이나 북한의 지령으로 일어난 사태로 알려질 뻔한 광주의 열흘은 한 외국인 기자의 진실한 기자 정신 덕분에 세상 밖으로 나올 수 있었다.

광주여!
민족의 십자가여!

5월 27일 아침 7시 30분 도청 앞마당의 스피커를 통해 군가가 우렁차게 흘러나온다. 도청을 비롯해 광주 전역을 진압하고 회복한 계엄군들이 우렁차게 부르는 군가였다. 광주를 진압한 전두환은 즉각 국가 보위 비상 대책 위원회를 구성하고 최규하 대통령으로부터 통치권을 탈취해 실질적인 국가 통치자로 행세한다.

1981년 전두환의 제5공화국이 출범한다. 그러나 광주의 학살은 끝까지 이들에게 족쇄였고 뇌관이었다. 광주 투쟁은 1980년대 모든 시민 운동 및 학생 운동의 이념적 숙주이자 도덕적 명분이 되었으며, 모든 사회 운동은 광주 투쟁으로 수렴되었다. 당시 서울대 총학생회장 김민석(이재명 정부 초대 총리)은 '우리의 한국 현대사는 광주를 극복하지 않고는 한 발자국도 전진할 수 없다'라며 미 문화원 점거 재판 과정에서 학생 운동의 입장을 밝히기도 했다.

소위 86세대는 어찌 보면 광주를 보고 컸고, 광주를 통해 독재 정권을 증오하는 법을 배우고 투쟁의 동력을 수혈받았다. 1980년대 초 조그만 남도 땅 빛고을 광주에서 벌어진 피의 학살은 대한민국 민주화의 밑거름이 되었고, 삶을 어떻게 살아야 할 것인가 자문하는 철학적 화두가 되었다.

광주의 피는 지금의 민주주의를 이만큼 성취하는 데 결정적인 희생과 역할을 했다. 1980년대 이후 한국 사회는 광주와 함께 아파하고 탄압받고 투쟁하고 성장했으며 승리했다. 당시 김대중은 감옥에서 광주의 소식을 듣고 며칠을 통곡했다고 한다. 이후 김대중은 대통령에 당선된 후 5·18 희생자를 모신 묘역에 들려 유족들과 함께 또다시 오열했다.

영화 「택시운전사」가 끝나며 아래의 자막과 함께 독일 기자 힌츠페터가 1980년 5월 광주에서 촬영한 영상이 흘러나온다.

> 전 세계에 광주 민주화 운동을 알렸고 국내에서도 일명 '독일 비디오'로 불리며 비밀리에 상영되었다. 오늘날 전해지는 광주 민주화 운동 관련 영상 자료는 대부분 힌츠페터가 촬영한 것이다.
> (중략)
> 2003년 제2회 송건호 언론상을 수상한 힌츠페터는 수상 소감과 함께 택시 기사 김사복에게 감사의 인사를 전했으며 그는

여전히 김사복(만섭)을 찾고 있다.

세월이 흘러 김영삼 정부 때 5·18 특별법이 제정된다. 전두환은 무기 징역, 노태우는 징역 17년을 대법원에서 선고받는다. 10개월 후 전두환, 노태우 등에 사면 복권이 단행되어 석방된다. 그들은 끈질기게 살다가 생을 마감했다. 물론 그만큼 광주의 정신도 우리의 가슴속에 살아 숨 쉬고 있다.

▲「화려한 휴가」속 한 장면

제16강

민주주의

변호인 / 무현, 두 도시 이야기 /
남영동 1985 / 1987

1919년 3월 1일	3·1운동이 열리다
	대한민국임시정부 수립
1948년 5월 10일	제1대 국회의원 총선거 실시
1948년 5월 31일	제헌국회 개원
1960년 4월 19일	4·19혁명
1960년 4월 26일	이승만, 하야를 발표하다
1961년 5월 16일	박정희, 군사정변을 일으키다
1961년 6월 10일	중앙정보부가 창설되다
1987년 1월 4일	박종철, 고문으로 숨지다
1987년 6월 29일	노태우, 6·29선언으로 대통령 직선제 개헌을 약속하다
1987년 12월 16일	노태우, 대통령 당선
1992년 12월 18일	김영삼, 대통령 당선
1993년 8월 12일	금융실명제 실시
1994년 7월 8일	김일성, 사망하다
1997년 12월 18일	김대중, 대통령 당선
2002년 12월 19일	노무현, 대통령 당선

험한 시대 뒷골목에 남몰래 쓴다, 민주주의여 만세

우선 대화 한 토막을 보자.

고종: 대통령의 임기는 얼마인가?

홍영식: 4년에 한 번씩 교체됩니다.

고종: 그때마다 조정의 관리들도 바뀌는가?

홍영식: 그렇습니다. 대통령이 바뀔 때마다 행정부 관리가 바뀝니다.

고종: 정권이 교체될 때마다 큰 폐단이 있을 텐데….

홍영식: 워싱턴이 나라를 세운 이래 100여 년이 지나도록 화폐제도가 온전히 유지됩니다. 이 한 가지 일만 보더라도 큰 폐단이 없다고 말할 수 있습니다.

고종: 미국과 유럽은 정치를 운영하는 방식이 다른가?

홍영식: 영국, 독일 같은 나라는 군주 자리를 세습하고, 관리도 바뀌지 않습니다. 아마도 군주제와 민주제에서 나라를 운영하는 법이 다른 듯합니다.

고종: 민주제를 하는 나라는 우리처럼 신분이 높은 사람과 보통 사람 사이의 차별이 두드러지지 않겠구나…. 현재 민주 제도를 실시하는 나라는 몇 나라나 되며, 유럽에도 민주 국가가 있는가?

– 홍영식, 『복명문답기(復命問答記)』

고종은 일본에 이어 미국과 국교를 맺는데, 이는 서양 국가와 맺은 최초의 조약이다. 그는 일본과 강화도 조약을 맺고 사절단을 파견한 데 이어, 미국에 보빙사를 보내 그들의 문명을 보고 배워오게 했다. 이때가 1883년이었고, 보빙사 일원이었던 홍영식이 조선에 돌아와 고종을 알현하며 주고받았던 내용을 적은 글이 『복명문답기』다.

고종의 호기심은 대단했다. 피곤한 홍영식을 붙들고 오랜 시간 동안 먼 나라의 정치 체제 등에 관해 물어보았다. 다만, 그뿐이었다. 고종은 '백성이 나라의 주인이며 나라는 백성을 위해 존재한다'는 말을 받아들이기 어려웠고 용납할 수도 없었다.

우리는 민주주의라는 이념이 서구에서 그대로 이식된 것으로 착각한다. 유신 시절, 거리에서 '한국적 민주주의를 완성하자'라는 구호가 쓰인 현수막을 심심치 않게 볼 수 있었다. 우리 몸에 맞지 않는 서구식 민주주의를 추종하지 말고 우리 식대로 개량, 개조해서 민주주의를 운영해야 한다는 당시 집권당인 공화당의 정치 선전 문구였다. 그래서 그런 생각—민주주의는 그리스 아테네 신전에서 수입한 명품이지, 지지리 못난 우리네 조상들은 단 한 번도 고민해보지 않았던 이념이라는 생각—이 머릿속에 세뇌된 걸까?

하지만 그렇지 않다. 우리는 오랜 시간 진지하게 민주주의를 고민했고 민주주의를 가장 잘 반영한 정치 체제가 무엇인지 밤새 토론했다. 일제 강점기에도 '어떤 나라'를 세울 것인가, 하는 고민은 쉼이 없었고 1919년 3·1 운동 직후 대한민국 임시 헌장으로 그 고민의 결과가 드러났다.

1919년, 그러니까 100년도 더 전에 이미 우리는 민주주의의 근간인 헌법을 다져놓았다.

> 제1조 대한민국은 민주 공화제로 함
>
> 제2조 대한민국은 임시 정부가 임시 의정원의 결의에 의하야 통치함(임시 의정원은 지금의 국회를 뜻한다)
>
> 제3조 대한민국의 인민은 남녀 귀천 및 빈부의 계급이 없고 모두 평등함
>
> 제4조 대한민국의 인민은 종교, 언론, 저작, 출판, 결사, 집회, 서신 교환, 주소 이전 및 신체와 소유의 자유를 가짐

(중략)

대한민국 원년 4월 11일

임시 의정원 의장 이동녕

임시 정부 국무총리 이승만

- 대한민국 임시 헌장(1919. 4. 11.)

1941년 삼균주의에 입각한 조소앙의 건국 강령에도 민주주의의 이념적 가치가 뚜렷이 반영되었다.

해방이 되자 우리의 민주주의는 첫 번째 시련을 맞는다. 이념은 자본주의와 사회주의, 둘로 갈라진다. 북쪽은 사회주의 정치 체제로 민주주의에 도달하고자 했으며, 남쪽은 자본주의로서 민주주의를 완성하고자 했다. 즉, 체제 이념 대결로 들어선 것이다.

북한은 남한에 단독 정부가 수립되자마자 그들의 헌법을 공식적으로 채택한다. 이를 대한민국 헌법과 비교해보면 흥미롭다.

제1조 우리나라는 조선 민주주의 인민 공화국이다.

제2조 조선 민주주의 인민 공화국의 주권은 인민에게 있다.

제3조 조선 민주주의 인민 공화국의 생산 수단은 국가 협동 단체 또는 개인 자연인이나 개인 법인의 소유다.

- 조선 민주주의 인민 공화국 헌법(1948)

아무리 잘 만든 헌법도 지켜지지 않으면 한낱 모래성일 뿐이다. 그만큼 헌법 정신을 지켜내고 그 가치를 존중하며 실천하는 것은 매우 중요하다.

1948년 남한 단독 정부로 수립된 대한민국은 선언적이고 명시적인 민주주의를 정치, 경제, 사회의 전 분야를 아우르는 생활의 기본 원리로 자리 잡도록 해야 했다. 바꾸어 말해, 사회의 구성원이 민주주의적 질서와 가치를 체화해낼 수 있도록 만들어야 했다. 쉽지 않은 시대적 과제가 우리를 기다리고 있던 것이다.

대한민국은 어느 나라에서도 볼 수 없는 산업화, 민주화라는 두 마리 토끼를 다 잡는 기적을 이루어냈다. 그것도 한국전쟁 후 완벽하게 폐허가 되어버린 땅을 딛고 말이다. 한강의 기적, 압축 성장, 세계 10대 경제 대국 도약 등의 화려한 수식어가 많지만, 우리가 더욱 자랑스럽게 생각하는 점은 후손들에게 부끄럽지 않은 민주주의를 물려줄 수 있게 된 것이다. 짧은 세월에 비해 높은 성취가 아닐 수 없다.

그러나 누군가 그랬던가. 민주주의는 피를 먹고 자란다고. 대한민국 민주주의 쟁취의 역사에는 소리 없이 스러져간 수많은 사람들의 넋이 서려 있다. 무엇이든 절로 얻어지는 것은 없는 법이다.

불행히도 대한민국의 초대 대통령 이승만 정권 때부터 우리 민주주의는 험난한 위기를 맞는다. 이승만은 재선 가능성이 불투명해지자 한국전쟁 와중에 국회 간선제를 직선제로 바꾸어 대통령에 당선된다. 이어 1954년에 삼선이 불가능해지자 '사사오입 개헌'을 강행해 종신 연임이 가능하도록 한다. 제3대 대통령 선거에서는 야당의 유력 후보 신익희가 선거 유세 중에 급사하는 불상사가 발생한다. 이승만은 당선 직후 정적 조봉암에게 '사법 살인'을 저지른다. 조봉암을 위시한 진보당을 빨갱이로 덧칠하고 전격 사형을 집행한 것이다. 이는 대한민국 민주주의 발전의 최대 걸림돌이었던 '좌경·용공 조작'의 시초가 된다.

1960년 제4대 대통령 선거가 치러진다. 이번에도 유력 야당 후보 조병옥 박사가 선거 운동 중에 죽고 만다. 유력 야당 후보가 하필 선거 운동 기간에 갑작스럽게 죽어나가니 여당은 상대적으로 손쉽게 선거를 치른다. 다음으로는 자유당 부통령 후보 이기붕을 당선시켜야 했다. 이 선거에서 희대의 부정 선거가 대대적으로 자행된다. 바로 3·15 부정 선거다. 온갖 편법과 탈법이 자행되면서 결국 이기붕이 부통령으로 당선된다. 이로써 도저히 국민들이 묵과할 수 없는 곳까지 간 셈이다.

결국 민주주의 쟁취를 위해 국민들의 피가 길 위에 뿌려진다. 참다못한 학생과 시민들이 분연히 일어난 것이다. 이것이 4·19 의거다. 그 어떤 설명이나 수식보다 시위에 참여한 여중생이 부모에게 남긴 편지 한 장이 4·19 의거의 열기와 분노를 생생하게 표현한다.

> 시간이 없는 관계로 어머님 뵙지 못하고 떠납니다. 어머니, 데모에 나간 저를 책하지 마세요. 우리들이 아니면 누가 데모를 하겠습니까? 저는 아직 철없는 줄 압니다. 그러나 조국과 민족

을 위하는 길이 어떻다는 것을 알고 있습니다. 저도 생명을 바치더라도 싸우려고 합니다. 데모하고 죽어도 원이 없습니다. 어머니, 저를 사랑하시는 마음으로 무척 비통하게 생각하시겠지만 온 겨레의 앞날과 민족의 해방을 위해 기뻐해주세요. 부디 몸 건강히 계세요. 거듭 말씀드리지만 저의 목숨은 이미 바치려고 결심했습니다.

– 한성여중 2학년 진영숙 양이 남긴 편지

학생과 시민 시위대는 당시 대통령 거처인 경무대로 향하고, 경찰은 비무장한 시민과 학생들을 향해 발포를 감행한다. 독재의 형태는 제각각이지만 독재의 말로는 대체로 비슷하다. 폭력으로 민중을 억압하고 민중의 피가 거리를 적시면 권력은 더 이상 지탱할 수 없게 된다.

마산 앞바다에 시체로 떠오른 김주열 학생은 최루탄이 눈에 박힌 처참한 모습이었다. 김주열의 사진 한 장은 기름 장작에 불을 붙이는 격이 된다. 마침내 대한민국 초대 대통령 이승만은 국민의 저항에 하야를 선언하고 하와이로 망명한다. 우리 손으로 지켜낸 첫 번째 민주주의였다. 대한민국 국민들이 처음으로 민주주의 사수를 위해 거리에서 목청껏 외쳐보는 체험, 이 소중한 경험이 후일 민주주의를 하나씩 완성해나가는 밑거름이 된다.

제2공화국은 보수 야당인 민주당이 집권해 경제 개발 5개년 계획을 수립하고 새로운 시도를 해보고자 했다. 그러나 집권한 지 1년도 채 되지 않아 5·16 군사 쿠데타를 겪게 된다. 이제 갓 피어난 민주주의의 봉오리가 무참하게 꺾인 꼴이다. 박정희 군사 혁명 정부는 국정 혼란을 종식시키고 데모로 지새우는 나라꼴을 바로 세우려는 우국충정의 결단이었다고 주장한다. 그러나 최근에 공개된 자료에 근거해, 박정희는 장면 정부인 민주당 집권 초기부터 쿠데타를 모의 계획했다는 주장이 보다 더 설득력을 얻고 있다.

박정희 군사 정부는 재빨리 민정 이양 절차를 밟고 민주 공화당을 창당해 1963년 박정희를 대통령으로 당선시킨다. 제3공화국의 탄생이다. 비록 군사 쿠데타로 정권을 잡았지만 형식적으로나마 선거를 통해 집권한 점은 눈여겨볼 부분이다. 부정과 비리가 판을 쳤다 하더라도 이승만은 두 번의 직선제 대선에서 당선되었고, 박정희도 유신 전까지는 직선제 선거를 통해 재집권했다. 이는 민도에 따라 정부와 지도자가 선택되기에 그 시대의 정신에 부합하는 대통령이 탄생하고 국민은 자신들의 수준과 비슷한 정치인과 대통령을 가지게 된다.

박정희는 민주당이 제시했던 경제 개발 계획을 이어받아 호기롭게 경제 발전 정책에 드라이브를 건다. 그러다 1969년 3선 개헌까지 해가며 3회 연임 허용을 편법으로 통과시키더니 총통제나 다름없는 시월 유신이라는 악법을 만들어 명을 스스로 단축하고 만다.

사실 박정희에 대한 평가는 시월 유신 전과 후로 구별할 필요가 있다. 우리 민족에게 천형과도 같은 보릿고개를 극복하고 경제 발전을 이룩한 부분은 분명 긍정적인 업적이라 할 만하다. 개발 도상국이 집중된 힘을 발휘하기 위해서는 권위주의 통치가 어느 정도 필요하다는 시각이 그것이다. 그러나 유신을 선포한 이후에는 명백히 독재자의 반열에 오른다.

1971년 신민당 대통령 후보 김대중이 예측한 대로 우리나라는 '대통령 선거가 끝나고 독재적 총통제 국가'가 되고 만다. 한 국가의 국회의원 정수 3분의 1을 대통령이 임명하는 나라, 즉 전국에 계엄령을 선포해 민주주의의 기본 권리를 무한정 제약할 수 있는 국가로 만든 것이다. 이런 파쇼 통치는 몇 년 못 가 대통령을 지켜야 할 중앙 정보부장의 손으로 박정희가 시해되면서 비극적으로 종언을 고한다. 참으로 아이러니한 역사가 아닐 수 없다.

1980년 드디어 모두가 기다리던 '서울의 봄'이 찾아온다. 바야흐로 정치 해금의 계절에 김영삼, 김대중, 김종필 등의 정치 지도자들이 대통령의 꿈을 안고 뛰기 시작한다. 국민들은 들뜬 마음으로 민주주의가 만개하기를 기대하며 대통령을 제 손으로 뽑을 생각으로 가슴이 부풀었다. 그러나 현실은 국민들이 바라는 바대로 흘러가지 않았다. 박정희가 죽고 난 후 권력의 공백을 이른바 신군부가 빠르게 메워갔다. 전두환, 노태우 등을 중심으로 한 정치군인들이 그들이다. 이들은 당시 자신들의 상관이자 육군 참모 총장, 계엄군 사령관인 정승화를 구속 영장 없이 체포하고, 최규하 대통령을 협박해 권력을 찬탈한다.

이런 상황을 국민들이 가만히 목도할 리 없다. 특히 광주 시민은 김대중 석방과 민주화 일정을 조속히 추진, 이행할 것을 요구하며 거리로 나선다. 신군부는 광주와 전남 지역에 공수 부대를 급파해 시민과 학생에게 총부리를 겨눈다. 그렇게 광주 대학살이 시작된다. 광주를 피의 학살로 진압한 신군부는 이듬해 전두환을 대통령 권좌에 앉히고 제5공화국을 선포한다.

그래서 국가는 국민인 것이다

영화 「변호인」은 폭압적 수단으로 권력을 획득한 전두환 정부 시절을 시대적 배경으로 한다. 도덕성을 상실한 정권, 폭력적 기구로 국민을 억누르는 권력은 편안한 국정 운영을 해나갈 수 없다. 전두환 정권은 집권 기간 내내 정권의 정통성 시비에 휘말렸고, 비도덕적이고 파쇼적인 통치를 반대하는 거센 저항에 직면했다. 전두환 정부는 정권 타도를 외치는 시민과 학생들을 빨갱이로 조작하거나 고문해야만 지탱할 수 있는 반민주적이고 폭력적인 군사 독재 정권이었다.

영화는 독재 치하가 뿌리내리기 시작한 1980년대 초에서 시작한다. 세무 전문 변호사 송우석(송강호 분)은 어린 시절 찢어지게 가난한 집안에서 나고 자란다. 그는 고학 시절 끼니를 잇던 식당에서 밥값을 내지 못하고 도망가다가 부끄러움을 견디지 못하고 토악질을 하는 시절을 보내기도 한다. 그렇기에 더더욱 출세하고 돈을 벌고 싶었다.

사법 고시에 합격한 후 부산에서 번듯한 변호사 사무실을 낸 송우석은 고졸 출신이라는 냉대를 이겨내고 세무 전문 변호사로 자리 잡아 상당한 돈을 번다. 그는 요트를 사서 부산 수영만에서 연습을 하며 아시안 게임에 나갈 계획을 세우는 철없는 속물 변호사였다. 그러다 운명처럼 '부림 사건'을 만나게 된다. 부림 사건은 1981년 전두환 정권 초기, 부산 지역 민주화 운동을 거세하기 위해 검찰이 조작한 사건이다. 이 사건으로 대학생, 회사원 등 총 22명이 구속되었다. 죄명은 국가 보안법, 계엄법, 집시법 위반이었고 중형이 선고되었다. 당시 민변 소속 변호사 노무현, 김광일 등이 이 사건을 맡았다.

영화의 송우석이 바로 노무현이다. 송우석은 사건을 접하면서 몰랐던 세상에 눈을 뜬다. 그리고 지금까지 세상사를 나몰라라 하며 자신만을 위해 살아온 삶을 자성하게 된다. 사건을 맡고 난 후 송우석 변호사는 사회 서적 등을 밤새워 찾아 읽어가며 의식화되어간다.

영화 속 첫 번째 공판에서 송변은 E. H. 카의 『역사란 무엇인가』라는 책이 왜 불온 서적인지 검찰에게 따져 묻는다. 군사 정권은 러시아의 영국 공사관 직원이었던 영국의 역사학자를 소련의 빨갱이 학자로 둔갑시켰다. 이제는 필독서인(그러나 끝까지 읽은 사람은 드물 것이다) 『역사란 무엇인가』에서 가장 인상적인 대목을 실어본다.

흔히 '사실'은 스스로가 말한다고들 한다. 이것은 물론 진실이 아니다. '사실'이라는 것은 역사가가 불러줄 때만 말을 한다. 어떤 '사실'에게 발언권을 줄 것인가, 또 어떤 순서로 어떤 맥락에서 말하도록 할 것인가를 결정하는 것은 역사가인 것이다. '사실'이라는 것은 자루와 같다. 그 속에 무엇인가를 넣어주지 않으면 사실은 일어서지 않는다.

E. H. 카는 해석되는 역사가 아니라 해석하는 역사여야 한다고 주장한다. 그는 역사가의 관점과 세계관이 결국은 역사의 '사실'들을 구성한다는 진보적 역사관을 가진 학자다. 그래서 당시 운동권들의 필독서 리스트에 올랐다.

영화 「변호인」의 명장면은 네 번째 재판 장면일 것이다. 우리나라 영화나 드라마의 법정 씬은 다소 지루하다. 원고와 피고의 불꽃 튀는 공방도 없고, 극의 반전을 이끄는 긴장감과 치밀함도 찾아보기 어렵기 때문이다. 그런데 「변호인」의 백미는 재판정에서 드러난다. 송우석 변호사가 고문을 자행한 경찰 간부에게 격정의 분노를 쏟아내는 장면이 그것이다. 재판정에 대한민국 헌법 제1조 2항이 커다랗게 메아리친다.

"대한민국의 주권은 국민에게 있고 모든 권력은 국민으로부터 나온다."

"그래서 국가는 국민인 것이다."

송변은 고문 경찰의 면전에 대고 일갈한다. 상영 내내 숨죽여 분노를 참아내던 관객들이 비로소 카타르시스를 느끼는 지점이 아닐까 싶다.

사실 송우석 역할을 송강호가 연기하지 않았다면 오글거리고 몰입이 어려울 수도 있었다. 송강호는 롱테이크로 촬영된 이 장면을 완벽하게 소화했다. 우리는 눈물 맺힌 송변의 절규를 듣는 순간, 그동안 까맣게 잊고 있었던 소중한 권리를 뒤늦게 발견하고 가슴이 먹먹해지는 경험을 한다. 이 장면 때문인지 '대한민국은 민주 공화국'이란 구호는 이후에 광화문 촛불 집회에 단골로 등장하게 되었다.

영화에서 눈여겨보아야 할 인물이 있다. 매사 송우석 변호사와 부딪치는 차동영 경감으로, 학생들을 고문해 용공 사건으로 조작한 담당 경찰이다. 변호사 송우석과 한판 대결을 한 차동영 경감은 이 영화에서 빼놓을 수 없는 씬 스틸러다. 차동영은 실존 인물 이근안 경감(당시 고문 기술자로 알려진, 지금은 목회 활동 중)을 바탕으로 한 캐릭터다. 이근안 경감은 다른 의미에서 나라에 애국하고 있다고 확신하지 않았을까. 차 경감은 이 경감처럼 철저한 반공주의자이자 군사 정권의 하수인이다. 그에게 업무를 지시하는 데는 논리나 설득이 필요 없어 보인다. 그저 빨갱이는 잡아 처넣어야 하고, 정부에 반대하면 빨갱이나 다름없으니 무조건 때려 잡아야 한다는 신념으로 살아가는 인물이다.

영화는 차 경감을 통해 대한민국의 뿌리 깊은 수구 세력의 전형을 발견해낸다. 그의 뿌리는 오랜 대지주 집안이었고 친일 세력이었다. 그의 영화 속 대사를 빌려 추측해보건대, 그의 선친은 일제에 부역을 하는 말단 행정직이나 경찰직을 맡았을 가능성이 높다. 해방이 되자 이들은 재빨리 반공주의라는 옷으로 갈아입는다. 자신의 기득권과 재산을 지키기 위한 방편으로 반공을 선택한 것이다. 해방 후 북한의 무상 몰수, 무상 분배를 내세운 토지 개혁은 북쪽의 지주들을 월남하게 한다. 전 재산을 잃고 빈털터리가 되어 대한민국을 선택한 지주 세력들은 악착같이 돈을 모아 부를 축적한다. 이들에게 공산주의자는 철천지원수일 뿐이기에 좌파나 좌익을 보면 히스테릭한 반응이 나온다. 이들은 반공만 철저히 해준다면 그가 독재자건 살인자건 따지지 않고 지지한다. 차동영 경감도 그런 시류에 따른 사람이고, 차 경감 같은 이들은 아직도 우리 주위에 강건히 버티고 있다.

또 한 명의 빛나는 조연은 구속된 학생의 어머니 역할을 한 배우 김영애다. 그녀는 역대 한국 영화 어머니 중 최고의 연기를 선보였다. 그녀의 연기는 마치 생때같은 자식을 감옥으로 보내고 감옥 밖에서 투쟁해온 어머니들에게 보내는 헌사 같았다.

「변호인」은 예상밖의 대박이 터진 영화다. 개봉 전에는 어느 누구도 천만 관객을 넘기리라 예상하지 못했다. 영화 제작자조차 당황할 정도였다. 영화의 주인공이 불행한 죽음을 맞이한 노무현 전 대통령으로, 호불호가 극명한 인물인 데에다 아직은 이렇다 할 평가를 내리기 이른 전직 대통령이라, 관객 동원 면에서 어떤 결과가 나올지 영화 관계자를 비롯한 호사가 사이에서 초미의 관심사였다. 알다시피 결과는 대성공이었다. 아마도 송강호의 열연과 시대적 분위기가 흥행에 큰 몫을 하지 않았을까. 참고로, 영화 투자 배급은 당시 흥행 불패 신화를 써가던 뉴(NEW)에서 담당했다.

평범한 변호사가 운동권 변호사가 되기까지

1980년대는 민주주의의 최대 위기이자 기회였다. 국가 권력을 무력으로 찬탈한 군인 정치 세력과 이를 도덕적, 정치적, 법률적으로 용납하지 못한 민주주의 세력의 일대 결전의 시대였다. 물리적 힘과 폭력으로 무장한 군부 세력을 당해낼 재간이 없었음에도 민주화 세력은 목숨을 걸고 항쟁하고 투쟁했다. 가장 전면에 선 이들은 학생 세력이었다.

1980년대 중반을 넘어서면서 학생 운동권도 강고해지기 시작했다. 전국 대학 총학생회 연합을 건설해 지속적인 대 정부 투쟁을 전개해나갔다. 1984년 2월 12일 총선 당시에는 야당인 신민당이 돌풍을 일으키며 투쟁하고, 다음 해 5월에는 대학들과 연계해 미 문화원을 점거해서 외신의 주목을 받는다. 1986년, 이른바 건국대 사태로 천여 명의 학생이 구속되는 일이 벌어진다. 사법 사상 단일 사건으로는 최다 구속자 수다.

이를 계기로 전국적으로 민주화 인사들에 대한 검거 열풍이 불고, 김근태 민청련 의장 등 재야 민주 인사를 영장 없이 구금, 체포하기 시작한다. 당시 안기부와 경찰의 민주 인사들에 대한 고문을 소재로 만든 영화 「남영동 1985」는 전두환 정권의 독재 권력이 최고조에 달했을 때 일어난 사건을 극화한 것이다.

1987년, 새해 벽두부터 터진 박종철군 고문치사 사건의 여파가 일파만파 번진다. '탁 치니 억 하고 죽었다'는 검찰의 발표를 누구 하나 믿지 않았고, 박종철이 남영동 대공분실에서 물고문으로 죽었다는 사실이 밝혀졌다. 서서히 그러나 거대하게 그동안 억눌렸던 민심이 터져나왔다.

영화 「변호인」의 마지막에 송우석 변호사가 박종철군 추모 집회를 주도하는 장면이 나온다. 지긋지긋한 최루탄과 일명 지랄탄 세례에도 송변호사는 끝까지 움직이지 않고 아스팔트에 앉아 구호를 외친다. 평화적 추모 집회임을 밝히고 탄압을 즉각 중단하라고 외친다. 이후 민주 헌법 쟁취 국민 운동 본부를 중심으로 직선제 쟁취와 민주화를 외치며 가두로 진출했고, 그동안 침묵으로 일관하던 시민들이 드디어 합세하게 된다. 학생 운동 세력의 양대 산맥이었던 자민투(자주, 민주에 방점을 둔 세력)와 민민투(민중, 민주에 중심을 둔 세력)도 1987년 6월 항쟁에서는 하나로 뭉쳤다. 6월 항쟁 시위 도중 연세대 이한열 학생이 최루탄을 머리에 맞고 사망하는 참사가 발생한다. 그간 과잉 진압으로 일어나야 할 일이 터져버린 것이다.

전두환과 민정당은 더 이상 버틸 수 없었다. 결국 민정당 대표였던 노태우는 직선제를 받아들이고 국민 앞에 백기를 든다. 1987년 12월, 6월 항쟁의 결과물인 대통령 직선제가 실시되나 양 김씨의 분열로 민주 정부 수립은 실패한다. 이후 노태우 정부에 이어 김영삼 문민 정부가 들어섰고, 평화적 정권 교체를 이루어낸 김대중 정부, 그리고 마침내 '변호인' 노무현이 대통령에 당선되면서 대한민국의 민주주의가 한층 확고하게 자리 잡는다.

평범한 변호사에서 사회의식에 눈뜬 운동권 변호사로, 다시 국회의원에서 권력의 최고 정점인 대통령까지, 이제는 고인이 된 노무현의 이야기는 한 편의 드라마 같다. 영화 「변호인」은 노무현이 '더불어 살아가는 사회'에 눈뜨게 되는 부림 사건에 집중한다. 영화는 작품성과 흥행성, 두 마리 토끼를 잡는다.

노무현은 1988년 헌정 사상 처음으로 치러진 5공 비리와 광주 학살 진상 규명 청문회에서 유명세를 탄다. 당시 국회 의원들은 증인에게 윽박지르고 고함칠 줄만 알았지 실체적 진실 규명에는 근접하지 못했다. 노무현은 이 부분에서 발군의 실력을 발휘했다. 대재벌 총수인 정주영에게 벼락같은 호통을 치는가 하면, 거짓말로 증언을 일관하는 장세동(전두환 정권의 국가 안전 기획부장)에게는 오히려 인간적 연민을 느끼는 표정을 보이며 차분하지만 예리한 질문을 해나갔다. 부산의 노무현에서 전국구 스타 노무현이 탄생하는 순간이었다. 당시 언론에서는 청문회 스타 노무현이 대서특필된다. 그는 지역 감정 청산을 위해 당선이 확실한 지역구를 마다하고 여당의 텃밭인 부산에서만 세 번 낙선하면서 바보 노무현이라는 별명을 얻기도 했다.

역대 대한민국 대통령 중에 한국 영화의 주인공이 되어 큰 흥행을 거둔 사례는 노무현이 유일하다. 영화 「변호인」은 당시 반노, 비노가 존재하는 정치 풍토에서, 상업적 영화에 노무현이라는 비운의 정치인을 메인 소재로 녹여낸 일종의 모험이었다.

민주주의 기똥차게 하는 나라 만듭시다

노무현에 대한 그리움이 사람들의 마음에서 흐려질 무렵, 다시 노무현 열풍을 몰고 온 영화 한 편이 있었다. 다큐멘터리로 제작되어 역대 한국 다큐멘터리 영화 흥행에서도 선전한 「무현, 두 도시 이야기」다.

찰스 디킨스의 역사 소설 『두 도시 이야기』의 배경이 파리와 런던이라면, 「무현, 두 도시 이야기」의 배경은 부산과 여수다. 부산은 노무현이 지역의 벽을 무너뜨리기 위해 '바보 노무현'이라는 소리를 들으며 총선에 출마한 곳이고, 여수는 이제는 고인이 된 백무현 더불어민주당 후보가 국회 의원에 도전해 실패한 곳이다. 영화는 2000년 부산과 2016년 여수를 교차해 두 사람의 정치 역정을 화면에 담아냈다. 노무현을 좋아하는 사람들이라면 그의 매력을 다시금 확인할 수 있었을 것이고, 탐탁지 않게 여기는 사람 역시 그의 진정성을 엿볼 수 있는 땀내 나고 사람 향기 나는 다큐멘터리다.

영화는 노무현의 육성으로 시작한다.

"역시 실패했습니다. 사람이 할 수 있는 일은 최선을 다하는 일이고, 역사를 주재하는 신이 심판을 합니다."

그는 사람이 모이지 않으면 다방에 들어가 다방 주인과 정담을 나누고, 보좌진과 연설문 수정을 의논하기 위해 밤잠을 아끼며 토론했다. 그 열정과 진정을 알아준 걸까? 노무현은 대한민국 제17대 대통령으로 당선된다.

마지막으로 한 에피소드를 소개한다. 1987년 6월 항쟁이 한창인 시기, 연세대 노천극장에서 연합 집회가 열렸다. 여기에 초청 인사로 온 노무현 변호사는 여느 연사들과는 다르게 차분한 어투로 연설을 시작했다. 나는 당시를 생생히 기억한다.

"여러분, 고생 많으시지요…. 여기 계신 학생분들은 모두 다 좋은 대학 다니는 엘리트입니다. 헌데 난 고등학교밖에 안 나왔어요. 지금 보니 독재하는 분들 중에 명문대 출신이 참 많습디다. 여러분, 지금 여러분 맘하고 제 맘하고 똑같습니다. 그러니 나중에라도 나이 먹더라도 변하지 마소. 끝까지 지금 이 마음 잘 지켜서 훌륭한 나라, 민주주의 기똥차게 하는 나라 만듭시다."

집회 분위기는 생뚱맞은 민변 소속 변호사의 연설에 분위기가 가라앉았지만 왠지 모를 여운이 꽤나 남은 명연설이었다.

노무현은 한국 정치사에서 의미 있고 특별한 대통령임에 틀림없다. 그리고 영화 「변호인」은 그가 시대적 부채 의식을 짊어지고 감내하기 시작하던 시절의 의야기다. 결과론적인 이야기지만, 대통령이 된 것은 어쩌면 그의 삶에 덤이자 부담이었는지 모른다.

사랑도 명예도 이름도 남김없이

2017년 개봉한 장준환 감독의 영화 「1987」은 대한민국 현대사에서 가장 뜨거웠던 순간을 포착해낸 작품이다. 나는 1980년대 한복판에서 대학 시절을 보냈다. 이 영화는 어쩌면 우리 시대의 증언이자 기록이며, 회상이자 역사다. 영화는 박종철 고문치사 사건을 은폐하려는 공권력과 이에 맞서 진실을 밝히고자 했던 사람들의 이야기를 전반부에 다루며, 1987년 6월 민주 항쟁이라는 거대한 시대적 흐름의 절정이었던 이한열 열사의 죽음을 그려낸다. 「1987」은 특정 영웅이 아닌 모두의 작은 행동이 모여 역사를 만들어냈음을 증명하는 영화다.

'서울대 박종철군 고문치사 사건'은 당시 권력의 실상을 적나라하게 드러내는 사건이다. 경찰 조사 중 사망한 그의 사인이 '탁 치니 억 하고 죽었다'는 궤변으로 조작되려 하자, 검찰과 언론, 교도관, 학생 등 각계각층은 부당한 은폐에 맞서 각자의 위치에서 진실을 파헤친다.

이 영화의 큰 특징은 단일 주인공이 아닌 '연쇄적 주인공' 구성을 취한다는 점이다. 진실을 밝히려는 최검사(하정우 분), 사건의 핵심 단서를 전달하는 교도관 한병용(유해신 분), 그리고 그 단서를 언론에 알리는 기자 윤상삼(이희준 분)과 대학생 연희(김태리 분) 등 각 캐릭터들은 마치 바통을 이어받듯 릴레이를 펼치며 세상에 진실을 드러낸다.

영화의 배경인 1987년은 전두환 정권의 군사 독재가 절정에 달했던 시기다. 억압적인 통제와 폭력적인 공권력은 국민들의 자유를 억압했고, 특히 박종철 고문치사 사건은 이러한 시대적 폭력의 상징과도 같았다. 영화는 이 사건을 계기로 전국적으로 확산된 민주화 열기와 그 정점인 6월 민주 항쟁을 다룬다. '호헌 철폐, 독재 타도'를 외치며 시민들의 함성과 학생들의 시위, 그리고 그 속에서 진실을 향해 달려가는 인물들의 모습은 절박했던 시대 상황을 생생하게 전달한다.

이쯤에서 개인적인 경험에 대해 쓰고자 한다. '1987년'은 나에게 있어 가장 역동적이면서도 살아 있음을 느끼게 한 시절이기 때문이다. 1980년대 중반에 대학을 입학한 나는 어수선한 캠퍼스 분위기와 금방이라도 터질 것 같은 정치 국면의 고점에 어떻게 대학 생활을 해야 하는지 한창 고민하고 있었다. 운동권… 무엇이 나를 거기로 이끌었는지 정확히 말할 수는 없다. 여러 이유가 있었을 터다. 일말의 정의

감? 공명심과 선민의식? 아니다. 지금도 내 삶을 견조하게 지탱해주는 휴머니즘 때문이라고 하자.

당시 정국의 핵심 이슈는 '민주 헌법 쟁취'였다. 즉, 직선제를 하자는 것이다. '내 손으로 대통령을 뽑아보자. 그래서 이 지긋지긋한 독재 정권을 끝장내고 제대로 작동하는 민주 국가를 만들어보자' 하는 게 당시 민심의 요체였다.

나는 1986년 2월 서울대 연합 집회에서 처음으로 구속되었다. 구속 학생 수는 125명으로 기억한다. 단일 사건으로는 초유의 구속자 수였다. 얼마 후 '건대 사태'로 이 기록은 깨지게 되지만 말이다. 처음 끌려간 곳은 관악 경찰서였고 연행자 수가 많아 학생들을 경찰서별로 분산 수감했다. 나는 태어나서 처음으로 경찰서 내부를 보게 되었다. 노량진 경찰서 유치장으로 배정받아 관식을 열심히 먹는데 급하게 연락을 받은 아버지가 목포에서 올라왔다. 나름 지방의 유지였던 아버지는 절친한 검사를 대동하고 와서 금방 아들을 데리고 나올 줄 알았지만, '각하의 지시'라는 서장의 말에 크게 낙담하고 빈손으로 다시 내려가야 했다. 면목이 없었다. 데모하지 말라는 말을 귀에 못이 박히도록 들었건만 결국 터질 일은 터지게 되어 있는 건가. 조사를 받고 다시 서대문 구치소(지금의 서대문 역사 박물관)로 넘어갔다. 그곳에서 일반 수형자와 짧은 시간을 보내다가 이번 사건 관련 학생들만 따로 의정부 교도소로 옮겨 이른바 정신 교육을 받는다. 나중에 알았지만 구속만 되었을 뿐 검찰에서는 기소조차 하지 않은 단계였다. 나는 서울

지검에 불려다니면서 검사의 취조를 받았다. 배후가 누구이며 윗선을 불라는 것이다. 이 과정에서 참 많이 맞았다. 특히 경찰서의 전경들과 같이 재우면서 수시로 구타를 했다. 구속된 지 30일쯤 되어 대부분의 저학년 및 단순 가담자들이 기소 유예로 석방되었다. 어머니는 서대문 구치소 앞에서 두부를 사들고 당신의 아들을 기다리고 있었다.

두부를 먹었으나 아무 소용이 없었다. 4학년이 되던 해 다시 구속되었고, 이번에는 재판까지 받게 되었다. 총학생회 사회부장에 무슨 무슨 투쟁 위원장을 두어 개 겸직했고, 당시 민정당사 화염병 투척 배후 조정과 교내 시위 주동으로 수배되어 몇 개월간 도바리 생활을 했다. 그러던 차에 돈이 떨어지고 배가 고파져 반포의 한 아파트에 살던 누나를 찾아갈 수밖에 없었다. 대충 씻고 소파에 앉자마자 누군가가 벨을 눌렀다. 현관문 외시경을 들여다보니 사복형사였다. 아, 올 게 왔구나, 싶었다. 누구세요? 하니 짜장면 배달을 왔단다. 짜장면은 시키지도 않았는데. 순순히 문을 열어주자 무술 경관 몇이 화다닥 들어오더니 이내 팔짱을 낀다. 아마도 자해나 반항을 할까 봐 그런 것 같았다. 나는 '나 그런 사람 아니다. 순순히 갈 테니 수갑만 채우지 말아달라'며 경찰들을 안심시켰다. 괜시리 누나에게 피해를 주고 이웃 주민들에게 연쇄 살인마니 뭐니 하는 험악한 소문이 날까 봐서였다.

나는 강동 경찰서 대공과로 압송되었다. 몇 달을 아파트 주차장에서 잠복하던 형사들에게는 회식 날이었을 터다. 내가 뭐라고 나 때문에 고생했을 걸 생각하니 지금도 미안한 마음이 든다. 이후 모든 게 일

사천리로 진행되었다. 조서 쓰고, 구속되고, 성동 구치소에 수감되고, 그러고는 재판을 기다렸다. 운이 좋았던 건지 노태우 대통령 임기 초기라 양심수 전원 석방, 광주, 5공 특위 청문회 등으로 사회적 분위기가 운동 세력에게 우호적이었다. 결국 징역 1년에 집행 유예 2년을 선고받고 석방되었다. 당시 변호사도 운이 좋았다고 위로했다. 전두환 때였다면 적어도 2년은 실형을 살았을 텐데, 하면서. 당시 병역법의 일시적 혜택으로 병역까지 면제되었다. 이렇게 '학생 운동'을 정리했고, 대학을 무사히 마칠 수 있었다.

개인적 경험을 장황하게 쓴 이유는 영화 「1987」이 나에게 다가온 느낌과 무게를 말하고자 함이었다. 후회하냐고? 그렇지 않다. 다시 돌아가도 그렇게 살지 않았을까 싶다. 물론 인생의 중요한 지점에서 손해를 보기도 했다. 어렵게 대학을 졸업하고 언론사 문을 두드렸을 때다. 지상파 최종 면접에서 차인태 아나운서가 "군대 면제인데 사유가 데모 때문인가요?"라고 물었다. 나는 비겁하게 우물쭈물했다. 꼭 들어가고 싶었던 회사였기 때문이다. 나는 "그때는 다 데모하고 그러지 않았나요?" 하며 얼버무렸다. 결과는 낙방이었고, 제도권으로의 편입은 어렵겠다는 생각에 대학원에서 영화를 공부하게 되었다. 이후에 어찌어찌해서 사회 시스템에 안착해 살았으니 이는 어머님의 기도 덕이라 지금도 믿고 있다.

그날이 오면
그날이 오면

영화는 실존 인물과 사건을 다루는 만큼 제작 과정에서 깊이 있는 고증과 고민이 있었다. 장준환 감독은 인터뷰를 통해 '이 이야기는 우리 모두의 이야기'라는 메시지를 강조하며, 특정 인물을 미화하기보다 모든 참여자들의 고뇌와 용기를 보여주려 했다고 밝혔다. 영화의 엔딩에 등장하는 1987년 6월 민주 항쟁의 실제 영상은 영화와 현실의 경계를 허물며 영화가 다룬 진실의 무게를 더한다. 문익환 목사가 절규하면서 부르던 열사들의 이름은 그 시대를 온전히 담아내는 유일한 고유 명사들이었다. 실존 인물들을 연기한 배우들 또한 캐릭터에 대한 깊은 이해를 바탕으로 당시 시대의 인물들을 탁월하게 재현해냈다.

영화 전문지 「씨네21」은 영화 「1987」을 두고 단순히 과거의 이야기를 재현하는 것을 넘어 그 시대의 본질에 다가섰다고 평가했다. 배우 김태리와 유해진은 인터뷰를 통해 그들이 맡은 캐릭터가 시대적 소명을 짊어진 영웅이 아닌, 그저 '가장 보통의 남자, 가장 보통의 학생'으로서의 삶을 살다가 시대의 부름에 응답했음을 강조한다. 평론가들은 「1987」이 6월 항쟁이라는 역사적 순간을 스크린 위에 성공적으로 되살려냈으며, 2017년 촛불 집회와도 연결되는 현재적인 의미를 지닌다고 분석했다.

「1987」은 작은 용기들이 모여 거대한 변화를 이끌어낸 그날의 역사와 민주주의라는 가치가 거저 얻어진 것이 아님을 분명히 보여준다.

제17강

전쟁과 평화

연평해전

1953년 NLL 설정되다

1999년 제1차 연평해전

2002년 제2차 연평해전

2007년 서해평화협력 특별지대 선언

2010년 천안함 피격 사건

통일은 우리에게 무엇을 줄 수 있는가?

2002년 6월 29일, 많은 사람들이 설렘 가득한 마음으로 아침을 맞았다. 이날은 한일 월드컵 4강전이 열리는 날이었다. 애초에 16강 진출을 최상의 목표로 했던 한국 축구 대표팀이 그 이상으로 승승장구하자 대한민국은 환호했다.

같은 날 오전, 연평도 근해를 경비하는 참수리정 해군들도 이날만은 경기 시청과 응원이 허락되어 들뜬 마음을 감추지 못했다. 4강 경기가 시작되기 2주 전에 MBC가 참수리정의 정장 윤영하 대위를 인터뷰했다. 윤대위는 '국민과 함께 16강 진출을 응원할 것이며 대북 경계 태세에도 만전을 기하겠다'고 믿음직스럽게 말했다.

터키와 경기를 치르기 위해 태극 마크를 단 국가대표들이 몸을 풀고 있었을 오전 11시 50분, 북한 전투함이 서해 연평도 NLL에서 대한민국 경비정을 향해 무차별 포격을 가했다. 이른바 제2연평해전이라 불리는 전투는 월드컵 축제가 절정을 치닫던 그 시간에 시작되었다.

19세기 이후 한반도에 평화 기간이 이토록 오래 지속된 적은 없었다. 한국전쟁을 치르고 70여 년이 훨씬 지난 지금 우리는 어항 속의 평화를 누리며 살고 있다. 그러다 보니 북한과의 긴장감도 하나의 오래된 습관처럼 익숙해졌다. 북한이 미사일을 발사했다는 소식을 외국 친지들의 전화 안부를 통해 알게 되었다는 소리를 농담처럼 하기도 한다. 하지만 굳이 멀리 갈 필요 없이 연평도만 나가도 전쟁이 언제 시작되어도 이상하지 않을 일촉즉발의 긴장감이 흐른다.

그런데 연평해전의 전장이 된 NLL이 무엇일까? NLL은 한국전 정전 직후인 1953년에 클라크 주한 유엔군 사령관이 설정한 해상 경계선을 지칭하는 말로, 영문 머리글자를 따서 'NLL(Northern Limit Line, 북방 한계선)'이라고 한다. NLL은 한반도 해역에서 남북 간에 우발적 무력 충돌이 발생할 가능성을 줄이기 위해서, 당시 국제적으로 통용되던 영해 기준 3해리에 준해 서해 5개 도서(백령도 · 대청도 · 소청도 · 연평도 · 우도)와 북한 황해도 지역의 중간선을 기준으로 서해상에 북방 한계선을 설정한 것이다. 엄밀히 따지면, 북한과 합의 없이 임의로 해상에 선을 그어놓은 것이라 볼 수 있지만 북한도 암묵적으로 이 라인을 인정한 상태다.

북한은 심심치 않게 NLL을 넘나들었으나, 우리 정부는 의도적 남침이라기보다 단순 침범으로 간주해왔다. 그러나 이날은 달랐다. 우리 함정 참수리 357호에서 몇 차례의 경고 방송이 나가자마자 북한 경비정 2척에서 총알이 빗발쳤다. 이로써 박동혁 상병 등 우리 측 해군 6명이 전사했다. 그야말로 초유의 준전시 상태나 다름없었다.

영화 「연평해전」은 이날의 실화를 생생한 영상으로 담아냈다. 이날의 사태를 처음에는 서해교전이라 불렀다. 그러다 이명박 정부에 들어서서 제2연평해전으로 이름이 격상되었다. 첫 번째 서해교전, 즉 제1연평해전은 NLL을 침범한 북한 경비정을 우리 고속정이 선체를 충돌시키는 방법으로 밀어내는 과정에서 일어났다. 그때까지만 해도 부딪쳐 밀어냄으로써 피차 격돌을 피하는 게 통상적인 방법이었기 때문이다.

1999년 6월 15일, 북한 경비정 2척이 북한 어선과 함께 남하하자 우리 해군은 밀어내기를 시도했고, 이에 북한 경비정이 소총과 기관포, 이어서 어뢰정 3척을 쏘며 도발했다. 우리 해군도 함포와 기관포 등으로 응사해 북한 어뢰정과 경비정을 명중시켰다. 이 교전에서 북한의 어뢰정 1척이 침몰했고, 경비정 1척이 대파되었으며, 나머지 경비정 4척도 선체가 파손된 채 물러났다. 북한 측의 인명 피해는 확인되지 않았으나 사망 20여 명, 부상 30여 명으로 추정했다. 우리 고속정과 초계함 등 2척도 북한 어뢰정이 발사한 함포를 맞아 선체 일부가 파손되었으나, 전사자는 없었고 장병 7명이 부상당해 국군 수도 병원으로 후송되었다. 결과를 놓고 보면 우리의 승이었다.

제1연평해전이 있은 지 1시간이 채 지나지 않은 오전 10시, 판문점에서 유엔군 사령부와 북한군 사이의 장성급 회담이 열렸다. 여기서 서해상의 교전 문제가 거론되었지만 양측의 입장 차이만 확인했을 뿐 아무런 성과가 없었다. 북한은 한국이 먼저 도발했다는 억지를 부렸다. 심지어 NLL과 다른 주장을 들고 나왔다. 국제법상 NLL이 북한에서 12해리 이내이므로 함정이 출동한 지역은 북한 영해라는 것이다.

북한은 수십 년 동안 남북한이 한반도 동·서해상의 실질적인 경계선으로 인정해서 그동안 한국의 관할 구역으로 인식되어온 NLL을 무시하고 12해리 영해를 주장함으로써 영해 문제를 다시금 부각시키려는 전술적 의도를 드러냈다. 이는 NLL에서 언제든 전시에 준하는 충돌이 발생할 수 있다는 예고나 다름없었다. 그리고 이것이 제2연평해전으로 현실화되었다.

축제 분위기 속 안타까운 희생

사실 「연평해전」은 제작 전부터 말이 많았다. 이명박 정부가 전폭적으로 후원한다거나, 보수 단체에서 어마어마한 제작비를 지원한다는 등의 소문이 충무로에서 흘러나왔다. 그러나 영화를 직접 보고 난 많은 관객들은 정치적, 이념적 썰을 떠나 이 영화는 평범한 한 병사의 눈을 통해 연평해전 에피소드를 엮어낸 감동의 드라마라는 데 손을 들어주었다.

영화에는 청각 장애 어머니를 둔 박동혁 의무병(이현우 분)과 해군 간부를 지낸 아버지를 둔 참수리 함정의 정장 윤영하 대위(김무열 분), 그리고 갓 결혼한 조타수 한상국 하사(진구 분), 이렇게 세 사람의 사연이 등장한다.

영화는 월드컵 경기장의 들뜬 분위기와 연평도의 긴장이 고조되는 상황이 상승 교차하면서 클라이맥스로 치닫는다. 연출자는 의도적으로 월드컵 4강 신화의 국가대표 선수와 연평해전에서 산화한 젊은이들을 동격으로 배치하고 편집한다. 화면은 대표팀의 첫 경기인 폴란드전과 해군 함정에서 훈련하는 모습을 오간다. 비록 서 있는 장소는 다르지만 동시대를 살아가는 젊은이들이라는 점을 강조한 것이다.

제1연평해전 이후 우리 함정에 '절대 먼저 발포하지 않는다, 적들이 NLL을 넘어오면 선제 공격을 하지 말고 일단 NLL 밖으로 밀어낸다'는 교전 수칙이 내려온다. 제2연평해전에서 우리 측 피해가 훨씬 더 크고 인명 피해가 많았던 이유는 바로 이 수칙을 고수했기 때문이다.

영화는 참수리호 승조원 27명의 일상을 차분하게 응시하며 잔잔하게 그려낸다. 함상에서 꽃게 라면으로 회식을 하는 장면, 축구 중계를 보기 위해 전함에서 신병이 안테나를 들고 전파가 잘 잡히는 곳을 찾기 위해 이리 뛰고 저리 뛰는 장면 등을 통해 관객과 참수리호 사병 간의 정서적 공감대를 쌓아간다.

한국이 월드컵 16강에 진출하자 북한 함정의 의도적 월선이 더욱 잦아진다. 계속 이상 징후가 포착되어 윗선에 보고했지만 김대중 대통령의 햇볕 정책 기조는 단단했다. 더구나 전 세계가 주목하는 월드컵 경기가 한창인 때였다. 전면적 도발이 아닌 국지적 격돌은 유야무야 덮을 수밖에 없는 정치적 이유가 다분했다. 북한도 이 점을 간파하고 북한 8연대 사령부의 전투정이 이틀 연속 NLL을 의도적으로 넘어

오면서 우리 측 반응을 떠보기도 했다.

월드컵 4강전이 열리는 날 아침, 급기야 북한 경비정이 도발을 감행했다. 북한 경비정은 육상에 쓰는 대공포를 배에 탑재한 그들만의 특수한 형태를 띠고 있었다. 평택 2함대 지휘 통제실은 이런 사실을 보고받고 일단은 교전 수칙을 준수할 것을 명령했다. 그러나 무차별 사격을 가하는 북한군에 속수무책으로 당하고만 있을 수 없었다. 전투에서 선제 공격만큼 유효한 전술은 없다.

참수리 357호는 이미 상당한 피해를 입었고 사망자와 부상자가 속출했다. 교전 수칙을 준수하느라 무려 6명이 전사했다. 특히 한상국 하사는 참수리호 침몰 41일 만에 시신이 수습되었다. 그는 참수리호를 인양하는 가운데 배와 함께 발견되었다. 놀랍고 안타까운 사실은, 한상국 하사가 마지막까지도 조타실 키를 놓지 않고 참수리호의 뱃머리를 남쪽을 향해 잡고 있었다는 것이다. 그는 뱃머리가 북쪽을 향한다면 북한군이 배를 끌고 넘어갈 가능성이 있다는 것을 잘 알고 있었다. 이런 가슴 뜨거워지는 이야기는 영화에서도 잘 표현되었다.

한편, 연평해전에서 가까스로 목숨을 건진 박경수 중사는 전역을 고려하다가 마음을 돌려 천안함으로 발령을 받았다. 그러다 2010년 천안함 피격 때 산화하는 불운을 겪었다.

제2연평해전 이후 장병들의 생존과 안전을 보장하기 위해 5단계 교전 수칙이 3단계 교전 수칙으로 수정되었다. 다만, 그 가운데서도 금강산 관광은 계속되었고 김대중 대통령의 햇볕 정책은 흔들리지 않았다.

영화의 에필로그는 영화보다 더욱 마음을 애끓게 한다. 실제 합동 영결식에서 유족이 고인의 영정을 끌어안고 오열하는 장면이 등장하기 때문이다. 그런데 여기에 현직 대통령의 모습은 보이지 않는다. 비록 노벨 평화상 후보라 행동반경에 제한이 있었다 해도 함께했더라면 국민들에게 훨씬 큰 울림이 있지 않았을까, 하는 아쉬움이 남는다.

프롤로그는 실제 월드컵 응원 영상을 사용했고, 에필로그 역시 거리의 월드컵 응원 장면으로 마무리했다. 월드컵으로 시작해서 월드컵으로 끝난 제2연평해전이었다.

연평해전의 기억이 희미해질 무렵인 2012년, 느닷없이 노무현의 NLL에 관한 발언이 수면 위로 부상했다. 이른바 NLL 녹취록 파동이 그것이다. 2007년 노무현이 평양을 방문해 김정일과 면담을 나누던 중 마치 NLL을 포기한 듯한 발언을 한 녹취록이 국내 언론에 공개되어 대선을 앞두고 큰 파문을 일으켰다. 동시에 국가 보안 문건이 야당 국회 의원에 의해 누출된 점도 충격이었다.

사실 한 걸음 더 들어가 보면, 노무현은 잠재적 상시 도발 지역인 NLL을 서해 평화 협력 지대로 바꾸고자 노력한 것뿐이었다. 눈에 보이지 않는 선을 넘었나 넘지 않았나를 두고 또다시 제2연평해전 같은 무력 충돌이 생겨서는 안 되기 때문이다. 그러니 남북의 해상 경계를 '선'에 국한하지 말고 '지대(zone)'를 설정해서 공동으로 이용하자는 제안이 바로 서해 평화 협력 지대의 핵심 요지다.

2007년 10·4 남북 공동 선언에서 합의한 '서해 평화 협력 특별 지대(이하 서해 평화 지대)' 선언은 해주 지역과 주변 해역을 포괄하는 서해 평화 지대를 설치하고 공동 어로 구역과 평화 수역 설정, 경제 특구 건설과 해주항 활용, 민간 선박의 해주 직항로 통과, 한강 하구 공동 이용 등을 추진해나가자는 것이다. 서해 평화 지대가 설정되면 자연스럽게 NLL 인근 해역의 군사 갈등도 종식될 수 있을 것이라는 기대감이 생기게 되었다. 이는 평화 문제를 경제적 해법으로 푸는 신선한 발상이라는 대내외적인 평가를 받았다.

하지만 이 추진은 이명박·박근혜 정부에 이르러 중단되었다. 2010년 천안함 피격, 연평도 포격 사태가 이어지면서 갈등 국면이 절정에 달했고, 백령도·연평도 등 서해 5도는 군사 요새화되었다. 특히 2012년 대선 당시 'NLL 녹취록 공개'가 정치 쟁점화되면서 NLL 문제는 한낱 정치 이슈로 전락한다. 이후 문재인 정부는 2018년 평양 공동 선언과 9·19 군사 합의를 통해 서해 NLL 일대의 군사적 긴장 완화와 평화 수역 설정을 위한 군사적 합의를 도출하지만 후속 이행 조치가 이루어지지 못해 흐지부지되고 만다.

윤영하 소령을 포함한 6명의 사망자는 군인 연금법상 순직자의 예우를 받고 있다. 당시만 해도 전사자 예우 조항이 없었기 때문에 사망 보상금도 순직자 기준으로 지급되었다. 윤소령은 6천559만 원, 한상국 중사 등 부사관 4명과 박동혁 병장은 각 3천48만 원~3천851만 원을 받았다. 논란이 일면서 2004년 전사자 예우 조항이 만들어졌지만 이들에게는 소급 적용되지 못했다. 한국전쟁 이후부터 각종 군사 분쟁으로 숨진 군인이 200여 명으로 추산되는 상황에서 제2연평해전 장병들만 예우를 격상하는 것은 형평성에 어긋난다는 이유였다. 2008년 '서해교전'에서 제2연평해전으로 격상된 이후에도 윤소령 등 6명에 대한 예우는 그대로였다.

2015년 영화 「연평해전」 상영을 계기로 윤소령 등에 대한 예우 논란이 재점화되자 다음 해 8월 당시 자유한국당 심재철 의원이 '제2연평해전 전투 수행자에 대한 명예 선양 및 보상에 관한 특별법안'을 국회에 제출했다. 특별법이 적용되면 전사자들 모두 2억649만 원의 사망 보험금을 받을 수 있었다. 심재철 의원실 관계자는 '사실 전사자라는 개념이 생긴 것도 제2연평해전으로 숨진 장병 때문인데 정작 그들은 전사자 예우를 받지 못하고 있어 아쉽다'며 '문재인 정부에서 관심을 가지고 이들의 예우에 대해 다시 한 번 생각해주었으면 하는 바람이다'라고 했다. 만시지탄이나마 2023년 6월 5일 제2연평해전 전사자 보상에 관한 특별법이 공포되어 충분하지는 않지만 일부 보상이 이루어졌다.

누가 나에게 당신은 우파냐 좌파냐 묻는다면 그냥 기분파라고 농담으로 얼버무리고 만다. 그러나 안보에 있어서는 보수적이라고 분명히 말할 수 있다. 안보는 이념의 문제가 아니라 생존의 문제다. 그러다 보니 안보에서만은 보수적일 수밖에 없다.

한반도에서 다시 전쟁이 일어난다면 그것은 우리 민족의 전멸을

뜻한다. 그렇기에 평화는 절체절명의 과제이며, 이를 지키기 위해서는 우리의 자주적 힘이 무엇보다 중요하다. 북한의 위협은 상존한다. 어느 누구에게 의지할 문제가 아니다. 그 중요함은 역사에서 충분히 배웠다.

▼ 경계 근무 순찰 중인 연평도 해병대 장병들

영화, 한국사에 말을 걸다

개정판 2판 인쇄 | 2026년 1월 21일
개정판 2판 발행 | 2026년 1월 30일

지은이 | 박준영

발행인 | 황민호
사업본부장 | 박정훈
편집기획 | 신주식 김선림 최경민 윤혜림
마케팅 | 이승아
제작 | 최택순 성시원 진용범
디자인 | 데시그
일러스트 | 이채연
사진제공 | CJ E&M 연합뉴스

발행처 | 대원씨아이㈜
주소 | 서울특별시 용산구 한강로 3가 40-456
전화 | (02)2071-2000
팩스 | (02)749-2105
등록 | 제3-563호
등록일자 | 1992년 5월 11일

ISBN 979-11-423-4165-6 03910